Culture et attractivité des territoires

Collection *Gestion de la culture et du secteur non lucratif*
dirigée par Jean-Michel Tobelem

Déjà parus

Luc BENITO, *Les festivals en France. Marchés, enjeux et alchimie*

François MAIRESSE, *Missions et évaluation des musées. Une enquête à Bruxelles et en Wallonie*

Christian BARRÈRE, Denis BARTHÉLEMY, Martino NIEDDU, Franck-Dominique VIVIEN (éditeurs), *Réinventer le patrimoine. De la culture à l'économie, une nouvelle pensée du patrimoine ?*

Jean-Michel TOBELEM (dir.), *La culture mise à prix. La tarification dans les sites culturels*

Jean-Pierre ALLINNE et Renaud CARRIER (dir.), *Gérer la culture en région. Les pratiques des collectivités territoriales en France*

Jean-Michel TOBELEM (dir.), *L'arme de la culture. Les stratégies de la diplomatie culturelle non gouvernementale*

Claude ORIGET DU CLUZEAU et Jean-Michel TOBELEM (dir.), *Culture, tourisme et développement. Les voies d'un rapprochement.*

Paul WERNER, *Musée et Cie : globalisation de la culture*

Sous la direction de
Corinne Berneman
et Benoît Meyronin

Culture et attractivité des territoires

Nouveaux enjeux, nouvelles perspectives

Préface de Françoise Gourbeyre

L'Harmattan

Maquette de couverture : Rachel Dudouit

© L'Harmattan, 2010
5-7, rue de l'Ecole polytechnique, 75005 Paris

http://www.librairieharmattan.com
diffusion.harmattan@wanadoo.fr
harmattan1@wanadoo.fr

ISBN : 978-2-296-13146-0
EAN : 9782296131460

PRESENTATION DES AUTEURS

Michelle BERGADAÀ
Michelle BERGADAÀ est professeur de marketing et communication à l'université de Genève (Suisse) depuis 1999. Elle a obtenu un MBA et un PhD à Montréal (Canada), avant d'être recrutée comme professeur par l'ESSEC (France) où elle a exercé durant douze années. Elle a créé en 1999 l'Observatoire de Vente et Stratégies du Marketing de Genève (OVSM) et co-créé en 2009 l'Observatoire des Métiers Régionaux Authentiques (OMRA) de Pau. Elle a publié une centaine d'articles dans des revues scientifiques et des conférences internationales. Ses travaux fondamentaux sur le temps ont été primés par l'American Marketing Association.
michelle.bergadaa@unige.ch

Corinne BERNEMAN
Corinne BERNEMAN est enseignant-chercheur en marketing à l'ESC Saint-Etienne depuis septembre 2003. Titulaire d'un MBA et d'un PhD de la Schulich School of Business (Toronto, Canada), elle a été professeur agrégé en marketing à HEC Montréal de 1989 à 2003. Forte d'une formation en marketing, elle s'est orientée vers le marketing des biens non marchands (la culture, notamment) depuis une dizaine d'années. Elle intervient également à l'ENSATT (École Nationale des Arts et Techniques du Théâtre) à Lyon, pour laquelle elle a conçu et assure le cours de marketing depuis 2003.
corinne_berneman@esc-saint-etienne.fr

Caroline CHAPAIN
Caroline CHAPAIN est titulaire d'un PhD en études urbaines et régionales de l'Institut National de Recherche Scientifique – Urbanisation, Culture et Société de Montréal (Canada). Elle a étudié et travaillé au Canada de 1994 à 2005, incluant de 2002 à 2005 comme conseillère en recherche à la Communauté Métropolitaine de Montréal. Elle travaille actuellement comme chercheure pour le Centre en Études Urbaines et Régionales de l'université de Birmingham au Royaume-Uni. Ses intérêts de recherche incluent : le développement économique urbain et régional, les industries créatives, la ville digitale, les politiques publiques et la méthodologie de la recherche. Elle est l'une des coordonatrices du

réseau de recherche « Les régions créatives » de la « Regional Studies Association ». Elle a récemment coédité une édition spéciale de *Built Environment* intitulée : « Can We Plan the Creative Knowledge City ? ».
C.A.Chapain@bham.ac.uk

Florence CLARAC
Florence CLARAC est actuellement chargée de la mise en place et du développement d'un pôle des métiers d'art ainsi que d'une route des métiers d'art (Ornans – France). Sa mission est d'assurer le dynamisme économique du territoire et d'y installer un espace de rencontre des hommes et des savoirs. Sur cette thématique de métiers d'art, elle collabore à différents projets de recherche et de pédagogie, notamment au travers de l'Observatoire des Métiers Régionaux Authentiques (OMRA) de Pau. Elle a présenté ses travaux de « recherche-action » dans plusieurs conférences internationales.
florence.clarac@yahoo.fr

Laëtitia COCHET
Diplômée en histoire de l'art et valorisation touristique des sites culturels, Laetitia COCHET a été restauratrice de sculptures pendant 5 ans. C'est lors de chantiers dans les campagnes françaises qu'elle a pu mesurer la force de l'attachement au patrimoine historique mais également les difficultés à le diffuser et le valoriser. Depuis 2 ans, à la Bergerie nationale de Rambouillet, elle conduit une mission de sensibilisation du grand public à la gestion, l'exploitation et la valorisation du patrimoine forestier.
laetitia@dantant-cochet.net

Charles-Édouard HOULLIER-GUIBERT
Charles-Édouard HOULLIER-GUIBERT est maître de conférences en sciences de gestion à l'université de Rouen et au laboratoire NIMEC (Caen-Rouen), chercheur associé de l'observatoire SITQ du développement urbain et immobilier au sein de l'institut d'urbanisme de l'université de Montréal. Spécialiste du marketing territorial, des stratégies métropolitaines, de la fabrication de l'image de marque et de l'internationalité des villes, il s'intéressent aux territoires européens et nord-américains.
ch.ed.houllier.guibert@gmail.com

Jean-Michel KOSIANSKI
Jean-Michel KOSIANSKI est consultant et maître de conférences associé à l'université Paul Valéry Montpellier III. Après une thèse de doctorat en sciences économiques consacrée au mécénat, il a occupé plusieurs fonctions dans le secteur public avant de fonder Dexteris Consultant, cabinet spécialisé dans les métiers d'art et le développement local. Il est spécialiste des « pôles métiers d'art ». Ses recherches portent essentiellement sur le lien entre la culture et le développement économique territorial. Il enseigne l'économie de la culture, l'économie des métiers d'art et le développement local auprès de plusieurs universités : Aix-Marseille III, université Senghor d'Alexandrie (Égypte)...
jean-michel.kosianski@univ-montp3.fr

Bastian LANGE
Bastian LANGE est titulaire d'un doctorat en géographie. Depuis 2006, il travaille comme chercheur post-doctoral pour l'Institut de Géographie Régionale de Leipzig. Ses projets actuels incluent le projet européen ACRE ainsi que le premier rapport sur les industries créatives pour l'État de la Saxonie. Il est aussi le coordinateur d'un groupe de recherche sur la gouvernance des industries créatives à l'université Humbolt de Berlin. Ses publications récentes incluent : « Die Räume der Kreativszenen : Culturepreneurs und ihre Orte in Berlin », Transcript-Verlag (2007) et « Governance der Kreativwirtschaft », Transcript-Verlag (2009) en collaboration avec A. Kalandides, Dr. B. Stöber et I. Wellmann.
bastian.Lange@berlin.de

Benoît MEYRONIN
Benoît MEYRONIN est professeur de marketing à Grenoble École de Management et directeur R&D de l'Académie du Service (Groupe Accor). Il est également Conseiller scientifique de l'Université du Service de la SNCF (SNCF Voyages).
Il dirige, à Grenoble, l'Institut ServiCité, et il assure le pilotage d'un Mastère Spécialisé en management public territorial. Il est titulaire d'un doctorat en sciences économiques et d'une Habilitation à diriger des recherches en sciences de gestion. Il a publié plusieurs ouvrages, chapitres et articles, en France et à l'étranger.
benoit.meyronin@grenoble-em.com

Gwenaële ROT
Gwenaële ROT est maître de conférences en sociologie à l'université de Paris Ouest Nanterre La Défense et chercheuse au Laboratoire IDHE (Institut des dynamiques historiques de l'économie). Après avoir mené des recherches de sociologie du travail dans l'industrie automobile, chimique et nucléaire, elle étudie le travail dans le cinéma. Un axe de ses recherches est consacré à l'étude des liens entre l'activité cinématographique, les politiques publiques et les territoires. Dans le cadre de ce programme de recherche, elle anime depuis 2007, avec Laure de Verdalle, un séminaire de recherche sur le travail cinématographique.
grot@u-paris10.fr

Annick SCHRAMME
Annick SCHRAMME est diplômée d'un master en histoire contemporaine (spécialisation culture) de l'université d'Anvers et d'un doctorat de la Katholieke Universiteit Leuven. Le sujet de sa thèse de doctorat était les politiques culturelles internationales de la Flandre depuis 1965. Elle est membre du conseil d'administration de diverses organisations culturelles en Flandre et cumule actuellement la fonction d'attaché au cabinet de l'échevin à la culture de la ville d'Anvers et la responsabilité du master en gestion culturelle de l'université d'Anvers.
annick.schramme@ua.ac.be

Émilie SAUGUET
Émilie SAUGUET est doctorante en sociologie à l'IDHE-Nanterre (Institut des dynamiques historiques de l'économie) ; elle effectue une thèse sous la direction de François Vatin sur les conditions socio-économiques de création des films, en particulier documentaires. Ses recherches s'étendent à des aspects divers de l'économie du cinéma, en particulier l'exploitation, à travers une enquête sur les salles de cinéma publiques en Seine-Saint-Denis.
emiliesauguet@hotmail.com

Edina SOLDO
Edina SOLDO est enseignant-chercheur à l'IMPGT (Institut de Management Public et de Gouvernance Territoriale) de l'université Paul Cézanne d'Aix-Marseille III, où elle assure la responsabilité pédagogique du master Management des organisations et des manifestations culturelles. Titulaire d'un diplôme de l'Institut d'études politiques d'Aix-en-Provence, d'un diplôme d'études approfondies en économie territoriale et d'un doctorat en sciences de gestion, elle est spécialisée dans

le champ de la stratégie territoriale et de l'évaluation des politiques publiques, plus spécifiquement des politiques culturelles. Outre ses contributions scientifiques (ouvrages, chapitres et articles), elle pilote régulièrement des travaux d'évaluation pour des collectivités territoriales ou des partenaires culturels publics.
edina.soldo@univ-cezanne.fr

Krzysztof STACHOWIAK

Krzysztof STACHOWIAK est enseignant-chercheur à l'Institut de Géographie Socio-économique et Aménagement Spatial de l'université Adam Mickiewicz à Poznań en Pologne. Il est titulaire d'un PhD en géographie économique. Ses principales thématiques de recherche incluent : la globalisation et l'internationalisation des activités économiques, les déterminants institutionnels des activités industrielles et commerciales, les politiques d'aménagement urbain et la régénération urbaine. En 2005, il a travaillé comme chercheur associé à l'École supérieure de commerce d'Helsinki (Finlande).
krst@amu.edu.pl

Laure de VERDALLE

Laure de VERDALLE est sociologue et chargée de recherche au CNRS. Membre du laboratoire Printemps (CNRS/UVSQ) depuis 2005, ses travaux concernent principalement la sociologie des professions artistiques et culturelles. Après s'être intéressée au spectacle vivant, elle s'est tournée vers le monde de l'industrie cinématographique, qu'elle aborde du point de vue de la sociologie du travail et des organisations. Dans ce cadre, elle anime depuis 2007, avec Gwenaële Rot, un séminaire de recherche sur le travail cinématographique.
laure.de-verdalle@printemps.uvsq.fr

Sommaire

Présentation des auteurs 5

Avant-propos, *Gilbert Delahaye* 13

Préface, *Françoise Gourbeyre* 15

Introduction, *Corinne Berneman et Benoît Meyronin* 19

Partie 1 : Culture et territoires 23

État des lieux des relations entre vie culturelle des villes et leur rayonnement, *Benoît Meyronin* 25

La quête d'attractivité culturelle par l'image de la ville de Rennes, *Charles-Edouard Houllier-Guibert* 51

Perspectives d'Europe : La valorisation du patrimoine industriel en Flandre, *Annick Schramme et Corinne Berneman* 81

Paroles de praticiens : *Alexandre Colombani et le réseau international LUCI* 89

Partie 2 : Les politiques culturelles et le territoire 93

Le management culturel public : un levier performant de la stratégie d'attractivité durable des territoires, *Edina Soldo* 95

Districts culturels : le cas de la filière cinématographique de Seine-Saint-Denis, *Gwenaële Rot, Emilie Sauguet et Laure de Verdalle* 123

Perspectives d'Europe : Des villes de taille moyenne peuvent-elles devenir des *villes créatives* ?, *Caroline Chapain, Bastian Lange et Krzysztof Stachowiak* 155

Paroles de praticiens : *Xavier Kawa-Topor et l'abbaye de Fontevraud* 195

Partie 3 : Le cas des villes petites et moyennes............ 201

Small is beautiful : stratégies d'attractivité pour les petits territoires, Corinne Berneman...203

Un partenariat privé/public pour sauver et valoriser le château de Sedan, *Laëtitia Cochet*...221

Les pôles métiers d'art : entre culture, tourisme et coopération interentreprises, *Jean-Michel Kosianski*...233

Acteurs et créateurs d'un « pôle de métiers d'art » : le cas d'Ornans, *Michelle Bergadaà et Florence Clarac* 253

Paroles de praticiens : *Emmanuel Ducasse et le festival de théâtre d'Arlempdes*...279

Avant-propos

Représentant la chambre de commerce et d'industrie (CCI) de Saint-Étienne/Montbrison, je suis heureux de présenter cet ouvrage faisant suite à la journée de recherche qui s'est tenue à l'ESC Saint-Étienne en décembre 2008. Renforcer l'attractivité de son territoire est l'un des trois axes forts de la politique conduite par la CCI en faveur du développement économique local. En effet, dans la compétition que se livrent les villes et les territoires pour attirer de nouvelles populations, de grands établissements administratifs et des entreprises, la qualité de vie est un facteur déterminant, au même titre que la qualité des infrastructures, les disponibilités immobilières ou la fiscalité. Les activités culturelles et les grands événements sont ainsi un élément clé du rayonnement d'une ville et de son territoire. On remarque d'ailleurs une tendance en ce sens à l'échelle mondiale. Cette opportunité s'offre même aux villes qui ne possèdent pas un patrimoine culturel de départ exceptionnel, et Bilbao en est l'illustration par excellence.

La ville de Saint-Étienne, ancienne ville industrielle ayant connu un déficit d'image et de notoriété, a retenu l'exemple et a investi, depuis une dizaine d'années, quatre domaines de la culture pour stimuler sa croissance et améliorer son image. À côté du musée d'Art moderne, du Zénith et de la salle des musiques actuelles, Saint-Étienne a choisi le design comme grand projet de territoire pour valoriser son image, asseoir sa notoriété et en faire un levier du développement économique.

En effet, à l'heure de la mondialisation où seule l'innovation dans les produits, les processus de fabrication et les usages permettra à nos entreprises de rester dans la course mondiale, le design apparaît comme un vecteur du développement culturel, mais également de développement économique, car c'est un élément de processus d'innovation. Culture, création et créativité ne sont donc pas si éloignés du monde de l'entreprise. Pour la CCI, c'est le croisement de toutes les compétences créatives d'un territoire, la synergie entre les différents acteurs culturels, économiques, sociaux, apporteurs de « valeur ajoutée », qui donnent de la richesse, du dynamisme et de l'attractivité à un territoire.

C'est pourquoi la CCI s'est engagée dans une sensibilisation des entreprises de son territoire visant à mieux leur faire connaître les grands acteurs et établissements culturels stéphanois, et à les soutenir grâce au mécénat. À titre d'exemple, elle soutient des événements culturels : Festivals des Arts Burlesques, Paroles et Musiques, Biennale Internationale du Design ; elle s'investit auprès de deux établissements « uniques » et porteurs de fortes valeurs : le musée d'Art et d'Industrie et la Cité du Design. Sur un territoire essentiellement composé de PME et PMI, c'est un véritable défi et un grand projet. Le groupe Casino, grande entreprise stéphanoise, mécène depuis de nombreuses années dans les domaines de la culture et de la solidarité, en a d'ailleurs été le précurseur.

Nul doute que cet ouvrage fournira aux responsables d'entreprises les nombreuses questions qu'ils peuvent se poser sur les retombées économiques des activités culturelles.

GILBERT DELAHAYE
Vice-président Communication, CCI Saint-Étienne/Montbrison
Directeur du développement durable, Groupe Casino

PREFACE

C'est avec un plaisir sincère que je participe aux travaux de réflexion menés par l'ESC Saint-Étienne sur l'attractivité territoriale et la culture. La journée de recherche qui s'est tenue le 5 décembre 2008, ainsi que cet ouvrage en résultant, contribuent à nourrir ma réflexion d'élue à la culture et de vice-présidente de Saint-Étienne Métropole. Pour que l'on se sente bien dans un territoire, pour qu'il devienne attractif, pour qu'il puisse attirer et retenir les personnes physiques et morales, les composantes culturelles ont un rôle indéniable à jouer. Ainsi la culture est au cœur de notre projet politique, elle croise tous les autres secteurs de la vie publique. C'est la raison pour laquelle le sujet de cet ouvrage est particulièrement d'actualité.

À la suite des grands bouleversements liés à la crise économique des années 1970, Saint-Étienne a eu une perte d'identité qui imprègne encore fortement l'image que les Stéphanois portent sur leur propre ville, comme le regard venant de l'extérieur. Nous sommes victimes d'une double peine ! Les Stéphanois méconnaissent les capacités qu'ils ont déployées pour rebondir et les résultats positifs des reconversions qu'ils ont su opérer dans de nombreux domaines. À cela s'ajoute une image de marque totalement négative et passéiste que l'extérieur porte sur notre ville et notre agglomération. Face à ce double constat, il convient de définir notre identité, notre richesse, notre diversité, nos différences. Les repérer comme des atouts que l'on mettra en scène ou valorisera dans le sens du mieux vivre ensemble sur notre territoire. Aller à l'encontre des idées reçues, nous approprier collectivement nos transformations et ainsi faire évoluer les représentations de notre territoire auprès des usagers comme auprès des visiteurs. Prendre conscience de l'attractivité de notre territoire, c'est orchestrer nos cartes maîtresses. Pour cela nous possédons :
- Une population dotée d'une gentillesse légendaire, douée pour l'exigence des savoir-faire et d'une grande inventivité.
- Un cadre naturel exceptionnel. Notre ville industrielle s'est développée au cœur d'un écrin de verdure rassemblant toutes

les composantes. Sur des lignes d'eau : le Gier, le Furan, l'Ondaine. La plaine au nord, la montagne au sud avec le massif du Pilat et, à l'ouest, les étonnantes gorges de la Loire. De nombreux parcs urbains équilibrent la densité de la ville. Ne venons-nous pas d'être associés au classement Saint-Étienne, station touristique ?
- Un patrimoine industriel témoin du rayonnement industriel et économique de notre cité ! Ville pionnière dans bien des domaines : textile, sidérurgie, chemin de fer, armes, cycles, mécanique, distribution... ont laissé des empreintes fortes sur l'architecture et notre développement urbain. Le label « Ville d'Art et d'Histoire » reconnaît à Saint-Étienne toutes les caractéristiques historiques, sociales, patrimoniales, urbanistiques qui contribuent à la qualité de vie offerte aux habitants.
- Une identité culturelle riche et singulière. Le rapport que Saint-Étienne entretient avec la culture m'apparaît comme l'un des éléments le plus intéressant à observer. Très tôt une véritable alchimie s'opère entre innovation industrielle et expression, création artistique. Pour les Stéphanois, l'intérêt pour la technique industrielle se conjugue étroitement à l'art. L'Art et l'Industrie s'entrelacent. Un exemple évident est l'école de dessin qui se transforme en école des Beaux-arts puis Arts et Industrie jusqu'à l'ouverture de l'école supérieure d'Art et de Design. Un fort mouvement d'éducation populaire se développe dans notre cité ouvrière, motivé par l'objectif prioritaire de permettre l'accès de chacun à la culture et de favoriser l'enseignement et les pratiques amateurs.

C'est dans ce climat que des personnalités artistiques marquantes s'installent à Saint-Étienne. Parmi les pionniers de la décentralisation culturelle, Jean Dasté se voit confier le premier Centre dramatique national. Le musée d'Art moderne acquiert rapidement la reconnaissance de la deuxième collection d'art moderne en France. La notion de partage engendre une multiplication d'écoles d'enseignement supérieur artistique, scientifique, technologique... Les établissements culturels se diversifient sur notre territoire, offrant une palette pluridisciplinaire élargie : comédie, opéra, musées, médiathèques, cinémas, salle de musiques actuelles côtoient des salles de spectacles allant d'un Zénith de 7000 places aux théâtres plus intimistes de MJC ou d'amicales laïques. Aux côtés de ces grands équipements, Saint-Étienne n'oublie pas de soutenir la création et la diversité culturelle, comme un levier d'épanouissement et de développement.

Je terminerai en parlant bien entendu de l'aventure que nous sommes en train de vivre autour du Design. Depuis 1985 où l'école des Beaux-arts de Saint-Étienne ouvre une section design, l'école affirme son identité et inscrit son rayonnement au niveau national et international. La force de cette dynamique initiée par cette école pionnière et les succès conférés par les différentes biennales sont à l'origine de la création de la Cité du Design en 2005, puis de son installation en 2009 à la Manufacture d'Armes Impériales, l'un des sites les plus emblématiques de notre patrimoine industriel, réunissant le symbole de notre originalité : la cohabitation de la culture, de la recherche et de l'industrie. À souligner la candidature de Saint-Étienne pour entrer dans le réseau des villes créatives Unesco de Design. Saint-Étienne se positionne comme un territoire référent sur la question de l'accompagnement des mutations sociales et des nouveaux modes de vie intégrant les notions de développement durable. L'État confirme son appui et crée depuis 2007 l'Établissement public d'aménagement de Saint-Étienne. Cette opération d'aménagement exceptionnelle accompagne notre volonté de mutation urbaine.

Nous sommes bien dans une période de défi : façonner notre nouvelle identité avec les hommes qui résident et contribuent à l'avenir de notre territoire. Pour cela, il nous faut de l'audace pour imaginer et construire ensemble notre futur et travailler dans la prise en compte des toutes les transversalités des thématiques qui nous préoccupent, avec le souci permanent d'un épanouissement qui s'enracine sur le local pour s'élargir à la grande Métropole lyonnaise, au national, à l'Europe…

FRANÇOISE GOURBEYRE
Adjointe déléguée en charge de la culture
Vice-présidente de Saint-Étienne Métropole

INTRODUCTION

Le sujet de ce livre est tout entier contenu dans son titre : « Culture et attractivité des territoires ». Nous y questionnons les usages des ressources culturelles par les collectivités territoriales au service de leur développement et de leur rayonnement. Cette instrumentalisation, si elle heurte certains, n'en est pas moins l'un des principaux moteurs de la dépense culturelle des collectivités territoriales. Et ce sont elles, aujourd'hui, qui assurent la majeure partie du financement de la culture, allant parfois jusqu'à représenter 15% du budget municipal. Il est donc normal qu'elles se soucient de ses retombées sociales autant qu'économiques.

Il est aisé de dresser le constat d'une dynamique à la fois inventive, déterminée mais aussi pragmatique entre territoire et culture, désormais inscrite dans le temps long. C'est un fait, un fait dont les plus habiles des « entrepreneurs de la culture » ont su s'emparer pour produire de nouveaux événements, initier de nouvelles pratiques et tisser des passerelles inédites entre des champs culturels autrefois séparés. Cette exigence en matière de retombées ne semble donc pas brider la créativité et l'audace, loin s'en faut. Mais surtout, il ne faut pas perdre de vue que, de tout temps, princes et notables ont rivalisé, qui pour attirer les meilleurs artistes et artisans, qui pour s'approprier trésors ou reliques, afin de conférer à leur territoire une plus grande attractivité. C'est cette rivalité qui a permis la construction d'une Acropole, la réalisation de la chapelle Sixtine ou la constitution du British Museum, par exemple.

Culture et marketing territorial sont donc étroitement liés. Lorsqu'un festival permet à une petite commune de se développer et d'exister bien au-delà de son canton, l'enjeu est tout autant culturel qu'économique et social. Il convenait donc, et c'est ce que nous nous sommes efforcés de faire, d'en analyser *les causes, les manifestations et les principaux leviers*.

L'idée de ce livre est née lors de la préparation de la journée de recherche qui s'est tenue à l'ESC Saint-Étienne en décembre 2008, à l'initiative de l'un des co-auteurs. Nous sommes donc partis d'une opportunité, mais surtout d'une passion partagée pour les activités culturelles et leurs liens au développement des territoires, tous les territoires.

Enseignants-chercheurs en marketing dans des écoles de management, notre regard était forcément biaisé, parcellaire pour le moins. Nous avons donc souhaité, dans cet ouvrage, l'enrichir par la vision que d'autres universitaires, d'autres praticiens aussi, pouvaient porter sur ce même sujet. Aménagement, sociologie, économie... figurent donc parmi les disciplines mobilisées ici pour produire ce regard croisé.

Pour ne pas demeurer franco-français, nous avons pris le parti de nous ouvrir aux regards et aux expériences des pays voisins : Belgique, Royaume-Uni, Allemagne mais aussi Pologne. Nous avons veillé, enfin, à évoquer des territoires aux histoires et aux tailles extrêmement diversifiées, petits, moyens et grands, parce que la culture n'est pas l'apanage des seuls grands, et parce qu'elle est sans aucun doute aussi l'une des rares ressources que les plus petits, les plus isolés souvent, peuvent mobiliser pour exister sur la carte, attirer vers eux des résidants et/ou des visiteurs.

Nous avons divisé cet ouvrage en trois parties : la première traite du cœur du sujet, culture et territoire. Le premier texte, celui de Benoît Meyronin, dresse un portrait contemporain de l'utilisation de l'art comme vecteur d'attractivité en France, mais également ailleurs dans le monde. Le texte de Charles-Edouard Guibert-Houllier traite de la communication des collectivités territoriales ; dans son article, l'auteur rapporte l'expérience de la ville de Rennes et montre de quelle façon le discours (et les images) de la ville ont évolué. La « perspective d'Europe » est celle de nos voisins du nord, et plus particulièrement la politique culturelle en Flandre ainsi que la valorisation du patrimoine industriel, tel que présenté par Annick Schramme et Corinne Berneman. Cette partie se termine par un entretien avec Alexandre Colombani, directeur de LUCI, le réseau international des villes lumières, basé à Lyon. Les propos recueillis au cours de l'entretien (« paroles de praticiens ») mettent bien en évidence à quel point innovation scientifique, technique, industrie et culture font, si l'on peut dire, « bon ménage ».

La deuxième partie concerne les *politiques culturelles* des territoires. Le premier chapitre, présenté par Edina Soldo, étudie les retombées chiffrées de la politique culturelle d'Aix-en-Provence entre 1970 et 2005. Dans le deuxième chapitre, l'équipe constituée par Gwenaële Rot, Emilie Sauguet et Laure de Verdalle se penche sur la mise en place d'une filière cinématographique dans le département de Seine-Saint-Denis. Le troisième chapitre est une perspective d'Europe : Caroline Chapain, Bastian Lange et Krzysztof Stachowiak y comparent les effets des politiques culturelles pour les villes de Birmingham, Leibnitz et Poznań. Finalement, les paroles de praticiens sont laissées à Xavier Kawa Topor, directeur de l'Abbaye de Fontevraud, site patrimonial qui mêle habilement traditions et modernités, mise en valeur du site et ouverture sur les mondes de l'imaginaire et son territoire.

La troisième partie de l'ouvrage se concentre enfin sur *la problématique des petites villes*. Le premier chapitre, présenté par Corinne Berneman, a pour objet de donner un aperçu des défis de petits territoires ainsi que des stratégies d'attractivité. Dans l'article suivant, Laëtitia Cochet décrit le processus de conversion du château de Sedan en restaurant et hôtel trois étoiles et son impact sur le territoire. Suivent ensuite deux articles traitant des métiers d'art : Jean-Michel Kosianski expose de quelle manière un pôle métiers d'art forme le trait d'union entre culture et développement économique, en s'appuyant sur l'exemple de la céramique d'Aubagne. Michelle Bergadaà et Florence Clarac détaillent, quant à elles, la création du pôle métiers d'art à Ornans. La rubrique « Paroles de praticiens » clôt cette partie avec l'exemple d'Arlempdes et son festival de théâtre.

Ce livre, nous l'espérons, saura intéresser tout à la fois nos collègues universitaires et les praticiens de la culture et du développement territorial. Parce que le temps de la réflexion, des regards croisés, des expériences réussies menées ailleurs n'est jamais un temps perdu.

CORINNE BERNEMAN ET BENOÎT MEYRONIN

Partie 1
Culture et territoires

CULTURE ET ATTRACTIVITÉ

État des lieux des relations entre vie culturelle des villes et leur rayonnement

BENOÎT MEYRONIN

Qu'on le veuille ou non, les réalisations de Christo, celles de D. Buren, de Y. Kersalé ou de F. Gehry, comme l'événement qu'a constitué *Lille 2004*, témoignent d'une esthétisation de l'espace urbain sans précédent (et ce à travers ses différentes dimensions : paysage, architecture, événementiel, etc.) dont la finalité est bien, d'une part, la satisfaction des « usagers » de la ville et, d'autre part, l'attraction et la séduction de ses visiteurs. Ces dispositifs culturels ont pour objet en effet de renforcer l'identité/singularité d'un lieu et, ce faisant, de « faire exister une ville sur la carte du pays, sinon du monde »[1], « de faire évoluer l'image de la ville »[2], soit donc bien des motifs qui relèvent, fondamentalement, du marketing territorial[3]. Comme le souligne une géographe à propos de l'événement *Luzboa04* : « *In fine*, l'objectif de *Luzboa04* est bien d'établir une Biennale qui puisse rivaliser avec celles de Lyon, Paris, Genève ou encore Turin, et de positionner ainsi Lisbonne parmi les grandes destinations culturelles. »[4] Cette obsession du rang, des classements[5], et la rhétorique concurrentielle qui l'accompagne, sont très présentes dans les discours des édiles : À Marseille, il

---

[1] In A. Masboungi (2004), *Penser la ville par l'art contemporain*, ministère de l'Équipement, des Transports, du Logement, du Tourisme et de la Mer, Paris, Ed. de La Villette, p. 11.
[2] Pour citer Jean Blaise, créateur du *Lieu unique* et du festival *Les Allumés,* à propos de la politique culturelle de Nantes, in *Le Monde* du 26/09/04.
[3] Sur ce marketing spécifique, cf. notamment B. Meyronin (2009), *Le marketing territorial*, Vuibert.
[4] In T. Alves (2005), Art, light and landscape, new agendas for urban development, *Actes de la Regional Studies Association International Conference*, University of Aalborg, Denmark, p. 24.
[5] Il n'y a qu'à consulter le rapport d'activité 2007 de la Direction marketing & stratégie économiques du Grand Lyon pour s'en convaincre.

s'agit ainsi, grâce à la culture, de « redorer le blason... face à l'élégante et bourgeoise cité voisine, Aix-en-Provence »[6]...

La culture, ce « terrain de prédilection pour produire du symbole »[7], est donc devenue *l'instrument d'une stratégie de plus en plus explicite de rayonnement national et international.* Pour nombre d'élus, la métropolisation de leur cité passe notamment par sa politique culturelle. Revêtue de vertus multiples, « la culture a déjà partie liée avec la recherche d'un rayonnement externe, elle est aussi envisagée comme un moyen de drainer des capitaux, de sortir de la crise, de relancer la démographie. Plus encore, elle est désormais un accessoire indispensable à des territoires urbains qui s'affirment (…) La culture est mise à contribution, de façon explicite, au profit du développement économique et social des villes »[8].

C'est la raison pour laquelle il semble pertinent, ici, non pas de questionner[9] cette tendance longue et planétaire[10], mais bien plutôt d'essayer d'en mieux comprendre les ressorts : depuis quand ? À quelle échelle ? De quelle façon la culture intervient-elle dans ce registre ? Plus fondamentalement, pourquoi ? Autant de questions auxquelles nous nous efforçons, dans les points qui suivent, d'apporter des réponses, en nous fondant principalement sur une revue de la littérature académique, ainsi que sur un travail d'observation des projets et discours des territoires (via une revue de presse, des entretiens réguliers avec les praticiens…).

Dans un premier point, nous revenons sur l'histoire de cette relation, sur quelques constats et chiffres la concernant, ainsi que sur les principaux leviers mobilisés. Dans un deuxième point, nous nous attardons plus fondamentalement sur les raisons qui expliquent son importance aujourd'hui.

---

[6] In F. Taliano-des Garets F. (2007), *Les métropoles régionales et la culture, 1945-2000*, La Documentation Française, Paris p. 206.
[7] *Ibid.*, p. 139.
[8] *Ibid.*, p. 174-175.
[9] La question de « l'instrumentalisation » de la culture.
[10] Les réalisations des cités du Golfe, qu'il s'agisse de Dubaï ou d'Abu Dhabi, en sont des témoignages éloquents. Les cités chinoises, avec Shanghai et Beijing en première ligne, s'inscrivent dans la même dynamique.

CULTURE ET ATTRACTIVITÉ

Culture et attractivité : de quoi parle-t-on ?

Une histoire ancienne

Il n'est pas anodin de remarquer que lorsqu'une historienne se penche sur les politiques culturelles des métropoles françaises, elle mentionne très clairement leur volonté de rayonnement comme l'un des moteurs forts de leurs investissements en la matière. Et ce dès l'introduction, pour y revenir tout au long de l'ouvrage, jusqu'à la conclusion. C'est pourquoi il nous paraît intéressant de retracer, avec F. Taliano-des Garets, cette histoire moderne, avant d'investir le temps présent de la relation qui s'est établie entre la culture et l'attractivité des territoires.

Elle écrit ainsi : « les équipements culturels sont des marqueurs identitaires utilisés par les villes dans leur stratégie économique, le phénomène n'est d'ailleurs pas propre à la France car la culture est désormais conçue comme un outil de communication au service du rayonnement des villes »[11]. À l'appui de sa démonstration, elle rapporte les chiffres – croissants[12] – des dépenses des villes dans ce champ, ainsi que les déclarations de leurs édiles. L'ambition des villes, pour cet auteur, se situe bien au niveau national puis européen, et ce dès les années 1960 (voire, dans certains cas, avant-guerre). Les « investissements de prestige » qu'elles réalisent (opéra, orchestre, musées...), ainsi que la politique des festivals (qui se met en place dans les années 1950) et des grandes expositions, ont alors pour vocation de faire rayonner la capitale régionale au-delà de son aire d'influence historique.

Ainsi les festivals sont-ils « consacrés à la musique, au théâtre, accompagnés parfois d'exposition de peintures remarquable, comme à Bordeaux ou Lyon. Ils représentent la première vague de festivals en France (...) Ils visent la plupart du temps un

---

[11] *Ibid.*, p. 16.
[12] Bordeaux consacrera à la culture jusqu'à plus du quart de son budget municipal. En 1981, la moyenne des grandes villes françaises – plus de 150 000 habitants – se situe autour de 10%, tandis que les plus grandes d'entre elles y investissent jusqu'à 20% (Strasbourg et Lyon).

rayonnement national sinon international. Bordeaux, Lyon, Strasbourg, Toulouse affichent cette vocation de manière explicite »[13]. On le voit, et l'auteur le souligne, cette « recherche de rayonnement externe au service de chaque " capitale culturelle " est explicite dès le démarrage. Elle accompagne l'émergence du phénomène festivalier en France et ne va plus en être dissociée »[14]. Avec la décentralisation et les élections de 1977 (qui portent au pouvoir une nouvelle génération de maires, dont G. Frêche à Montpellier), 1981 (la politique culturelle que conduira Jack Lang au niveau national) et 1983 (Jean Bousquet est élu maire de Nîmes), le phénomène va encore s'amplifier. Considérons maintenant quelques données plus récentes.

Cultures et attractivité des territoires : cinq constats

Signe des temps, la conférence inaugurale du SIME-SITEM 2007 (25-26 janvier) avait pour titre : « La question de la place de la culture dans l'attractivité des territoires. » Ce salon, qui rassemble les professionnels de la culture et leurs fournisseurs, plaçait donc ce questionnement au centre de ses préoccupations. Ce qui nous a le plus frappé, c'est que l'ensemble des participants était en parfait accord sur cette forme d'instrumentalisation de la culture, et que seule la question du « comment faire » importait... Les témoignages des villes du Havre et de Saint-Étienne, ceux d'ODIT France et du ministère de la Culture, étaient éloquents. Voilà pour le premier constat.

Deuxième constat, *les dépenses des pouvoirs publics dans le domaine de la culture sont principalement aujourd'hui le fait des collectivités territoriales*, décentralisation et quête de l'attractivité obligent : si l'État y investit encore 2,6 milliards d'euros (ministère de la Culture), les collectivités territoriales dépensent quant à elles près de 5,6 milliards d'euros, dont 4 milliards pour les seules communes (286 millions pour les intercommunalités, 1 milliard pour les Conseils généraux et 350 millions pour les Régions). Ces chiffres doivent

---

[13] *Ibid.*, p. 50.
[14] *Ibid.*

CULTURE ET ATTRACTIVITÉ

être rapprochés de ceux de l'Observatoire national du tourisme sur la fréquentation de la France et les motifs de visite : si l'Hexagone accueille annuellement plus de 80 millions de touristes étrangers, un sur trois se déplace pour des motifs « culturels ». Au niveau local, les chiffres et leurs évolutions parlent d'eux-mêmes : les dépenses culturelles des villes ont triplé entre 1978 et 1984, date à laquelle elles réalisent déjà près de 50% de la dépense culturelle publique nationale[15] ! Entre 1983 et 1993, la dépense en francs courants par habitant a été multipliée par plus de trois à Bordeaux (où elle dépasse, en 1992, le quart du budget global de la ville) et Marseille ; Strasbourg, Lyon et Toulouse ne sont pas loin derrière ; à Lille enfin, les dépenses ont doublé[16]. Bordeaux et Toulouse dépassent alors les 75 millions d'euros, tandis que Lyon et Marseille ont largement franchi le seuil des 100 millions d'euros.

Troisième constat : *la création contemporaine*, sous toutes ses formes (festivals et spectacle vivant, architecture et aménagements mobilisant les créateurs les plus pointus...), a envahi le champ du marketing urbain[17]. L'attractivité se conjugue au présent et non plus seulement au passé – le patrimoine – *a fortiori* pour les villes où, sans être inexistant, il n'est pas à la hauteur de celui des cités concurrentes[18].

En effet, en accompagnant le renouvellement des espaces – dans les quartiers sensibles par exemple[19] – des modes de transport et des événements urbains (festivals, fêtes...), la création contemporaine (arts plastiques, design, architecture, installations,

---

[15] *Ibid.*, p. 174.
[16] *Ibid.*, p. 179.
[17] Cf. notamment B. Meyronin et J.-P Valla, Les servuctions urbaines : la création contemporaine au service du marketing territorial, *Décisions Marketing*, n°42, avril-juin 2006.
[18] Le cas de Saint-Étienne est ici emblématique de ces investissements massifs – plus de 60 millions d'euros pour le Zénith de Norman Foster, la Cité du design de Finn Geipel, etc. – dans la culture et plus particulièrement dans la création contemporaine pour des cités faiblement dotées en patrimoine. Cf. notamment le dossier que l'hebdomadaire *Télérama* consacrait à la ville en juin 2005 (n°2891).
[19] Cf. l'étude de cas que nous avons consacrée, ailleurs (Meyronin, 2009), à la Cité de la Création.

lumières et sons) s'est imposée en effet de manière croissante, depuis les années 1960-1970, comme un puissant outil du marketing urbain. Elle est mise à contribution pour concevoir de nouvelles « attractions » à vocation touristique : le Guggenheim Bilbao (le musée en lui-même et ses collections), le *Ruhr Projekt* (Rhénanie), la *Fresque des Québécois* à Québec (vaste fresque murale devenue la seconde attraction touristique de l'une des villes les plus visitées du continent nord-américain) ou encore les différentes fêtes des lumières européennes (Lyon, Turin, Lisbonne...), en sont quatre exemples éloquents. Nous y reviendrons plus loin.

Le quatrième constat, nous le partageons avec l'économiste Xavier Greffe : *un risque de banalisation*. En effet, « les projets culturels sont souvent décidés par des planificateurs et des financeurs " globalisés " et " médiatisés ", ce qui les conduit à faire un peu la même chose partout, ce qui va à l'encontre des effets attendus de la culture en termes de personnalisation »[20]. Les métropoles en effet « se copient, s'imitent »[21]. Ce qui se répète, ce sont les *contextes* (friches industrielles...) et les *modalités* d'intervention (le recours à de grandes signatures de l'architecture...). Mais la créativité des architectes, des plasticiens, designers... mobilisés, ouvre par nature des infinis qui ont pour seul horizon leur capacité à innover, à se remettre en cause au contact d'une réalité spatiale et temporelle à chaque fois différente. Quand Daniel Buren intervient à Lyon sur un parc de stationnement[22], il intègre son œuvre dans l'ouvrage d'art (première singularité) et il la conçoit comme un écho à la surface, au théâtre des Célestins (lui conférant, ainsi, une forme particulière, en résonnance avec l'identité des lieux, seconde singularité). Bien qu'il fasse partie des plasticiens les plus sollicités par les villes, chacune

---

[20] In X. Greffe (2006), *op. cit.*, p. 10.
[21] In F. Taliano-des Garets (2007), *op. cit.*, p. 216.
[22] Nous avons traité ailleurs de ce cas unique, celui de Lyon Parc Auto et de son extraordinaire musée souterrain. Cf. notre ouvrage *Le Marketing territorial* (2009), ainsi que l'ouvrage collectif qui célèbre les 20 ans de ces réalisations : *Ceci n'est pas un parc*, éditions Libel, juin 2010.

CULTURE ET ATTRACTIVITÉ

de ses réalisations trouve ainsi son inspiration dans un lieu toujours différent.

En matière de cinquième et dernier constat, il convient de souligner qu'à côté des projets plus ou moins emblématiques et médiatisés, la culture – et notamment la création contemporaine – est aussi aujourd'hui largement mobilisée par *des territoires de taille plus modeste*. En France, et dans des registres différents, les Jardins Artistiques de Drulon (dans le Cher, www.drulon.com, classé en 2006 « Jardin Remarquable » par le ministère de la Culture), le festival *Eté des Arts en Auxois-Morvan* (www.etedesartsauxoismorvan.info), le musée Champollion de Figeac (qui intègre une création originale du plasticien Joseph Kosuth), le château de Guédelon (situé dans l'Yonne, il s'agit d'un projet singulier de construction, sur 25 ans, d'un château fort en utilisant les techniques de l'époque) ou encore le Festival international des Jardins de Chaumont-sur-Loire (Loir-et-Cher), en sont quelques exemples, sans oublier bien sûr les pôles dédiés aux métiers d'art, qui aident à dynamiser les territoires ruraux (Ornans par exemple, une municipalité qui compte 450 habitants), et dont il est question plus loin dans cet ouvrage.

Dans ce domaine, en effet, la taille ne compte pas, pour peu que l'imagination et la mobilisation des acteurs locaux soient au rendez-vous. L'hebdomadaire culturel *Télérama*, dans un dossier publié en mars 2008 (n° 3034), faisait ainsi état des réalisations de villes moyennes et petites : Avignon, Calais, Chanteix, Chinon, Guingamp et Rodez. La question de *l'identité* (Calais et sa dentelle, au travers du futur musée-cité de la Dentelle) et celle de *l'attractivité* (Rodez et son futur musée Soulages, peintre mondialement connu) figurent clairement au centre des motivations de ces villes.

Nous évoquerons, *infra*, le cas du réseau des sites Vauban.

CULTURE ET ATTRACTIVITÉ

La fabrique du patrimoine[23] : de Firminy à Guédelon

Un trait marquant de l'époque contemporaine est aussi sa capacité à « fabriquer du patrimoine ». Les friches industrielles, bien sûr, sont l'un des éléments forts de cette (re)construction d'un patrimoine hérité de l'ère industrielle (et portuaire). Mais cette fabrique absorbe d'autres matériaux en guise de combustibles :
- À Firminy (Loire), c'est par exemple l'achèvement, qui prit plusieurs décennies, du site conçu à l'origine par Le Corbusier (décédé en 1965, le grand architecte ne construira que la Maison de la Culture). Tous les autres bâtiments (du stade à la fameuse église Saint-Pierre, en passant par la piscine et l'Unité d'habitation) seront réalisés ultérieurement. L'église, achevée en novembre 2006, est ainsi venue boucler un cycle de construction de 45 ans... Vrai patrimoine et faux simulacre, ou bien l'inverse ? Il ne s'agit pas ici de débattre de la valeur patrimoniale de cet ensemble unique, dont le maître est bien le géniteur, mais de dresser le constat suivant : le patrimoine est un matériau vivant, qui ne cesse de se travailler.
- À Guédelon, cette fabrique du patrimoine va plus loin encore, puisqu'il s'agit là d'un projet de construction d'un château fort « à l'identique », qui s'échelonne sur 25 ans et qui mobilise les techniques d'époque (ou approchées comme telles). Sur un site forestier se bâtit donc un édifice qui attire aujourd'hui plus de 250 000 visiteurs par an et qui, en quelques années, est parvenu à se hisser au premier rang des sites touristiques payants du département de l'Yonne et au second rang pour l'ensemble de la Bourgogne ! Projet privé lancé en 1997 (le chantier a ouvert ses portes au public en 1998), ce « chantier pédagogique et ludique » – c'est ainsi qu'il se qualifie – a été régulièrement primé par les professionnels du tourisme : Trophées du tourisme de Bourgogne 2001, Prix du jury de l'AFIT 2003, etc. À partir de rien, mais en faisant preuve d'une certaine forme d'authenticité (dans la démarche, qui ambitionne de retrouver les anciennes manières de

---

[23] Sur la « fabrique du patrimoine » et pour une approche ethnologique, nous renvoyons le lecteur à N. Heinich, *La fabrique du patrimoine*, Maison des sciences de l'Homme, Paris, 2009. Nous en avons forgé ici une autre signification.

faire) et surtout d'innovation, un territoire dépourvu de patrimoine exceptionnel peut donc émerger sur la scène touristique et se bâtir un patrimoine au futur. Car on peut faire le pari qu'une fois achevé, le château continuera d'intéresser les visiteurs pour d'autres motifs (« le seul château fort construit au 21ème siècle ! »).

On le voit, par « fabrique du patrimoine » nous entendons ici la capacité des territoires à produire de l'ancien avec du neuf, d'une certaine façon. Plus qu'une formule, nous désignons par là la production d'un patrimoine à partir des seuls indices du passé (purement intellectuels, dans le cas de l'achèvement du site conçu par Le Corbusier), voire même la création *ex nihilo* d'un patrimoine en devenir (dans l'exemple de Guédelon), puisque les 25 ans de sa construction constitueront dans un siècle l'empreinte d'un authentique patrimoine qui se sera bâti sous les yeux des visiteurs (car c'est bien là que réside une grande part de sa valeur).

Dans un registre certes différent, les œuvres pérennes des trois biennales *Estuaire* (dispersées entre Saint-Nazaire et Nantes) constituent l'amorce d'un patrimoine en devenir, celui que les artistes auront laissé *in situ* (en 2011) comme la trace d'une époque et de l'un de ses projets culturels. Jean Blaise, créateur du festival les *Allumés*, du *Lieu unique*, de la *Nuit blanche* et de la biennale *Estuaire*, ne dit pas autre chose lorsqu'il affirme : « Nantes a peu de patrimoine. (…) Elle doit tout faire par elle-même. Elle est en train de se construire un patrimoine contemporain »[24]. Et n'est-ce pas là ce que nous disait déjà, il y a 25 ans, l'écrivain Julien Gracq ? Nantes en effet est cette « ville qui s'est inventée, qui continue de s'inventer elle-même au jour le jour, sans grand ancrage dans son passé, sans fixation excessive à ses souvenirs. (…) Une ville en travail d'elle-même »[25].

La création contemporaine, parce qu'elle façonne les signes du patrimoine de demain, est donc l'un des moteurs les plus usités de cette fabrique du patrimoine. Elle aide ainsi à repenser cette

---

[24] In *le Monde*, 3 décembre 2008.
[25] *La forme d'une ville*, José Corti, Paris, 1985, p. 206-207.

notion, trop souvent figée en France dans l'entretien des gloires du passé, au bénéfice de l'attractivité des territoires[26].

De la culture aux différents leviers culturels

Si la politique culturelle est très largement convoquée au chevet du développement territorial, quels sont maintenant les principaux leviers qui sont mobilisés ? En premier lieu, « l'effet Beaubourg »[27] : à Bordeaux, le CAPC fut le premier à ouvrir ses portes en dehors de Paris, pionnier des musées – et autres centres – d'art contemporain qui se développeront dans les années 1980. L'art contemporain, plus que tout autre sans doute, va cristalliser durant cette décennie clé de la communication territoriale[28] les ambitions des villes. Dès 1987, cinq villes concentrent une bonne partie des investissements : Bordeaux donc, avec le CAPC (l'ancien entrepôt, rénové par Valode et Pistre, accueille notamment une décoration signée Andrée Putman et une terrasse habitée par une œuvre minimaliste de Richard Long), Saint-Etienne, Lyon (les racines du musée remontent à 1983, au Palais Saint-Pierre à l'époque, avant d'emménager dans les murs de Renzo Piano à la Cité internationale [en 1995]), Marseille et Nice. Le Carré d'Art à Nîmes, et bien d'autres encore, suivront. Comme le souligne F. Taliano-des Garets, « l'art contemporain est déjà vécu, à Bordeaux, Lyon et Marseille, comme un moyen d'afficher son rang en Europe, voire dans le monde »[29].

Le *marketing des signatures*, dont nous avons parlé ailleurs[30], est pleinement à l'œuvre ici : au-delà de l'institution muséale *per se* (ses

---

[26] Sans que ces formes de patrimoine ne s'opposent d'ailleurs : Lorsque Pierre Soulages intervient, à Conques, pour réaliser il y a 15 ans de cela de nouveaux vitraux, « vieilles pierres » et création contemporaine s'associent en un mariage heureux...
[27] In F. Taliano-des Garets (2007), *op. cit.*, p. 140.
[28] Sur cette question, voir notamment D. Mégard et B. Deljarrie (2003), *La communication des collectivités locales*, Paris, LGDJ/Dexia, collection *Politiques locales*.
[29] In F. Taliano-des Garets (2007), *op. cit.*, p. 186.
[30] In *Le marketing territorial* (2009).

collections), c'est en effet aussi la signature architecturale qui compte (Norman Foster pour le Carré d'Art par exemple). À cet effet Beaubourg participent aussi, bien entendu, les autres équipements culturels «en dur»: Zéniths (à l'heure où nous écrivons ces lignes, celui de Saint-Etienne était en fonctionnement depuis un an, signé par... Norman Foster, et celui de Bordeaux en projet), médiathèques, etc.

Les *festivals*, bien sûr, poursuivent sur leur lancée en prenant, souvent, la forme de biennales : à Lyon, la Biennale d'art contemporain est inaugurée en 1991 (portée par Thierry Raspail), et celle de la danse en 1982 (on parle, alors, de festival). Leur vocation touristique, en tant qu'attractions, est une évidence, de même que leur force de résonnance pour des territoires par ailleurs peu – ou pas – visibles jusqu'alors : Marciac et son festival de jazz, les *Vieilles charrues*, etc. Et la crise ne semble pas avoir freiné leur fréquentation[31].

La *chasse aux talents*, aussi : « Il faut disposer de professionnels de la culture de renommée nationale ou internationale. Les cités s'emploient à les attirer et mettent systématiquement en avant le parcours d'excellence de leurs recrues. »[32] Ce sont J.-C. Casadesus pour l'orchestre de Lille, Michel Plasson à Toulouse, etc. Avec Ricardo Bofill, Georges Frêche mise à Montpellier sur un talent prometteur et amorce, ce faisant, la vague contemporaine de l'architecture et de l'urbanisme à vocation d'image. Chefs d'orchestre, metteurs en scène, architectes-urbanistes et plasticiens prestigieux font ainsi l'objet d'une véritable lutte concurrentielle. L'exil, à Nantes, de la compagnie *Royal de Luxe* (en 1989), fâchée avec les édiles toulousains, a contribué à changer l'image de la ville.

L'espace urbain – son aménagement et son design – figure aussi parmi les principaux leviers de l'action culturelle contemporaine. Dans son édition du 1er mars 2008, le magazine *le Monde 2* publiait ainsi un dossier sur *La ville réinventée* qui soulignait le rôle des tramways depuis près de 25 ans (Nantes, la pionnière) dans les stratégies des

---

[31] Cf. l'article paru dans l'édition du 7 juillet 2010 du quotidien *les Echos*, « Les festivals font le plein malgré la conjoncture ».
[32] In F. Taliano-des Garets (2007), *op. cit.*, p. 140.

villes et, concomitamment, la place prise par les investissements culturels réalisés autour de ces projets : Paris, bien sûr, avec 9 créations originales qui jalonnent le trajet de la ligne 1 du tramway[33] ; Montpellier et l'intervention de C. Lacroix sur les rames ; Nice, où le célèbre artiste niçois Ben est intervenu (ainsi que le graphiste Pierre di Sciullo, le catalan Jaume Plensa et bien d'autres encore) ; ou encore Mulhouse et le travail de Daniel Buren.

Un autre levier mobilisé de façon croissante, c'est ce que nous avons nommé ailleurs le *marketing des personnalités* (en proposant une typologie des usages que les territoires en font[34]). Ainsi, d'Alfred Nobel, industriel et célèbre créateur du prix éponyme, « invité » à promouvoir la Suède en tant que terre d'élection pour l'innovation et l'excellence[35], à Jules Verne[36], dont le centenaire de la naissance a suscité de nombreuses initiatives à Nantes (la ville de sa naissance) et à Amiens (la ville où il est décédé), en passant par les 400 ans du Quichotte (célébrés par la région de Castilla-La Mancha en Espagne), les stars de la télé (en Corée du Sud, elles sont partout pour promouvoir une industrie culturelle en pleine effervescence[37]) ou encore les grandes figures sportives (Reims, avec Eunice Barber et Robert Pires[38]), les grands personnages de l'histoire politique, industrielle, artistique, sportive ou même fictive (*Tintin* convié à Saint-Nazaire)... sont fréquemment mis à contribution pour aider à promouvoir une certaine idée du

---

[33] Cf. *Les Echos* du 15 décembre 2006, « Un tramway très contemporain ».
[34] Cf. notre ouvrage *Le marketing territorial* (2009).
[35] Cf. la campagne de l'agence ISA (Invest in Sweden Agency, www.isa.se) dans les pages du *Financial Times* en décembre 2004 : « Welcome to Nobel country ». Le texte qui accompagne ce slogan et la photo d'Alfred Nobel précise : « The prize that he founded encapsulates the Swedish spirit of innovation in science, technology and business. »
[36] Cf. *Les Échos*, 3 décembre 2004.
[37] Cf. *Télérama*, 18 décembre 2007.
[38] Cf. *La Tribune*, 10 janvier 2005. Originaire de la cité champenoise, le célèbre footballeur a accepté en effet la proposition de Reims Champagne Développement pour aider à développer la notoriété de la ville en 2005.

territoire et de l'imaginaire qu'il suscite (marcher « sur les pas » de…).

Comme le souligne Jean-Marc Devanne, le directeur de l'office de tourisme de Nantes, « le but est de resserrer le lien de notoriété entre nos villes et Jules Verne, qui véhicule des valeurs d'inventivité, de fraternité, de sympathie »[39]. Mais de rappeler aussi que « l'objectif est à la fois touristique, en renforçant l'attractivité auprès d'une clientèle nationale et internationale, mais aussi culturel et social, pour agrémenter le cadre de vie des résidents ». Circuit découverte dans la ville, rénovation du musée Jules Verne, bus aux couleurs de l'œuvre, spectacles de rue, etc., sont autant d'initiatives lancées pour marquer cette célébration et préempter l'image d'un auteur extrêmement populaire à travers la planète.

Enfin, les *grands labels culturels des territoires* (Capitale européenne de la culture, UNESCO…) comptent aujourd'hui parmi les leviers les plus usités. En juillet 2008, le « Réseau des sites majeurs de Vauban », réseau de villes regroupant quinze sites représentatifs de l'œuvre du célèbre ingénieur de Louis XIV, obtenait ainsi le classement par l'UNESCO de plusieurs sites. Créé en 2005 à l'initiative de la ville de Besançon[40], ses objectifs principaux sont, d'une part, l'inscription de l'œuvre de Vauban sur la liste du patrimoine mondial de l'Unesco (afin d'obtenir une reconnaissance internationale) et, d'autre part, de créer une mise en réseau scientifique, culturelle et touristique des quinze sites candidats (www.sites-vauban.org).

Or ce sont bien des retombées économiques – touristiques – qui sont principalement attendues de cette mise en lumière, notamment pour les territoires les plus excentrés. Un exemple parmi bien d'autres (citons aussi Marseille, qui sera Capitale européenne de la culture en 2013…) de cette frénésie de labels et de ce qui en découle en termes de visibilité.

---

[39] Cf. *Les Échos*, 3 décembre 2004, « Nantes et Amiens préemptent Jules Verne », p. 12.
[40] C'est Jean-Louis Fousseret, maire de Besançon, qui est à l'origine de ce projet. L'année 2007 correspond au tricentenaire de la mort du grand ingénieur.

Nous sommes parvenus au terme de notre premier point. Bien évidemment, nous n'avons pas la prétention d'avoir épuisé ici le sujet. Plus modestement, nous avons tenté de recenser les principales modalités de mise en œuvre de la relation culture/attractivité.

Culture et attractivité : pourquoi ?

Cet impératif de l'attractivité conditionne donc aujourd'hui, qu'on le veuille ou non, le devenir des politiques culturelles. Mais, au-delà du constat unanime que l'on peut dresser ici, quelles en sont les raisons profondes ? Xavier Greffe, dans son rapport sur « l'attractivité culturelle du territoire » remis en 2006, nous rappelle que certains travaux ont établi une corrélation forte entre développement économique et développement culturel au niveau des régions françaises, « les régions ayant progressé le moins vite au cours des vingt dernières années étant celles où le poids des activités culturelles a lui aussi progressé le moins vite »[41]. Sans qu'il soit possible, toutefois, d'être catégorique sur le sens de la causalité… Explorons donc maintenant les différents motifs que l'on peut identifier.

La culture omnipotente ?

L'un de ses atouts réside indéniablement dans sa capacité à répondre à des situations de territoire extrêmement variées. Exercice éclairant, F. Taliano-des Garets propose la typologie suivante des relations qui se sont tissées entre l'attractivité des villes et la culture[42] :
- *Renouer avec une image favorable*, ce qu'elle appelle « l'image de réactivation ». Toulouse, qui a un peu semble-t-il abandonné le terrain de l'image, pourrait s'inscrire dans cette catégorie si la ville sortait de sa réserve. Bordeaux, très probablement, s'inscrit aussi

---

[41] In X. Greffe (2006), , p. 12.
[42] F. Taliano-des Garet (2007), *op. cit.*, p. 209.

dans cette catégorie : les réalisations des deux mandats d'Alain Juppé ont permis de développer la visibilité d'une ville aux charmes (la Garonne et ses quais, revalorisés par de vastes promenades, un « miroir d'eau » et les nouveaux usages des anciens hangars portuaires...) certains mais trop peu connus.

- *Casser une image défavorable* (« image de reconstruction »), à Marseille, Saint-Étienne ou Lille par exemple. L'ère postindustrielle a ouvert pour ces villes, comme pour Gênes, Bilbao ou Glasgow ailleurs en Europe, la page d'un repositionnement nécessaire et d'une reconquête en termes d'image tout aussi indispensable. Pour chacune, la culture a joué un rôle central. Saint-Étienne, ville « qui ne fait pas partie des destinations touristiques homologuées »[43], « Saint-é-l'Ouvrière » qui a perdu, entre 1975 et 1995, 70 000 emplois et 10% de ses habitants, « impose peu à peu sa nouvelle image de ville tournée vers la culture ». Cet enjeu peut concerner aussi bien le périmètre d'un vaste territoire (une agglomération, voire une région entière dans le cas de la Ruhr[44]) que celui plus circonscrit, d'une ville ou d'un quartier. Les réalisations de la *Cité de la création*[45] dans des quartiers sensibles de Lyon, ou l'opération *Clichy sans Cliché*[46], lancée en 2006 à la suite des émeutes urbaines de 2005, témoignent du caractère social et micro-urbain que peuvent recouvrir ces réalisations culturelles.

- *Conforter une image déjà positive* (« image de confirmation »). Les campagnes et les initiatives de Nantes, ces dernières années, l'inscrivent clairement dans cette dernière catégorie. Les deux champions hexagonaux de l'attractivité (en termes de population et d'activités économiques)[47], Montpellier et Rennes, relèvent elles aussi de cette problématique.

---

[43] Cf. à nouveau le dossier que l'hebdomadaire *Télérama* consacrait à la ville en juin 2005, Les citations mentionnées ici en sont extraites, p. 66 et 70.
[44] Sur l'IBA Emscher Park, voir l'ouvrage d'A. Masboungi (2004) et l'adresse www.http://www.projektion-ruhr.com/IBA-Emscher-Park.7.0.html?&L=2.
[45] Sur les réalisations de la Cité, voir notamment notre travail (Meyronin, 2009).
[46] Cf. http://www.clichysanscliche.com/index.php.
[47] Voir sur ce point l'étude de G.-F. Dumont (2007), *Les métropoles régionales et intermédiaires en France : quelle attractivité ?* La Documentation française/DIACT, collection *Travaux*.

On le voit, les politiques culturelles permettent de répondre à des contextes très diversifiés.

Culture et projets urbains : l'enjeu de la régénération et la question des friches

Ces différents contextes ont toutefois en commun le fait d'aller de pair, très souvent, avec un projet urbain de régénération[48]. Désindustrialisation oblige, les projets culturels urbains sont concentrés en effet « sur la récupération d'un patrimoine industriel important et souvent symbolique (tel Marseille avec la Friche *Belle de Mai*) »[49]. À ces friches en effet s'adossent souvent des projets de « districts culturels » (ou *clusters* culturels[50]). La reconversion des friches en institutions culturelles (espace d'exposition, de création, etc.) n'est pas seulement, bien sûr, un mode parmi d'autres d'occupation de l'espace : « Toutes les métropoles sont saisies à la fin des années quatre-vingt par un véritable engouement pour les friches. La réutilisation d'une friche urbaine a une double signification. *Elle exprime l'attachement des villes et de leurs habitants à leur passé et s'apparente en cela au mouvement général de patrimonialisation. Elle est aussi une occasion d'accueil pour la création contemporaine* »[51].

À Nantes, c'est bien sûr le *Lieu unique*, l'ancienne usine des biscuiteries L.U. ; à Bordeaux, ce sont le CAPC (musée d'art contemporain) et le hangar 14, vestiges du passé portuaire de la ville ; à Saint-Étienne, c'est l'ancienne manufacture d'armes aujourd'hui reconvertie en Cité du Design[52] (et site de la biennale) dont on a déjà parlé ; à Boulogne, enfin, c'est l'actualité récente de

---

[48] Sur cette question, cf. notamment Sacco P.L. et Tavano Blessi G. (2006), European culture capitals and local development strategies : Comparing the Genoa and Lille 2004, *Homo Oeconomicus*, vol. 23, 3/4, p. 1-31.
[49] In X. Greffe (2006), p. 10.
[50] Sur cette notion, cf. l'étude réalisée par H. Mommaas (2004) sur le cas néerlandais.
[51] In F. Taliano-des Garets (2007), *op. cit.*, p. 214. Souligné par nous.
[52] Cf. à l'adresse www.citedudesign.com.

CULTURE ET ATTRACTIVITÉ

l'ancien site Renault[53] : les exemples ne manquent pas. Les friches cristallisent ainsi, plus que tout autre site, un double ancrage : dans le passé industriel (ou portuaire) du territoire, et dans l'avenir – tertiaire le plus souvent – qui se dessine pour lui (ces friches rénovées ont souvent, aussi, une vocation touristique). En, ce faisant, elles sont l'expression parfaite de cette « tendance à vouloir marier tradition et modernité »[54] qui est peut-être l'un des signes les plus lisibles de la postmodernité.

De façon générale, « l'art et la culture sont convoqués au secours de la cité »[55], qu'il s'agisse de ses friches ou de ses quartiers difficiles (cf., dans le cas de Lyon, le musée urbain Tony Garnier). Dans tous les cas, on assigne à la culture des « vertus réparatrices face au délitement social »[56] et industriel.

Une culture au service de l'endogène et de l'exogène

Grâce à sa capacité à réconcilier l'endogène et l'exogène (produire de la fierté localement et de la visibilité vis-à-vis de l'extérieur), la culture occupe aujourd'hui, et pour longtemps, une place que seuls les clubs de sport peuvent aussi revendiquer.

Ainsi à Lyon, la « Biennale des lions » initiée en 2004[57] a-t-elle bien pour fonction de constituer une attraction pour les Lyonnais et pour leurs visiteurs. Mais elle a aussi pour objet de rappeler aux uns et aux autres l'ouverture de la ville sur le monde : en premier lieu, parce que les plasticiens sont issus de tous les continents ; en second lieu, parce que cet événement se joue en partenariat depuis 2006 (avec Turin alors, avec le Québec et Montréal ensuite ; puis ce sera Canton en 2010, Barcelone en 2012...).

---

[53] Cf. le quotidien *les Echos* dans son édition du 8 juillet 2010 : « Boulogne : le chantier d'une île Seguin très culturelle enfin lancé ». Jean Nouvel a été désigné pour travailler sur cet ambitieux projet.
[54] In F. Taliano-des Garets (2007), *op. cit.*, p. 214.
[55] *Ibid.*, p. 234.
[56] *Ibid.*, p. 255.
[57] Par un organisateur privé qui bénéficie du soutien de la ville, du Grand Lyon, du Conseil général du Rhône, de la Région et de la SEM Lyon Parc Auto.

« Lyon aux couleurs du monde », comme l'affiche le catalogue, vise en effet explicitement à réconcilier tous les publics : « C'est le symbole accompli de ce que doit être une métropole. Un creuset, un lieu de croisement des différences et des cultures. Lyon dans le monde ! (...) Et c'est ainsi que 60 artistes sont entrés dans notre vie quotidienne. Combien d'enfants ont fièrement chevauché le roi des animaux ? Quel lyonnais n'a pas affectueusement caressé son lion ? Poser à côté d'un animal est devenu la figure imposée de la photo de famille. On parle de jeux de piste, de sites Internet dédiés... »[58]

Mais cette capacité de « conciliation » n'est pas systématique, loin s'en faut. Michel Thiollière, ancien sénateur-maire de Saint-Étienne, n'a pas été reconduit en 2008 dans ses fonctions de maire. Or il était le grand artisan des transformations de la ville au travers de la culture...

Culture et métropolisation : du rayonnement aux symboles de la modernité urbaine postindustrielle

La portée métropolitaine de ces efforts ne doit pas être ignorée non plus. Les dépenses culturelles s'inscrivent clairement dans des aspirations de rayonnement national et européen, voire mondial, parce qu'à ces rangs doivent correspondre des « fonctions métropolitaines » dont la culture est une composante forte (aux côtés des infrastructures de transport, des quartiers d'affaires, etc.). Ainsi à Lyon, Michel Noir n'hésitait-il pas à affirmer : « Dans cette compétition de dimension internationale, mais d'abord à l'échelle européenne (...) Lyon doit apprendre à ne plus se comparer à Bordeaux, Grenoble ou Marseille mais bien à Barcelone, Francfort, Turin ou Rotterdam[59] ». La dimension métropolitaine et internationale d'une ville s'apprécie donc, notamment, à l'aune de son ambition culturelle. Lors de son mandat, M. Noir aura à ses

---

[58] Jean-Michel Daclin, adjoint au maire de Lyon, délégué aux relations internationales et au tourisme, dans le catalogue de l'édition 2004, p. 3.
[59] Michel Noir en 1990, dans son « Projet pour la cité », cité par F. Taliano-des Garet (2007), *op. cit.*, p. 208.

CULTURE ET ATTRACTIVITÉ

côtés un adjoint dédié au « rayonnement international et aux grandes manifestations », fonction qui perdure aujourd'hui sous une appellation différente avec Jean-Michel Daclin.

L'une des sous-dimensions de cet enjeu concerne l'attraction et/ou la conservation des emplois tertiaires supérieurs, grands consommateurs de loisirs culturels. Cette vision était très présente dans la stratégique de la capitale du Languedoc-Roussillon[60]. Faire venir des cadres implique en effet de déployer une infrastructure de services, culturels notamment, correspondant à leurs aspirations. Logique de rang et logique d'attraction ciblée convergent donc ici pour légitimer les dépenses culturelles. Ainsi, « la culture n'est plus dissociable des autres activités de la cité pour les édiles. Elle doit concourir aux efforts de métropoles qui prétendent exercer une influence suffisante pour être reconnues comme des euro-cités »[61].

La culture constitue donc un facteur d'affirmation de la dimension métropolitaine d'une cité. De manière liée, la visée modernisatrice de ces investissements est bien présente dans l'esprit des élus. Le rôle des maires est bien évidemment primordial dans cette dynamique : Louis Pradel à Lyon, Pierre Mauroy à Lille ou encore Jacques Chaban-Delmas à Bordeaux sont les figures incontournables de cette effervescence culturelle à vocation identitaire et d'image. Ils partagent tous cette conviction selon laquelle « le rang de capitale régionale implique pour leur ville un équipement culturel diversifié et d'envergure »[62]. S'ils y voient un enjeu de rayonnement et donc de développement, c'est aussi l'effet « modernisateur » de la culture qui est mis en avant. À Lille, Pierre Mauroy identifie cet enjeu dès son élection de 1977. Son « nouveau contrat lillois » intègre ainsi un volet culturel ambitieux, avec pour

---

[60] Sur le cas de Montpellier, voir l'ouvrage de F. Delacroix, directeur général des services de Montpellier Agglomération, publié en 2007, et une interview du même F. Delacroix, parue dans *La Lettre du Cadre Territorial* n°345 (1er octobre 2007). Voir également, pour une vision plus statistique de l'attractivité économique et résidentielle de la ville, G-F. Dumont (2007),
[61] In F. Taliano-des Garets (2007), *op. cit.*, p. 241.
[62] *Ibid.*, p. 111.

CULTURE ET ATTRACTIVITÉ

volonté de construire une « image attractive de sa ville submergée par la crise »[63]. La reconversion de la métropole industrielle en pôle tertiaire et touristique est, déjà, le but avoué de ces investissements. Dans ce contexte, « la thématique des belles endormies est partout présente »[64]. Ou le thème du « réveil », de la fin d'un déclin[65], ce qui revient au même. Lille ou Marseille, même combat : « Les deux cités s'évertuent à restaurer leur image noircie par la crise. La culture est l'un des leviers du redressement. Pierre Mauroy explicite cette stratégie dans son ouvrage *Parole de Lillois*. (...) La capitale des Flandres doit parvenir à rompre avec l'image de ville ouvrière, de pays noir, se décomplexer. »[66]

Mais ce dessein modernisateur, c'est aussi la raison pour laquelle la création contemporaine est omniprésente aujourd'hui dans toutes les composantes de l'investissement culturel public : l'événementiel bien sûr (biennales, foires, etc.), mais aussi les grands équipements dédiés (musée, opéra, médiathèque... au travers de leur programmation mais aussi de leur architecture) et, pour finir, l'aménagement, l'urbanisme et les modes de transport[67]. Facteur déclenchant, l'arrivée du TGV-Est européen a ainsi cristallisé les ambitions modernisatrices et métropolitaines des territoires qu'il traverse : Les « forces de la modernité » avancent de concert, trains à grande vitesse, gares nouvelles ou rénovées et nouveaux musées (Beaubourg Metz) ayant fleuri de Paris à Strasbourg...

---

[63] *Ibid.*, p. 137.
[64] *Ibid.*, p. 138.
[65] Sur ce point, voir notamment M. Rosemberg (2000). *Le marketing urbain en question*, Paris, Anthropos.
[66] In F. Taliano-des Garets (2007), *op. cit.*, pp. 138-139.
[67] À propos de ces derniers, on a vu *supra* ce qu'il en était des tramways et des dépenses culturelles les concernant. Elle-même symbole de modernité – longtemps après avoir, pourtant, signifié le contraire – parce que mode de transport doux, écologique, la ligne de tramway redouble en effet de signification en se parant des habits du designer (à Montpellier, on l'a vu, mais aussi à Paris : le mobilier urbain est signé par l'atelier de J.-M. Wilmotte) ou du plasticien (Ben à Nice). « Nouveau » mode de transport et création contemporaine servent ainsi ensemble cette volonté modernisatrice.

CULTURE ET ATTRACTIVITÉ

La question de l'identité et du sens des réalisations

Les villes qui ont fait ces choix les ont faits en raison de la capacité de la culture à « faire connaître » et « faire venir » des populations cibles, bien sûr. Mais la question identitaire, elle aussi, les anime. Le cas de Saint-Dizier, dont nous avons parlé ailleurs[68], en est une illustration. Montpellier, vieille ville universitaire, s'est reconstruit une identité autour de la recherche et de la culture[69]. Saint-Étienne, dans sa mue de longue haleine en métropole culturelle, s'est aussi cherché une identité nouvelle dans le contexte d'un lent déclin de ses industries traditionnelles. À Angoulême, enfin, où la bande-dessinée est devenue le premier vecteur d'image mais aussi l'un des socles identitaires de la ville, le maire affirme, à propos des murs peints réalisés par la Cité de la création en partenariat avec de grands auteurs : « Il était souhaitable et même nécessaire que cette vocation si spécifique à notre ville s'inscrive dans le tissu urbain et soit affichée aux yeux de tous, les résidants comme les hôtes de passage. Le programme de murs peints répond à cette volonté, mais aussi toutes sortes d'autres signes visuels disséminés dans l'agglomération [un bus peint, les panonceaux des noms des rues ont pris la forme de bulles...] (...) Je me réjouis de préfacer un ouvrage qui témoigne hautement de cette dimension désormais essentielle de l'identité d'Angoulême. »[70]

Comme le souligne très justement F. Taliano-des Garets, avec la décentralisation et la dynamique de métropolisation, « les métropoles sont des territoires urbains qui s'affirment de façon autonome et identitaire. L'identité légitime l'intervention publique dans le domaine de la culture »[71]. Les dépenses culturelles servent ainsi à l'affirmation d'une identité forte ou en reconstruction, lorsque le territoire a subi des traumatismes socioéconomiques (déclin industriel et/ou portuaire, émeutes urbaines...), mais aussi

---

[68] In B. Meyronin (2009),
[69] Cf. notamment l'étude de cas in B. Meyronin (2009),
[70] In T. Groensteen (2003), *Angoulême, la BD dans la ville*, éditions de l'An 2.
[71] In F. Taliano-des Garets (2007), *op. cit.*, p. 240.

lorsque la lisibilité du territoire était plutôt faible car ne reposant sur rien de très singulier (d'où les efforts d'Angoulême dans le domaine de la BD par exemple). Et ce d'autant plus que les métropoles ont souvent une vocation de capitale régionale, et qu'elles doivent donc « incarner » cette suprématie. Derrière cette question identitaire se profile, bien sûr, celle du *sens* : celui que l'on confère à l'action publique, à un positionnement marketing qui ne peut qu'entrer en résonnance avec l'identité du territoire, quitte à la bousculer, à la réveiller. Dans le cas de Nantes, la culture apparaît certes comme un levier au service d'un réveil, mais les choix qui ont été faits ont su préserver une certaine idée de la ville, qu'il s'agisse de sa géographie (la Loire, son estuaire et l'île de Nantes), de son histoire (du *Lieu unique* aux anciens hangars à bananes...) ou de son imaginaire.

Culture et attractivité résidentielle

La ville postindustrielle, c'est aujourd'hui souvent une métropole qui apparaît clairement, dans l'espace européen et au-delà, comme une destination principalement dédiée à la consommation[72]. Plus fondamentalement, l'ère postindustrielle se caractérise par un recentrage du développement urbain vers les activités de consommation et moins de production[73], et ce en raison principalement de la dissociation croissante entre lieux de

---

[72] Le cas de Birmingham est emblématique de cette mutation fondamentale des économies urbaines. Sur cette ville, voir notamment A. Masboungi (2006), *Faire la ville en partenariat. Birmingham,* ministère des Transports, de l'Équipement, du Tourisme et de la Mer/Éd. de La Villette. Dubaï et son *Shopping Festival* est tout aussi révélateur, ailleurs dans le monde, de cette dynamique. Sur le cas de cette cité du Golfe, voir le travail de l'anthropologue américain M. Davis (2007), *Le stade Dubaï du capitalisme*, Paris, Les prairies ordinaires.
[73] Sur cette question, voir notamment les contributions de M. Gravari-Barbas (2001), *Les nouveaux loisirs créent-ils un nouvel urbanisme ?,* 12ème festival international de géographie, Saint-Dié-des-Vosges, et de P. Ingallina et J. Park (2005), « City Marketing et espaces de consommation : les nouveaux enjeux de l'attractivité urbaine », *Revue Urbanisme,* n°344, septembre-octobre, p. 64-67.

production, lieux de résidence et lieux de consommation[74]. En effet, pour l'économiste Laurent Davezies « il faut cesser de considérer les territoires uniquement comme des supports de croissance : ils sont autant de supports de redistribution, de mobilité, de consommation… Mieux, ils sont en compétition les uns avec les autres, non seulement pour produire, *mais aussi pour capter des richesses produites ailleurs*[75] ». Chiffres à l'appui, cet auteur démontre la puissance des mécanismes publics (les retraites notamment) et privés (le tourisme…) qui déterminent la répartition des revenus entre les territoires, au bénéfice de ceux qui savent mieux que les autres les attirer (ou qui sont mieux à même de les capter, en raison notamment de leur situation géographique). Dans le contexte d'une bataille qui s'est déplacée de l'attractivité « classique », centrée sur la captation des activités industrielles, vers une attractivité de nature « résidentielle » (qu'il s'agisse de capter des résidents permanents ou occasionnels, les maisons secondaires et les flux touristiques), les dépenses culturelles trouvent donc ici une justification particulière : elles sont un instrument mis au service de cette attractivité résidentielle.

La culture au service de la balance des paiements ?

Enfin, on ne peut que constater le développement de ce que nous désignons ailleurs comme étant un *marketing off-shore*, marketing dont la valorisation, à l'international, de l'image et du savoir-faire du Louvre et de la Sorbonne, constitue la manifestation la plus emblématique (autant que médiatique et polémique). En ce qui concerne l'émirat d'Abu Dhabi, les autorités locales ont en effet l'intention de créer, d'ici 2018, un pôle d'attraction touristique comprenant 29 hôtels, deux golfs, plusieurs

---

[74] Cf. le travail de Laurent Davezies (2008), *La République et ses territoires. La circulation invisible des richesses*, Paris, Le Seuil/La République des idées. Voir également, du même auteur, « Développement local : le déménagement des Français. La dissociation des lieux de production et de consommation », *Futuribles*, n°295, 2004, p. 43-56.
[75] L. Davezies (2008), *op. cit.*, p. 7, souligné par nous.

ports de plaisance (capables d'accueillir 10 000 bateaux) et un « district culturel » (lequel accueillera, notamment, deux grandes institutions muséales : la fondation Guggenheim et le Louvre, dans un site nommé « Saadiyat Island »[76]). La Sorbonne, pour finir, y a ouvert un mini-campus en octobre 2006. Or, ces deux implantations relèvent pour nous de la même dynamique de valorisation à l'international de notre savoir-faire dans le champ de « l'économie de l'immatériel » et, plus précisément ici, de notre ingénierie muséale et universitaire.

On passe ainsi d'un marketing des nations (la France), des villes (Lille, Lyon…) ou encore des projets (*EuraLille*, *Confluence*…), formes relativement classiques, à un marketing territorial *off-shore* ancré dans une logique de *licencing* de nos actifs immatériels (Le Louvre et la Sorbonne, valorisés en tant que marques). La France, parmi d'autres nations, a donc à offrir à ces territoires en quête de repositionnement une image et des marques, en même temps qu'un savoir-faire reconnu en matière d'ingénierie culturelle, infrastructurelle et architecturale[77]. C'est peut-être là, pour aujourd'hui et surtout pour demain, une nouvelle source de revenus. Et lorsque Nantes exporte sa *Folle Journée* à travers le monde, ou lorsque Lyon signe avec Dubaï un partenariat sans équivalent pour valoriser son expertise dans différents champs (sport, urbanisme, culture, enseignement supérieur…), on se situe bien dans cette même dynamique.

---

[76] L'émirat, comme d'autres dans le Golfe (Dubaï et le Qatar), anticipe en effet la chute des revenus pétroliers et cherche donc à se repositionner sur le créneau d'un tourisme haut de gamme et international. Lorsque l'un fait le choix du shopping (Dubaï), l'autre privilégie la culture et l'éducation (Abu Dhabi), tandis que Doha se rêve en *Learning Destination*.
[77] Jean Nouvel est ainsi l'architecte du Louvre Abu Dhabi, tandis que Paul Andreu a notamment œuvré pour la construction du terminal 3 de l'aéroport de Dubaï, pour ne retenir que deux exemples.

Bibliographie

Alves, T., 2005, Art, light and landscape, new agendas for urban development, *Actes de la Regional Studies Association International Conference*, Université de Aalborg, Danemark.
Davezies, L., 2008, *La République et ses territoires. La circulation invisible des richesses*, Paris, Le Seuil/La République des idées.
Davis, M., 2007, *Le stade Dubaï du capitalisme*, Paris, Les prairies ordinaires.
Delacroix, F., 2007, *La sagesse de la démesure*, Alter ego éditions/ Céret.
Dumont, G.F., 2007, *Les métropoles régionales et intermédiaires en France : quelle attractivité ?*, Paris, La Documentation française/ DIACT.
Greffe, X., 2006, *La mobilisation des actifs culturels de la France. De l'attractivité culturelle du territoire... à la Nation culturellement créative*, rapport de synthèse sur l'attractivité culturelle, ministère de la Culture et de la Communication, document de travail du DEPS n° 1270.
Groensteen, T., 2003, *Angoulême, la BD dans la ville*, éditions de l'An 2.
Guidet, T. et Plassart, M., 2007, *Nantes saisie par la culture*, Paris, éditions Autrement.
Heinich, N., 2009, *La fabrique du patrimoine*, Paris, Éditions de la Maison des sciences de l'homme.
Masboungi, A., 2004, *Penser la ville par l'art contemporain*, Paris, Éd. de La Villette.
Masboungi, A., 2006, *Faire la ville en partenariat. Birmingham*, Paris, Éditions de La Villette.
Mégard, D. et Deljarrie, B., 2003, *La communication des collectivités locales*, Paris, LGDJ/Dexia.
Meyronin, B., 2009, *Le marketing territorial*, Paris, Vuibert.
Meyronin, B. et Valla, J.-P., 2006, Les servuctions urbaines : la création contemporaine au service du marketing territorial, *Décisions Marketing*, 42.

Mommaas, H., 2004, Cultural clusters and the post-industrial city: Towards the remapping of urban cultural policy, *Urban Studies*, 41, 3, 507-532.

Rosemberg, M., 2000, *Le marketing urbain en question*, Paris, Anthropos.

Sacco, P.L. et Tavano Blessi, G., 2006, European culture capitals and local development strategies: Comparing the Genoa and Lille 2004 cases, *Homo Oeconomicus*, 23, 3/4, 1-31.

Taliano-des Garets, F., 2007, *Les métropoles régionales et la culture, 1945-2000*, Paris, La Documentation française.

CULTURE ET ATTRACTIVITÉ

La quête d'attractivité culturelle par l'image de la ville de Rennes

CHARLES-EDOUARD HOULLIER-GUIBERT

Depuis les années 1980, Rennes a connu une évolution positive de son image. La première étude (TMO, 1984) révèle qu'elle ne partait d'aucune image particulière sur le plan extraterritorial ; elle était une capitale administrative provinciale parmi d'autres. Sur le plan intra-territorial, la ville dépeinte par les Rennais se caractérisait par une représentation relativement statique et fermée, bourgeoise et fonctionnaire avec une population peu ouverte et refusant le risque. Une décennie plus tard, Rennes est une ville plutôt bien perçue et appréciée par sa population locale (TMO, 1993). Sa taille humaine et son bon vivre sont mis en exergue par plusieurs palmarès de la presse (Moriset, 1999[1]). Dans les années 2000, même si Rennes n'a plus le panache qui lui a été conféré dernièrement, la ville reste positivement évaluée à travers le bouche-à-oreille français. Rennes est appréciée même si l'on ne sait pas grand-chose d'elle.

Les différents vecteurs qui construisent l'image de Rennes sont en partie initiés par les acteurs locaux depuis l'ouverture du technopôle Rennes Atalante en 1984, jusqu'à la dernière campagne d'image lancée avant les élections municipales de 2008, qui marquent la fin du mandat politique d'Edmond Hervé (maire de Rennes pendant 30 ans). Au fil de ces 25 années, la culture est omniprésente sous de multiples formes, transmise comme valeur porteuse de l'image de la ville. Est donc ici privilégiée l'étude des images construites par les services de communication.

Outre les discours recueillis entre 2004 et 2007 dans le cadre d'une thèse (Houllier-Guibert, 2008a), l'analyse documentaire et

---

[1] Rennes est bien placée comme ville où il fait bon vivre et souvent classée première dans les différents palmarès de la presse nationale. L'étude de B. Moriset compare 29 palmarès de la presse entre 1974 et 1997. Il constate que Rennes est la mieux classée (une moyenne de 8,35 devant Montpellier 9,35 et Angers 10,53 puis 4 villes classées à plus de 11) et possède même une avance confortable.

l'inventaire des archives municipales sont des sources complémentaires qui mettent en cohérence les différents discours des techniciens, des élus et des spécialistes des questions d'image de la ville sur le positionnement territorial de Rennes. Positionner une ville correspond à la « mettre en valeur de manière optimale par ses avantages (réels ou perçus) les plus différenciateurs par rapport aux collectivités définies comme concurrentes et à l'attention des publics pour lesquels cette différence est motivante » (Sperling, 1991).

Appréhender le développement territorial en termes de marketing suppose une volonté de différenciation à caractère innovant : ainsi, développer des positionnements similaires à d'autres villes est une aberration stratégique (Babey et Giauque, 2005). L'analyse des différentes actions de promotion territoriale, menées par les producteurs d'image ou bien subie par les médias de masse à cause de l'actualité rennaise, aboutit au constat que le vecteur culturel est le principal levier du positionnement rennais. Dans un second temps, l'étude d'impact d'une campagne de communication axée sur le positionnement culturel saisit les limites de ce type d'action porteuse d'ambiguïté et d'illusion de succès extraterritorial toujours difficile à mesurer. L'attractivité culturelle trouve ses limites dès qu'elle est évaluée, à travers ses différentes composantes au fil des années, par la place accordée aux festivals, au patrimoine, à la création artistique.

L'évolution de l'image par le vecteur de la culture

À Rennes, l'image de la ville est maîtrisée uniquement par les acteurs publics. Aucune entreprise, aucune entité spécialisée (office de tourisme, lobby de commerçants, CCI…) ne domine la scène de la communication politique qui se trouve en cohérence avec la scène médiatique locale[2] et l'espace public urbain lui aussi maîtrisé

---

[2] Les médias locaux comme *TV Rennes*, *France 3 Ouest* ou *Ouest-France* sont en liens avec la municipalité, sans que l'on puisse observer de dimension fortement critique de la part des médias.

par les acteurs publics (Lenoir, 2005[3]). La place de la culture au sein des politiques d'image s'explique en partie par le parcours des acteurs (Houllier-Guibert, 2008b). Ils ont utilisé la culture pour composer l'image de la ville, d'abord sur le plan local *via* la presse municipale, puis par des actions indirectes qui auraient promu la ville et enfin, par des campagnes de communication au design audacieux.

L'émergence progressive de la culture

Dès la fin des années 1980, parallèlement au positionnement de ville moderne et l'utilisation du slogan diffusé à l'échelle nationale *Désormais, il faut compter avec Rennes*, un autre slogan est utilisé localement auprès de la population rennaise : *Rennes bouge, bougez*. C'est une manière d'inciter les habitants à voir leur ville plus dynamique, à profiter de l'offre culturelle et « certains l'ont également compris comme une incitation à l'initiative : soyez inventifs, créatifs, et si votre projet tient la route, le ciel municipal vous aidera ! » (Salaun, 2005 : 99). En même temps, le journal municipal est remanié pour tendre vers un magazine de *news* et être ainsi le reflet des nouveaux axes de communication, après avoir intégré un agenda culturel qui devient le cœur du magazine. L'information n'est plus seulement municipale mais investit l'espace local en passant de la vie sportive et culturelle aux problèmes pratiques (Dauvin, 1990).

À la fin des années 1990, la culture a une assise locale, d'abord grâce à la médiation fédérée par les services publics puis par le développement du festival des Arts électroniques[4], née dans un

---

[3] D'après C. Lenoir, les villes sont à la fois communicantes et communicatrices, et cela sur ces trois scènes où s'expriment les signes, les symboles, les mythes qui construisent les identités urbaines. La scène urbaine entretient un aspect de la symbolique des lieux et elle dépend du domaine du vécu, de la mémoire et de la spatialité ; la scène médiatique locale appartient au domaine de l'interprétation et donc de la médiation ; la scène de la communication politique véhicule le message identitaire officiel et indique le sens de l'ensemble des représentations.

[4] Le « FAE » représente la culminance de la convergence économie/culture. Il rapproche le monde de l'électronique et celui de l'art en sensibilisant à la place

contexte où la culture a déjà fait l'objet de sensibilisation auprès de la population locale. C'est surtout le slogan *Rennes, vivre en intelligence* qui a marqué les actions politiques rennaises dès 1991. Deux caractéristiques se sont progressivement imposées pour comprendre le sens de la formule. L'une rendant compte d'une bonne part de l'activité rennaise (la recherche, la technopole, l'université) ; c'est la matière grise. L'autre traduisant la particularité de l'ambiance rennaise, son climat social ; c'est une certaine forme d'harmonie, de tolérance, de non-exclusion.

Cette signature, suffisamment polysémique pour accompagner l'évolution de la ville, s'impose dans toutes les actions de communication. Le mot clé du slogan est l'*intelligence* dans ses deux sens d'activité intellectuelle et de compréhension mutuelle. Vivre ensemble en bonne intelligence et vivre dans une ville où l'intelligence est partout présente. Cette intelligence passe par les actions culturelles soutenues par les politiques locales et la culture devient l'un des leviers argumentatif du slogan, notamment à travers l'innovation des festivals. Fabricants d'images indirectes car pas toujours portés par les municipalités, les festivals favorisent le rayonnement. Sans qu'il y ait vraiment eu d'études poussées sur l'impact des festivals rennais en faveur de l'image (Garat et Gravari-Barbas, 1999), les acteurs locaux considèrent qu'en période d'absence d'opérations d'envergure durant la décennie 1990, ils ont assuré la promotion extraterritoriale.

Pour produire un discours de communication indirecte, un maire peut s'investir dans les initiatives locales en récupérant des projets qu'il ne porte pas vraiment mais dont il attend des profits politiques. Au travers de subventions, d'autorisations administratives, de mise à disposition des moyens ou de publicité locale, la municipalité s'investit dans une manifestation en espérant aussi une

---

nouvelle qu'occupent les technologies dans les divers modes d'expression de la culture et des loisirs. Des expositions, spectacles, diffusions de films, de bandes vidéo, de clips électroniques, colloques, forums scientifiques, jumelages, sont autant d'expressions du lien culture-économie qui ont intéressé 50 000 personnes lors de la première édition en 1986. Une seconde session a lieu en 1988 et celle de 1990 est annulée à cause de la crise financière culturelle à Rennes.

visibilité. L'exemple le plus fréquent en France et qui concerne Rennes est celui des « festivals d'origine associative, d'abord soutenus par la seule foi de quelques bénévoles et qui, dans un second temps, gagnent en audience, en professionnalisme et en notoriété parce que la machinerie municipale s'y implique. S'esquisse alors un échange symbolique : les initiateurs du projet en gardent le contrôle réel, renforcent parfois leur position du fait des moyens obtenus, mais doivent en échange concéder les bénéfices symboliques de l'opération. Que le maire présente le festival comme son affaire ne choquera personne : le petit cercle de connaisseurs ne s'y trompera pas. Mais aux yeux du grand public, la contribution de la municipalité aura été décisive » (Le Bart, 2003 : 149). C. Jamault (2006) précise que dans cette organisation d'acteurs, les associations porteuses de festivals ont les clés de la créativité et de l'organisation, les pouvoirs publics n'étant que financeurs, ce qui leur permet d'avoir un pouvoir sur les actions culturelles tout en s'éloignant de la tendance des villes européennes à instrumentaliser une culture plus fabriquée par les institutions locales que produite par les forces de création locale.

La communication limitée par la récession n'empêche pas l'amplification de l'image culturelle

La campagne de 1991, en partie télévisée, qui diffuse le slogan *Rennes, vivre en intelligence* accompagné des Shadocks (une manière de penser la culture !) représente le point culminant de l'action promotionnelle de Rennes, suivi d'une rupture liée à la conjoncture des années 1990. Pendant cette période, le positionnement technopolitain, prégnant dans les années 1980, continue de se développer dans les discours locaux mais sans actions concrètes à rayonnement fort.

Il laisse place à l'affirmation du positionnement culturel et au positionnement métropolitain qui se sont lentement développés au cours de la décennie 1990, dans la mouvance d'une communication indirecte ou bien locale et donc moins coûteuse. Ce glissement d'image s'effectue au moment d'une récession des opérations communicationnelles d'envergure. Cette situation s'explique d'une part grâce aux palmarès de la presse qui font la promotion gratuite de la ville et, d'autre part, à cause de l'échec socialiste aux élections législatives. Enfin, l'explosion du chômage et l'affaire du sang contaminé qui implique le premier édile rennais incitent à limiter la communication « paillettes ». La communication de proximité est alors privilégiée, d'autant qu'elle coûte moins cher et est plus facilement évaluables.

Cette situation confirme qu'au marketing offensif des années 1985-1990 succède dans les années 1990-2000 une communication territoriale ne visant plus la mise en concurrence des territoires, mais leur animation, leur articulation, voire leur recomposition. Ceci s'explique, d'une part, avec le développement des actions territorialisées et localisées, puisque le politique ne peut plus proposer de solutions globales et, d'autre part, à cause des partenariats territoriaux et de la contractualisation mis en avant par l'aménagement du territoire (Pagès, 2001 : 84[5]). Le thème de la culture des villes s'impose alors dans les années 1990 face à la métaphore de la ville-entreprise utilisée dans les années 1980 (Mons, 1992) ; ainsi, « fêtes et festivals tendent à former une même catégorie d'événements culturels, soumis à un intense renouvellement formel et thématique. Ce renouveau se traduit par d'innombrables créations, mais aussi par nombre de disparitions ou de transformations de fêtes surannées, désormais dépourvues de sens social [...] Ces événements inscrivent les lieux de leur déroulement dans une géographie de réseaux qui valorise les échelles européennes et mondiales » (Di Méo, 2005).

Dans les années 1990, l'optimisation des opérations de communication coûteuses, dans une situation économique et

---

[5] L'auteur rappelle que la loi de finances du 15 octobre 1990 a été une contrainte majeure à la communication des territoires : pour distinguer la communication politique et la communication institutionnelle, il est plus aisé de recentrer la communication sur la valorisation des territoires. Cette loi limite désormais la diffusion de vecteurs susceptibles de promouvoir les élus de la majorité puisqu'ils ne doivent plus afficher leurs réalisations six mois avant les élections locales.

sociale difficile[6], amène les entrepreneurs d'image à privilégier l'événementiel qui apparaît comme une manière idéale de positionner les villes par une stratégie de singularisation : « l'ensemble du secteur culturel, mais tout particulièrement les événements culturels festifs, sert à différencier les villes entre elles, participe à la concurrence territoriale qu'elles se livrent […] Le nombre de festivals et leur retentissement distinguent en particulier les niveaux hiérarchiques » (Gravari-Barbas et Garat, 1999 : 7) et la mode festivalière apporte une autre couleur et une modernité aux villes, qui s'affranchissent par là d'une image urbaine trop communément associée au seul environnement économique (Lucchini, 2002). À Rennes, la politique par l'événement permet d'augmenter la cible des politiques de communication en ouvrant sur le grand public, avec d'un côté les touristes et de l'autre la population locale, là où le positionnement technopolitain s'adresse plus directement aux cadres. En 1991, lorsque l'Institut d'économie urbaine pose la question : *Quelles sont les 5 manifestations culturelles à caractère international les plus importantes ?*, seules 3 sont listées à Rennes dont deux festivals : Les *Tombées de la Nuit* et les *Transmusicales*. Quinze ans plus tard, trois événements rennais peuvent prétendre rayonner en France et au-delà, dont l'un n'est pas dans la sphère culturelle[7] : Les *Transmusicales* et un festival assez élitiste qu'est *Mettre en scène*.

Les singularisations urbaines sont souvent simples : le festival rennais des *Transmusicales*[8] donne une image de ville à la fois jeune et à la pointe, ce qui prolonge le positionnement technopolitain en ouvrant sur celui de ville étudiante, de *ville laboratoire* innovante et avant-gardiste.

---

[6] Malgré l'augmentation des impôts locaux, les collectivités locales souffrent de recettes économiques stagnantes et d'un endettement élevé. Dans une situation de crise financière, c'est souvent le budget communication qui est diminué.
[7] Il s'agit du SPACE (salon de la production agricole-carrefour européen) qui rassemble chaque année 100 000 personnes (dont seulement 5% de non Français).
[8] Ce festival a pour vocation de défricher les nouvelles tendances et à révéler les nouveaux talents des musiques actuelles. À peu près 25 000 spectateurs payants y assistent annuellement.

Le festival *Travelling* évoque le regard cinématographique de Rennes dans l'imbroglio des villes du monde ou des composantes de l'urbanité[9], mais son rayonnement est souvent jugé insuffisant à l'heure ou d'autres festivals de films dans l'ouest de la France émergent (le *festival du film britannique* à Dinard, du *Court-métrage* à Brest, *Premiers plan* à Angers par exemple). Enfin, le festival des *Tombées de la Nuit* est reconnu comme un événement en faveur de la population locale, d'abord pensé pour le développement touristique mais plutôt en faveur de l'animation locale. Selon G. Di Méo (2001), la dimension symbolique des villes se réalise moins dans le quotidien individuel que dans les temps forts que constituent les fêtes d'hier et les festivals d'aujourd'hui, notamment dans les villes moyennes. Ce qui est important pour la collectivité, organisatrice ou non, qui accueille l'événement, c'est d'être visible en favorisant une mise en scène de la ville.

L'analyse sémio-esthétique des représentations du festival sur la scène de la communication politique, sur la scène médiatique locale et dans l'espace public urbain, rend compte de la scénarité de l'événementiel (Lenoir, 2005), jusqu'à parfois s'ancrer fortement dans l'espace public (Gravari-Barbas, 2005).

Les années 2000 et l'assise de la culture par des actions connexes à la promotion extraterritoriale

Au final, en combinant son aspect technopolitain et son image culturelle, Rennes est positionnée « *as where cultural policy has provided images of innovation* » (Bianchini et Parkinson, 1993[10]). Alors qu'en 1998 Rennes est jugée par une majorité d'habitants comme une

---

[9] Ce festival propose chaque année de découvrir une ville à travers son cinéma. Le nombre de spectateurs annuel est aléatoire selon la ville choisie. Le festival portait sur Helsinki en 2005, Marseille en 2004, Le Caire en 2000, Montréal en 1996... entre autres ; et sur la ville la nuit en 2007, les villes imaginaires en 1999, la banlieue en 1997, et d'autres thèmes transversaux à l'urbain.
[10] Dans leur étude, Rennes est concernée, au côté de Montpellier, Nîmes, Grenoble, Hambourg, Bologne, Barcelone et Cologne.

ville jeune et dynamique (TMO, 1998), ce qui est une amélioration par rapport au baromètre d'image de 1984, le choix politique des années 1990 est de promouvoir l'image en passant par le renforcement ou la création d'une identité locale qui fonde le sentiment d'appartenance. Le slogan *Rennes, vivre en intelligence* suscite au fil du temps un sentiment de fierté (Le Bourdais, 1999). L'identité locale, en tant que représentation sociale performée par le discours des agents qui mobilisent divers référents en fonction de leurs intérêts (Bourdieu, 1980), est diffusée par des communicants qui ont souvent recours aux énoncés performatifs où le discours supplante les actions.

Par exemple, lorsque les acteurs publics réalisent une communication miroir à partir d'affiches publicitaires sur la rénovation des peintures du parlement de Bretagne, l'objectif est de renvoyer à un patrimoine commun, ce qui suscite une fierté rennaise, voire bretonne. En 1999, après huit ans de diffusion, S. Le Bourdais conclut que « le slogan permet d'avoir un positionnement autour de l'université et ainsi de produire un discours sur la modernité de la laïcité, la promotion par le savoir et la culture, l'apprentissage de l'indépendance d'esprit et de la liberté, les valeurs de la durée et d'historicité par rapport à l'immédiateté médiatique, les valeurs de culture par rapport aux valeurs d'argent, les valeurs de formation humaine par rapport à la simple formation au marché de l'emploi... » (1999 : 24).

La culture est donc l'une des composantes de l'image de Rennes et elle va être accompagnée d'actions connexes au champ promotionnel, plus concrètes, qui inscrivent la culture dans l'espace urbain. « La culture est devenue dans les villes européennes l'un des éléments-clés de la représentation, de la stratégie d'image à l'égard des entreprises notamment et des élites locales, nationales et européennes. Ces actions dans le secteur de la culture contribuent fortement à la dynamique collective de représentation externe de la ville, d'élaboration d'un projet, d'une stratégie collective [...] » (Vion et Le Galès, 1998 : 7). Reste à savoir si l'affirmation du positionnement culturel est liée à l'impression ambiante du potentiel culturel rennais ou bien si les

CULTURE ET ATTRACTIVITÉ

récentes campagnes ont permis d'affirmer l'image culturelle de Rennes.

Afin d'attirer les acteurs culturels et entraîner le développement local, l'image d'une ville peut reposer à la fois sur une politique de grandes institutions (la notoriété des grands équipements et la qualité de leur programmation donnent une hiérarchie des villes), une politique culturelle avant-gardiste (les nouvelles formes artistiques et culturelles comme les espaces non-conventionnels, les friches, les squats, les arts de la rue, les cultures urbaines qui donnent une image d'acteurs hors-champ institutionnel) et une volonté de rayonnement (grâce à la présence d'acteurs culturels insérés dans les réseaux internationaux et l'implication des acteurs dans les projets de dimension au moins nationale). Les pratiques non institutionnelles sont reconnues comme des critères de vitalité d'une ville et de son public.

Grâce à la combinaison des champs universitaire et culturel, la notoriété culturelle du territoire rennais se construit à partir de :
- L'antériorité de Rennes en matière de dynamisme culturel (l'une des premières Maisons de la culture, un centre chorégraphique national, un festival de renommée nationale depuis 1978, l'une des premières inaugurations d'un commerce FNAC et d'un Virgin en France).
- La présence de grands équipements (opéra, théâtre national de Bretagne, musée des Beaux-arts, centre d'art contemporain, conservatoire de région).
- La notoriété ou l'image de plusieurs lieux culturels autres que les lieux institutionnels (L'UBU, l'Aire-Libre, l'Arvor, la Péniche-Spectacles, Le Jardin Moderne, la Criée... autant de lieux qui valorisent ceux qui les citent).
- La présence d'acteurs connus ou dont le travail est apprécié (artistes ou gestionnaires).
- Les grands événements (*Transmusicales*, *Tombées de la Nuit*, *Travelling* et *Mettre en scène*, ainsi que *Mythos* et *Marmaille* permettent de parler localement des 3T et des 3M).
- L'existence d'équipements de quartiers (Triangle, Rallye, Paillette, Tambour).

- La reconnaissance d'un rôle régional grâce à une offre culturelle large et diffusée.

Mais les faiblesses de Rennes sont liées à sa petite taille : une ville moyenne et peu cosmopolite ne rime pas avec la citadinité culturelle. Les grandes villes sont associées à l'émergence de nouvelles formes de cultures urbaines lesquelles se nourrissent du vécu des cités et de la rencontre de logiques et de traditions culturelles différentes, et plus particulièrement du métissage des cultures. Ces faiblesses, liées à la sociologie de la ville, à un manque de créativité ou à une remise en cause de choix d'investissements, font que la vie culturelle reste associée à la vie des étudiants et des publics enseignants. Le manque de renouvellement artistique, voire la prise de retard dans les cultures émergeantes ou alternatives, associés à une politique de festivals manquant de renouvellement, donnent une impression de stagnation.

En 2002, Rennes est connue à travers ses quatre principales manifestations – les 3 T et dans une moindre mesure *Mettre en scène* – tandis qu'ensuite, c'est ce dernier qui est le festival porteur car synonyme d'avant-garde à l'échelle européenne : les *Trans* gardent leur aura mais l'image de la scène rennaise a disparu ; les *Tombées de la Nuit* sont un festival de dimension régionale, *Travelling* ne semble pas avoir les moyens de son développement. Les autres faiblesses du secteur culturel portent sur les arts plastiques, la faible politique de résidences d'artistes, une politique d'équipement insuffisante, un manque de passerelles entre le monde de la culture et les technologies, ce qui aboutit d'une manière générale à une image qui vieillit si elle ne repose pas sur des actions concrètes.

Ces faiblesses ont trouvé un écho avec des efforts incarnés par la place aux Cultures. Ce projet urbain, achevé en 2008, donne une place centrale à la culture au sein de Rennes. Plus la ville s'étend, plus elle se matérialise en son centre (Burgel, 1993). La ville se consomme dans son centre et la ville festive incarnée par les spectacles souvent culturels accentue la centralité, ce qui maintient l'urbanité et évite le déclin de la ville-centre et la prééminence de la ville étalée. C'est le cas à Rennes. Avec les rénovations urbaines de la décennie 2000, les activités culturelles ont déserté le centre-ville.

CULTURE ET ATTRACTIVITÉ

De surcroît, avec l'ouverture de salles de spectacles à Brest, Caen ou Nantes, les tournées d'artistes sont moindres. La salle provisoire du *Musikhall*, installée à l'extérieur de la ville, au parc des expositions, ne rime pas avec la centralité urbaine. Pour contrer cette situation, la restructuration de l'esplanade du centre-ville renommée Place aux Cultures s'appuie sur des équipements existants (les *Champs-Libres*[11] ouverts en 2006, l'espace jeunesse le *4 bis* ouvert en 2007, la salle de spectacle *Le Liberté* rouverte en 2009, le complexe cinématographique dessiné par Christian de Portzamparc, ouvert en 2008) pour créer le plus important pôle culturel de l'agglomération, en plein cœur de ville, à côté du *TNB*, lui aussi rouvert en 2008 sous le patronage de la ministre de la Culture. La place commence à être éprouvée par les usagers mais le choix d'un vaste espace vide (absence d'arbres et de bancs) est un défi urbain pour une zone centrale dont on attend une stimulation itérative. Ce projet urbain est étonnamment méconnu des médias extra-locaux, à l'heure où d'autres villes comme Lille ou Nantes mettent en avant les liens entre culture, centralité et projet urbain.

Mais la centralité n'a pas l'apanage de la culture, qu'elle soit élitiste ou non. Avec un budget de 900 000 euros, l'association *Jazz à Rennes* crée un premier festival fin août 2009 dans la commune périphérique du Rheu. Douze concerts seront présentés sous un chapiteau de plus de 5 000 places pour écouter des têtes d'affiche mondialement connues. Le choix d'appeler le festival *Jazz à Rennes* donne une identification claire à l'ampleur extra-locale, tandis que le nom *Jazz à Apigné* (nom du château qui reçoit et organise l'événement) avait une connotation locale qui n'a pas séduit les collectivités locales toutes partenaires du projet. La cité du Rock se diversifie en devenant cité du Jazz, mais de Montréal à Marciac d'autres villes de toutes tailles ont déjà ce positionnement.

---

[11] Créé par Christian de Portzamparc, les Champs Libres est un ensemble de 24 000 m² qui regroupe trois entités culturelles : la bibliothèque sur 6 niveaux, l'Espace des sciences et son planétarium et le musée de Bretagne. L'architecte de renommée internationale a créé un bâtiment synergique dans lequel les trois institutions conservent leur identité. Sa vocation est d'abord régionale.

Les limites de la culture pour l'image de la ville

La culture, dans la fabrication de l'image rennaise au fil des 25 années de promotion territoriale, à défaut d'être quantifiée comme outil de développement territorial, participe aux valeurs de la ville. Les conditions sont rassemblées pour mesurer l'impact d'un positionnement culturel rennais, impulsé par le développement des images événementielles qui agissent de manière plus ou moins indirecte sur la production d'image (Barthon, Garat, Gravari-Barbas et Veschambre, 2007). La culture englobe de nombreuses actions comme la dimension patrimoniale et plus largement l'ouverture sociale au monde, grâce aux savoirs. Il y a eu des pistes d'affirmation culturelle pour garantir une image forte, porteuse d'attractivité, mais les pouvoirs publics n'ont pas suivi.

Le potentiel et les opportunités pour une attraction culturelle d'envergure

Une étude sur l'image de Rennes (TMO, 2002) aboutit à la conviction que la culture est un champ privilégié de construction de l'image rennaise, du fait des réseaux nationaux et internationaux de création, de la mobilité des acteurs culturels et de leur nécessité à travailler avec les acteurs politiques des grandes villes. La culture est étudiée de manière large, incarnant des pans multiples de la ville : « La culture n'est donc pas un secteur isolé de la vie sociale, elle pénètre tous les aspects de la société, de l'économie à la politique, de l'alimentation à la sexualité, des arts à la technologie, de la santé à la religion » (Guindani et Bassand, 1982 : 19).

Le passé de Rennes, en matière musicale notamment, l'existence de grands équipements institutionnels, la reconnaissance artistique externe de plusieurs responsables d'équipements (programmation, production), l'existence d'une activité artistique tout au long de l'année, des Rennais perçus comme un public globalement curieux, exigeant, passionné et respectueux, la reconnaissance d'une vitalité de la vie socioculturelle et associative, les festivals actuels vus comme innovants…, ces constats plus ou moins fondés mais en tout cas affirmés par le cabinet d'étude confirment une image culturelle positive, reconnue à l'extérieur[12].

Concernant la dimension patrimoniale de la culture, l'incendie du parlement de Bretagne en 1994 accélère le tourisme urbain rennais et propulse une politique de promotion du monument comme symbole et lien entre Rennes et la Bretagne. Mais les activités touristiques de Rennes sont éloignées des activités culturelles, à cause d'une « antinomie entre le secteur du tourisme et de la culture où les premiers sont qualifiés de marchands du temple par les seconds assimilés, eux, à de vulgaires saltimbanques » (Benito, 2002). Concernant la démocratisation culturelle, les deux universités rennaises font de la ville le premier pôle universitaire du grand-ouest de la France et donnent une dimension quantitative à la culture générale, appuyée par les actions de l'équipement régional des *Champs-Libres* qui a fait sa promotion nationale en 2007.

En 2008, les acteurs locaux misent fort sur l'exposition du Roi Arthur qui reçoit plus de 30 000 visiteurs. L'événement culturel des *Champs-Libres* a reçu le label *Exposition d'intérêt national* du ministère de la Culture, ce qui valait bien le déploiement d'une campagne d'affichage qui tend vers le *street marketing* ou plutôt le métro-marketing.

Pour la première fois, les stations de métro de Rennes sont habillées pour faire la promotion de l'exposition *via* son affiche qui se révèle tout aussi intrigante (la couronne est un amas de building futuristes) que la légende du Roi Arthur : opacité, citadinité, royauté... l'affiche est à la hauteur de sa diffusion sur Rennes et l'Ille-et-Vilaine. Les affiches habillent des pans des stations de métro aux endroits les plus visibles, sans pour autant être sur des supports prévus pour l'affichage. La grandeur de l'événement rennais est liée à un partenariat d'acteur inédit et profitable au concept des *Champs-Libres*. C'est la première réalisation conjointe des trois composantes de ce centre culturel : le musée de Bretagne,

---

[12] Il faut préciser que les personnes interviewées dans l'étude de TMO sont cadres, entrepreneurs, professionnels de la recherche et de la culture et de surcroît sont des personnes qui ont habité ou travaillé à Rennes.

la bibliothèque de Rennes Métropole et l'Espace des sciences. En outre, les acteurs du tourisme et de la culture travaillent ensemble et tentent une synergie avec la forêt de Brocéliande comme site touristique.

Au moment où démarre l'exposition arthurienne par un colloque à l'université Rennes 2, s'achève la première biennale d'art contemporain financée par un mécène entrepreneur. C'est plutôt un échec (12 000 entrées payantes) avec une assez bonne visibilité médiatique dans les milieux de l'art mais une faible participation, aussi bien de la population locale que de la classe créative. Les projets d'envergure internationale ne prennent pas à Rennes, pourtant elle est actuellement en quête d'un événement fort au sein de la ville, pas nécessairement culturel. Pour confirmer le message d'une audace culturelle, la ville veut marquer un grand coup. Or elle vient de manquer deux opportunités d'image culturelle forte, ce qui pose la question du décalage entre un discours audacieux et des actions d'envergure plutôt régionales.

D'une part, l'impression de stagnation culturelle peut être ressentie à Rennes lorsqu'elle n'a pas saisi l'opportunité d'accueillir une partie de la collection d'art de l'homme d'affaire breton François Pinault, soutien premier de l'équipe de football rennaise, qui a choisi Lille, sans doute plus accueillante et désireuse de se positionner comme métropole européenne de la culture. D'autre part, l'obtention du label *Capitale européenne de la culture* en 2013 aurait pu être saisie selon plusieurs acteurs locaux, dont les entrepreneurs d'image.

Devenir Capitale européenne de la culture permet d'organiser une manifestation annuelle donnant une visibilité médiatique forte, comme Lille en 2004 (Lefebvre, 2006). Rennes n'est pas une ville en déclin et, en ce sens, ce label aurait plutôt été plus un prétexte à la collaboration avec des acteurs d'autres territoires, comme Nantes par exemple. En effet, selon R. Lefebvre, Lille 2004 est bien plus qu'un événement culturel de grande ampleur. La dimension culturelle était assez peu présente dans la rhétorique du maire Martine Aubry ; le référentiel de l'excellence culturelle (l'art pour l'art) s'effaçait au profit de logiques événementielles de marketing territorial, de développement économique, touristique et patrimonial ou de production de lien social. Outre l'ancrage territorial des acteurs locaux permis par ce type d'événement, R. Lefebvre rappelle que la légitimité des politiques culturelles urbaines tient à leur capacité à constituer les sociétés locales en acteurs collectifs, en entités agissantes dans un contexte de compétition internationale (Bianchini et Parkinson, 1993 ; Vion et Le Galès, 1998). Les élus rennais ont finalement fait le choix de ne pas tenter la compétition entre villes françaises pour la double raison que la ville de gauche ne serait pas privilégiée par un gouvernement de l'opposition plus enclin à soutenir Bordeaux, Toulouse ou Marseille ; et aussi parce que le droit d'inscription à la candidature a été jugé trop élevé (500 000 euros). Il semble aussi que les acteurs rennais ne soient pas en mesure de fédérer au-delà de leur ville.

Au terme de l'étude de 2002, TMO propose dix pistes de réflexion qui sont difficilement réalisables, voire parfois peu pertinentes, mais qui ne manquent pas d'audace. Elle s'appuie sur les atouts de Rennes et répond aux attentes et faiblesses pointées. Parmi les dix propositions recensées, deux concernent le positionnement culturel et quatre utilisent l'événementiel pour rendre visible Rennes (Houllier-Guibert, 2008b). Au final, si plusieurs de ces pistes sont suivies et d'autres abandonnées, le choix des communicants porte sur la volonté de placer la culture au cœur du message promotionnel de Rennes dès 2004. De manière concrète, plusieurs événements se succèdent en 2008 et façonnent les ambitions culturelles de la métropole.

D'un côté l'exposition d'Arthur crée ponctuellement une différenciation territoriale mais ne fait pas l'unanimité car elle est populaire ; de l'autre la biennale d'art contemporain ne rencontre pas le succès ; enfin, le 30ème anniversaire du festival fort de la ville que sont les *Transmusicales* offre une bonne visibilité médiatique sur une valeur sûre. L'attractivité culturelle rennaise est encore en phase de tentative.

La métropole culturelle comme socle d'une nouvelle campagne de notoriété

CULTURE ET ATTRACTIVITÉ

Après avoir centré pendant une décennie l'essentiel de sa communication sur le territoire et ses habitants, Rennes développe en 2003 sa communication extraterritoriale et travaille sur son image au plan national. La ville s'inscrit dans le renouveau des villes qui, dans la décennie 2000, relance la promotion extraterritoriale (Reims, Rouen, Nantes, Dunkerque, Lyon…). Pour porter le dynamisme, la modernité et la créativité rennaise, les acteurs publics locaux donnent une nouvelle modernité à la phrase vocation *Vivre en intelligence*, dont la pertinence et la cohérence au regard des caractéristiques du territoire ainsi que des projets municipaux et d'agglomération paraissent toujours aussi fortes dans leur diagnostic (TMO, 2002). Plutôt que de réinventer une signature, Rennes capitalise sur plus de dix ans de communication et « construit une nouvelle étape de sa stratégie de communication avec les objectifs d'affirmer un positionnement national du territoire rennais et d'accompagner la promotion des événements locaux pour mettre en avant " une ville dynamique, pétillante, plein de ressources et de talents " » (non daté, p. 3[13]). La stratégie de promotion externe s'est volontairement appuyée sur la notoriété et/ou la visibilité de certains événements pour délivrer un message sur l'effervescence culturelle rennaise.

À travers trois supports de communication (radios nationales, presse écrite nationale et locale, hors-media[14]), l'accroche déclinée est la formule *Rennes fait monter les talents*, accompagnée de l'idée qu'à Rennes, *Les talents foisonnent, les créateurs s'expriment et le public est en éveil*. Le visuel moderne de l'affiche est un batteur (de la marque

---

[13] Dossier de candidature, catégorie Prix de la communication externe, Euro RSCG Compagnie et ville de Rennes, non daté, 15 pages.
[14] La campagne médias est composée de trois spots radios de 30 secondes et d'annonces presse à l'échelle nationale et locale. La communication hors-media s'est déroulée à travers trois actions : relations presse (diffusion de dossiers de presse en direction des services culturels de différentes villes moyennes et grandes, des services de l'État, d'institutions culturelles et de la presse écrite nationale et locale) ; relations publiques (prix Goncourt des Lycéens) ; et diffusion de supports divers (marques-pages, sets de tables, serviettes de table « Rennes fait monter les talents » dans différents lieux de Rennes comme les universités, restaurants, festivals…).

Rennes) dont la moulinette émulsionne la liste des équipements, institutions et associations du secteur culturel rennais qui défrichent, accompagnent et programment des artistes. Le visuel est décliné pour accompagner les deux grands festivals rennais *Mettre en Scène* et les *Transmusicales* en 2004. L'objectif est de développer la notoriété nationale grâce à un positionnement de ville culturelle qui s'appuie sur les événements de la rentrée scolaire (le prix Goncourt des lycéens, les festivals...). Les campagnes d'affichage ne couvrent que les espaces du grand-ouest de la France et Paris. Seule la campagne radio est à caractère national, le hors-media étant lui intra-territorial. L'évaluation qualitative de la campagne (TMO, 2005[15]) s'intéresse à la compréhension des messages, aux effets d'image induits en local, à l'impact et la crédibilité du positionnement culturel, à l'intérêt futur de décliner l'accroche dans différents domaines (culturel, social, économique, sportif...) et à la cohabitation avec le slogan décennal.

Deux groupes d'individus[16], entre 20 et 40 ans, proches en termes de consommation et de pratiques culturelles, ont été réunis à Rennes et Paris. Il ressort de cette analyse (Houllier-Guibert, 2008b) que les Rennais se sentent peu concernés par la campagne publicitaire car ils se considèrent déjà bien informés sur les événements et ils ne se reconnaissent pas totalement dans une promotion culturelle de la ville. Leur attachement est plus lié à l'offre urbaine de sorties et de loisirs et à la dimension sociale des politiques municipales qu'à l'existence d'une politique d'exigence artistique qui n'intéresse qu'une frange de la population. Enfin, les

---

[15] L'étude est menée sur la compagne d'insertion publicitaire radio (spot de 30 secondes) et sur la campagne d'insertion publicitaire presse écrite (visuel).
[16] Après plusieurs enquêtes de notoriété de TMO, sont privilégiées des cibles porteuses, proche des emplois métropolitains supérieurs (EMS) : universitaires, acteurs culturels, jeunes étudiants... ceux qui participent au dynamisme des villes, ainsi que les plus susceptibles d'avoir entendu parler de Rennes, au regard de l'évolution de son positionnement territorial. On peut donc parler d'une étude publicitaire auprès de l'élite urbaine.

CULTURE ET ATTRACTIVITÉ

Rennais sont méfiants sur les conséquences d'une promotion fructueuse qui accélérerait l'augmentation démographique de Rennes et menacerait la qualité de vie. Ils interprètent le message comme une quête d'attractivité culturelle auprès des artistes *(chers talents, venez vous exprimer à Rennes, vous serez soutenus par les acteurs locaux)* et rejette cette image positive car ils privilégient l'entre-soi et la taille actuelle de Rennes qui ne doit plus grossir.

En ne s'attachant qu'aux discours de cette étude, il est tentant de ne pas reproduire ce type de campagne publicitaire auprès des Rennais, ce que préconise le cabinet d'étude qui a réalisé l'évaluation. Toutefois, en mettant en hypothèse le décalage entre discours et pratiques, en supposant que ces propos d'une réunion collective sont biaisés par la valorisation individuelle du discours en quête de distinction, il est compréhensible de constater que les communicants rennais poursuivent la diffusion locale de la promotion rennaise l'année suivante, d'autant que la diffusion locale dans des encarts gratuits n'ampute pas le budget de promotion. Pour les Parisiens, Rennes n'est pas identifiée comme une ville à la mode, dont on parle. Les *Transmusicales* sont connues mais sont anciennes, sans effet de nouveauté et pour un public averti.

Le festival ne s'insère pas dans une perception culturelle offensive ou soutenue par des acteurs culturels connus tandis que Nantes est citée pour le festival des *Folles Journées* et celui des *3 Continents*, la troupe de théâtre Royal de Luxe, le slogan *Effet côte ouest*... Vu depuis Paris, c'est Nantes qui est la ville effervescente de l'ouest de la France. Peut donc être établi le bilan que ce type d'action a un impact positif auprès de la population locale dès lors que l'action répond à une épaisseur historique en tant que continuité cohérente. Les allégations portées par le message publicitaire sont assumées par ceux qui pratiquent la ville et la vivent quotidiennement ; ils pourraient donc jouer le rôle d'ambassadeur. En revanche, l'impact est négatif auprès de populations éloignées de la ville, qui n'ont pas ou peu pratiqué Rennes et qui, de surcroît, présupposent que seule Paris est détentrice de l'innovation culturelle.

Deux constats peuvent être mis en parallèle pour conclure que Rennes a une taille intermédiaire qui rend son positionnement culturel délicat. D'un côté I. Garat et M. Gravari-Barbas (1999) analysent que la fusion ville/événement est liée à la taille de la ville et qu'elle est plus efficace pour les villes moyennes ou petites prêtes à s'investir totalement dans un seul événement culturel (Lorient, Angoulême, Saint-Malo, Aurillac), tandis que Rennes ou Nantes bénéficient d'autres éléments (culturels ou non) qui composent son image. De l'autre, l'annonce de quelques événements d'envergure comme les *Trans* ou *Mettre en scène* ne suffit pas auprès des Parisiens pour que la ville s'affirme comme laboratoire d'innovation de manière globale. Bien que Rennes ait passé les années 1990 à affiner son statut de métropole, la ville n'est pas considérée comme telle à l'extérieur, ce qui semble être une condition *sine qua non* pour affirmer être un pôle culturel innovant.

Une spécialisation culturelle ou un élargissement d'image ?

Néanmoins, « le concept central de la campagne " Rennes fait monter les talents " est validé et peut être décliné dans les univers non-culturels (sport, économie, architecture...). [...] Le concept, au final, exprime une ambition politique municipale autant sociale que culturelle [...] Ce constat interroge sur la nécessité d'inscrire la campagne de Rennes dans une stratégie plus globale, articulant promotion des événements, promotion des territoires et campagnes thématiques » (TMO, 2005 : 28-29). Dans ses conclusions, le cabinet d'étude affirme qu'une image nationale ne doit pas être segmentée (segment culturel dans le cas présent) dans la mesure où les Parisiens sont éloignés de la vie culturelle des villes de province. Il préconise une stratégie plus globale qui se déroule sur le long terme pour instaurer « un positionnement et créer une identification entre les codes formelles des messages et le territoire ».

Produire des spécificités territoriales est un risque car elles sont souvent interchangeables, déplaçables. Réfléchir à la spécialisation territoriale, c'est à la fois savoir les mesurer et les comparer en

CULTURE ET ATTRACTIVITÉ

anticipant leurs avantages et leurs inconvénients dans le moyen et le long terme. Sur le plan économique, un territoire trop spécifique court le risque d'être hors jeu si sa spécialisation n'est plus reconnue par le marché. Par exemple, l'informatique est un secteur moteur, mais c'est aussi un domaine dans lequel la mortalité est élevée lors des retournements du marché, surtout si la plupart des entreprises implantées sont jeunes et aux capitaux fragiles. Sur le plan financier, la spécialisation de nombreuses villes impliquées dans les réseaux mondiaux a longtemps été annoncée comme porteuse (Rozenblat, 2003). Pourtant, certaines métropoles comme Luxembourg ou Francfort s'inquiètent de leur niche qui actuellement est pointée du doigt comme fauteur de trouble. Même une ville comme New York vacille et organise en octobre 2008 une réunion de réflexion sur l'avenir de la crise financière pour les emplois de Manhattan. Chaque secteur qui puisse être pensé comme une spécialisation doit donc être étudié de façon à comprendre son impact sur le projet territorial, son insertion dans une économie mondialisée, en faisant attention à ne pas répondre à des effets de mode rendant interchangeables les territoires. Le vecteur culturel est aussi concerné, même si les effets négatifs d'un festival ne semblent pas dévastateurs. (Avignon confirme-t-il l'inverse ?)

La construction de ce que Paul Vidal de la Blache appelait *une personnalité régionale*, appliquée aux villes, leur confère des « spécificités territoriales [qui] jouent à plein [...] Dans ce cas, les régions ne sont guère substituables entre elles [...] Le Champagne n'est pas un produit délocalisable. Sa valeur, comme celle d'autres productions, est ancrée dans un territoire : elle est le résultat de ce que les géographes appellent un " milieu " » (Benko et Pecqueur, 2003 : 120). Les politiques locales présentent aujourd'hui une offre territoriale fondée sur les qualités du territoire[17] à partir desquelles elles fondent une partie de leur communication : qualités urbaines

---

[17] Selon G. Benko et B. Pecqueur, les ressources territoriales sont quantitatives (matérielles) ou qualitatives (immatérielle) ; dans les deux cas, il s'agit d'un processus d'accumulation de long terme. La richesse est le résultat d'une construction, aucune région n'étant naturellement riche.

et technologiques, qualité de vie, infrastructures, réseaux haut débit, accessibilité, pôle technologique ou de formation, tissu d'entreprise, qualité résidentielle… Il est préférable de développer plusieurs spécialisations territoriales qui n'en sont alors plus ; mais plus largement naît l'idée de désirabilité territoriale.

En 2006, les acteurs rennais suivent les recommandations de l'évaluation en élargissant le message de la prochaine campagne de promotion qui ne se contient plus uniquement sur le plan culturel. Avec le slogan *Tous les courants se croisent à Rennes*, le grand public est ciblé pour montrer le dynamisme culturel de manière élargie. À travers la presse magazine nationale puis, dès 2007, à l'aide d'une campagne radio, le ton est volontairement décalé et surprenant, en jouant sur le double sens du mot *rennes* (l'animal et la ville). Les affiches sont un montage réunissant un transformateur et des fils électriques formant une tête de renne.

L'humour décalé met en avant la culture, la modernité, l'ouverture, la rencontre et le dynamisme de Rennes afin d'atténuer les images réductrices spontanément évoquées comme la rue de la Soif, la petite ville provinciale ou le lieu de transit vers la Bretagne, « mais un gros travail d'image reste à faire » (2007[18]).

L'évaluation (TMO, 2007) confirme la continuité avec la précédente campagne (ton et visuel modernes et décalés, plan média visant à toucher des EMS avec un déploiement spécifique sur Paris). Le succès du message auprès des auditeurs et lecteurs place la ville comme dynamique, originale et décalée, avec un message modeste et branchée. Le visuel est considéré comme une réussite. Toutefois, l'innovation et l'université n'apparaissent pas comme des particularités rennaises, d'autres villes ayant les mêmes ressources territoriales. La dimension culturelle est fortement ressentie avec les stéréotypes du festival et des événements, alors que la campagne se voulait plus globalisante. Plus largement, l'image de Rennes est fortement associée aux fêtes et à la *rue de la Soif*.

---

[18] Propos écrits dans un document de travail 2007 de la direction de la communication de la ville de Rennes.

CULTURE ET ATTRACTIVITÉ

La dimension festive de la vie estudiantine éclipse la dimension universitaire, uniquement considérée à travers le prisme de la fête, au détriment du dynamisme intellectuel et économique. Quant au secteur économique, il est vu comme déficient, ou bien lié aux *high tech*. Il est vrai que Rennes a subi depuis 2004 une série d'événements mis en lumière par les médias de masse à l'échelle nationale. Ces événements ont participé à une moindre maîtrise de l'image de Rennes par les communicants locaux : c'est l'époque de plusieurs licenciements économiques et de débordements avec la jeunesse rennaise (Houllier-Guibert, 2008c).

Outre ces campagnes de communication, d'autres vecteurs sont à prendre en compte pour produire l'image culturelle de Rennes. Que ce soit par le bon taux d'équipement culturel des quartiers, la participation du théâtre national de Bretagne au réseau européen *Prospero* qui le met en lien avec des villes comme Berlin ou Lisbonne, la considération de champs culturels peu traditionnels comme le nouveau FRAC Bretagne (Fonds régional d'art contemporain) qui déménage à Rennes pour exposer la plus grande collection publique d'art contemporain, ou bien l'ouverture du *Garage* qui est un lieu entièrement voué à la création artistique ; l'image de Rennes veut garder un avant-gardisme dans sa manière de penser la culture. L'ensemble de ces faits culturels restent sous l'emprise du slogan *Vivre en intelligence* qui ne semble pas abandonné avec la nouvelle mandature.

Depuis 2008, autour du nouveau maire, un groupe restreint d'élus et de techniciens territoriaux se constitue pour concevoir l'image de marque du territoire. En suivant la mode du *city-branding* dans laquelle plusieurs villes françaises se lancent depuis peu (Lyon, Nantes…), l'intelligence semble être le positionnement sur lequel Rennes veut être reconnue : après Grenoble, le second *Forum Libé* est accueilli à Rennes en février 2009, ce qui correspond au discours politique de la *Cité des Idées* qu'a porté le maire de Rennes Daniel Delaveau lors de sa campagne d'élection en 2007. Dans la même lignée, un comité scientifique est en train d'être mis en place pour construire un événement envisagé fin 2010 et qui serait une manière de rapprocher la population locale des intellectuels.

Autour d'universitaires, d'artistes, d'architectes-urbanistes... qui travailleraient ensemble et avec les usagers de la ville, des rencontres sur le thème de l'urbain auraient lieu à Rennes. Les intellectuels seraient comme les guides de la pensée urbaine, à la fois médiateurs entre le politique et l'habitant, mais ils seraient probablement aussi une caution du politique. C'est bien là le glissement d'une initiative au départ pensée pour l'extraterritorial mais qui, comme souvent – et disons-le, comme toujours – prend d'abord en compte la population locale et passe de marketing urbain à marketing politique. Cette démarche en cours de réflexion, d'une part, n'est pas véritablement innovante et, d'autre part, peut être considérée comme du marketing :

- Le *storytelling*, lui aussi phénomène à la mode (Salmon, 2007), est une méthode envisagée pour lancer un réseau d'ambassadeurs composé de membres du monde économique rennais ainsi que d'universitaires. Prolongement de l'événement *Envie de ville* qui s'est déroulé à Rennes en 2005, les ambassadeurs sont l'outil classique du marketing urbain qui existe depuis les années 1980 et que Nantes vient de mettre en avant en 2007, avec le même public que sont les acteurs *qui comptent* dans la ville. Ceux qui pensent le *city-branding* de Rennes assument s'inspirer de la démarche *Only Lyon* et la tendance à la ville créative (Florida, 2002) est plus une mode urbaine qu'une innovation. Cette idée fait aussi écho à la semaine de la ville à Tours qui se déroule chaque année mais qui attire peu la population locale. Le temps de latence qui a vu l'image de Rennes stagner sans être renouvelée ces dernières années aboutit à une réflexion dans le sillon de villes pionnières et donc à une logique de copie qui rend difficile la mise en place d'un positionnement différenciant.
- À défaut de proposer une image spécifique, le processus d'action peut élargir le management par le marketing public. Derrière la démarche du *city-branding*, l'acceptabilité sociale des politiques urbaines et le rapprochement de la population et de la politique publique sont visés. Le discours des élus reste prioritairement la considération de la population locale, son implication, et en cela c'est une forme de marketing d'étude qui

est proposée. Ce qui n'est qu'idée pour l'instant a pour objectif de sensibiliser la population locale, et ce avant et pendant la mise en place du marketing urbain. C'est bien la place du marketing d'étude. En effet, dans la démarche marketing (de produit ou d'entreprise), l'une des trois étapes proposée par les sciences de gestion est le marketing d'étude, préalable au marketing stratégique et au marketing opérationnel. La prise en compte de la population dans les décisions locales, encouragée par la loi de démocratie participative de 2002 et très usitée dans les grandes villes, a réorienté les missions des services de communication territoriale. Souvent, l'accompagnement de l'idéologie de la proximité par les communicants s'est faite au détriment du marketing urbain, mais la manière dont Rennes veut utiliser le *storytelling*, mobiliser la population grâce aux intellectuels et fabriquer des ambassadeurs, est une forme de marketing d'étude si cette population oriente ensuite l'image que Rennes peut développer. Mais il vaut mieux attendre d'étudier les faits pour vérifier si le marketing urbain peut s'étaler en tant que processus de management public, grâce à l'acceptabilité sociale de l'action publique. Rennes est donc un cas à étudier de près dans sa démarche sauf si, une fois de plus, le marketing urbain reste à l'état de discours et ne peut se concrétiser, condamné à rester à l'état performatif (Houllier-Guibert, 2008a).

Conclusion

Depuis cinq ans, la culture est le fer de lance de la communication rennaise *via* les outils publicitaires classiques. La direction de la communication de Rennes est très préoccupée par le développement culturel, tandis que le service municipal de la culture tient davantage un rôle de gestionnaire, ce qui pose la question du rôle de la culture pour la ville. Actuellement, Rennes cherche à mettre en place un événement innovant, afin de proposer d'autres composantes d'images que les *Transmusicales*, célèbres mais anciennes.

Outre la performativité des discours sur le développement culturel combinée à des actions pertinentes, il ressort que les années 1980 déploient des idées innovantes sur la culture en tant que socle de l'information locale, en lien avec les nouvelles technologies et un ancrage avec le patrimoine (labellisation Ville d'art et d'histoire, Européades) ; les années 1990 sont l'occasion de communiquer sur la culture à moindre frais dans un contexte particulier qui met en avant les festivals et fabrique une image indirectement produite par les acteurs locaux, renforcée par les palmarès de la presse nationale ; puis les années 2000 donnent une assise à la culture à Rennes qui devrait désormais penser un nouveau positionnement territorial, au moment où la culture s'affirme par des actions concrètes.

Actuellement, l'image de Rennes est confuse, portée par plusieurs idéologies accumulées sur vingt-cinq années (culture, projets urbains, économie, proximité) et la quête d'un nouveau positionnement territorial questionne la place accordée à la culture. Mais la culture est bien le premier pilier de l'image de Rennes, en prenant plusieurs formes. À moins que ce ne soit les producteurs d'image qui aient la capacité de transformer divers phénomènes en pointant leur dimension culturelle.

Bibliographie

Babey, N. et Giauque, D., 2005, Gouvernance et marketing territorial, papier présenté au colloque *Développement urbain durable, gestion des ressources et gouvernance à Lausanne*, Lausanne, 21-23 septembre.
Barthon, C. *et al.*, 2007, L'inscription territoriale et le jeu des acteurs dans les événements culturels et festifs : des villes, des festivals, des pouvoirs, *Géocarrefour*, 82, 3, 111-121.
Benito, L., 2002, État des lieux des festivals en France, *Téoros*, 21, 1, 48-56.
Benko, G. et Pecqueur, B., 2003, Sous la globalisation, le poids des territoires, *Sciences Humaines*, numéro spécial 21, 120-122.
Bianchini, F. et Parkinson, M., 1993, Urban competition and cultural policy in Rennes, in F. Bianchini et M. Parkinson (éd..),

CULTURE ET ATTRACTIVITÉ

Cultural policy and economic development in West European cities, Manchester, Manchester University Press.

Bourdieu, P., 1980, L'identité et la représentation, *Actes de la recherche en sciences sociales*, 35.

Burgel, G., 1993, *La ville aujourd'hui*, Paris, Hachette.

Dauvin, P., 1990, Le bulletin municipal de Rennes, souci du lecteur ou de l'électeur ? *Mots*, 25, 65-80.

Dechartre, P., 1998, *L'impact et l'apport des événements culturels dans le développement local et régional*, rapport du Conseil économique et social.

Di Méo, G., 2001, Le sens géographique des fêtes, *Annales de géographie*, 622, 624-646.

Di Méo, G., 2005, Le renouvellement des fêtes et des festivals, ses implications géographiques, *Annales de Géographie*, 643, 227-243.

Florida, R., 2002, *The rise of the creative class. And now, it's transforming work, leisure, community and everyday life*, New York, Basic books.

Guindani, S. et Bassand, M., 1982, *Maldéveloppement régional et identité*, Lausanne, PPUR.

Garat, I. et Gravari-Barbas, M., 1999, *L'inscription territoriale et le jeu des acteurs dans les événements culturels et festifs*, rapport de recherche villes et festivals : synthèse, DEP, ministère de la Culture et de la Communication /UMR ESO.

Gravari-Barbas, M., 2005, S'inscrire dans le temps et s'approprier l'espace : enjeux de pérennisation d'un événement éphémère. Le cas du Festival de la BD à Angoulême, in G. di Méo (coord.), Le renouveau des fêtes et des festivals, *Les Annales de Géographie*, 285-306.

Houllier-Guibert, C.E., 2008a, *Les politiques de communication rennaise. Idéologies territoriales et image de la ville*, Thèse de géographie, Université Rennes 2.

Houllier-Guibert, C.E., 2008b, La culture comme composante de l'image de Rennes, papier de recherche au colloque *Le développement culturel, un avenir pour les territoires ?* Organisé par le laboratoire MTE CNRS de l'université de Montpellier 3, Nîmes, 17-18 avril.

Houllier-Guibert, C.E., 2008c, La communication du territoire rennais : jeu d'acteurs pour quelle cohérence ? Papier de recherche au colloque *La communication publique*, organisé par le département communication publique de l'université de Laval, dans le cadre de l'ACFAS, Québec, 8-9 mai.

Jamault, C., 2006, *Dynamique de valorisation et de revalorisation des territoires urbains*, colloque de l'Université d'Évry Val d'Essonne, 2-3 mars.

Le Bart, C., 2003, Le leadership territorial au delà du pouvoir décisionnel, in Smith, A. et Sorbet, C. (dir.) *Le leadership politique et le territoire*, PUR, 145-161.

Lebourdais, S., 1999, *Rennes, Vivre en intelligence. L'identité d'une ville à travers son slogan*, mémoire de maîtrise de sciences politiques, IEP, Université Rennes 1.

Lefebvre, R., 2006, Lille 2004 : capitale européenne de la culture. La culture érigée en projet de territoire, Papier de recherche au colloque *Dynamique de valorisation et dévalorisation des territoires urbains*, 2-3 mars.

Lenoir, C., 2005, L'organisation sémio-esthétique de l'image de la ville, in Viala, L. et Villepontoux, S. *Imaginaire, territoire, société. Contributions à un redéploiement transdisciplinaire de la géographie sociale*, 75-86.

Lucchini, F., 2002, *La culture au service des villes*, Anthropos-economica.

Mons, A., 1992, *La métaphore sociale, image, territoire, communication*, Paris, PUF.

Moriset, B., 1999, Palmarès et classements de ville dans la presse hebdomadaire française, *Géographie et culture*, 29, 3-24.

Pagès, D., 2001, La fabrique de nouvelles fictions territoriales : une dérive possible de la communication publique ?, in D. Pagès et N. Pélissier, *Territoires sous influence/2*, L'Harmattan, 77-89.

Rosemberg, M., 2000, *Le marketing urbain en question*, Anthropos-Economica.

Rozenblat, C. et Cicille, P., 2003, *Les villes européennes, analyse comparative*, DATAR.

Salaun, J., 2005, *Rennes, la métamorphose d'une ville*, Ouest-France.

Sperling, D., 1991, *Le marketing territorial*, Milan-média.

TMO, 1984, Rennes, étude d'images, n.p..

TMO, 1988, Ville de Rennes. Approche qualitative et approche quantitative.

TMO, 1993, Ville de Rennes. La communication urbaine : images et attentes, rapport d'étude.

TMO, 2002, Le rayonnement de Rennes et de Rennes Métropoles : Images et notoriété.

TMO, 2005, Rennes, post-test de la campagne « Rennes fait monter les talents », synthèse.

Vion, A. et Le Galès, P., 1998, Politique culturelle et gouvernance urbaine : l'exemple de Rennes, *Politiques et management public*, 16, 1.

Perspectives d'Europe :
La valorisation du patrimoine industriel en Flandre

ANNICK SCHRAMME ET CORINNE BERNEMAN

Ce chapitre a pour objet de présenter quelques éléments de la politique culturelle flamande en matière de valorisation du patrimoine. Celle-ci est directement tributaire des réformes de l'État belge survenues à partir de 1970. Ensuite, des exemples de valorisation de patrimoine industriel sont présentés, qui mettent bien en évidence le lien entre culture et attractivité du territoire.

La politique culturelle belge en matière de patrimoine

La Belgique occupe une position de pionnier en Europe en matière de réglementation visant la conservation et la restauration des monuments et des paysages. C'est en effet en 1835 que la Commission Royale des Monuments est créée pour conseiller le gouvernement non seulement sur la conservation et la restauration des édifices anciens, mais également sur la qualité des nouvelles constructions. Cette instance est également appelée à formuler des avis ou des remarques sur des questions d'urbanisme. En 1923, une section spéciale est créée, réservée aux sites, rebaptisant ainsi la Commission qui s'appellera désormais Commission Royale des Monuments et des Sites (CRMS).

Par la suite, l'État belge a fait la distinction entre différentes formes de patrimoine culturel : mobilier et immobilier, d'une part, matériel et immatériel, d'autre part. Depuis la loi du 7 août 1931, la Belgique a décrété une réglementation pour protéger le patrimoine matériel immobilier (les édifices) et le patrimoine culturel mobilier (les œuvres d'art). Seule une réglementation visant la protection du patrimoine matériel immobilier a été réalisée.

Le patrimoine est un terme générique pour indiquer l'ensemble des objets, monuments, paysages ou traditions d'un pays. On distingue, d'une part, le patrimoine culturel mobilier et matériel – comme les œuvres d'art ou les musées – et le patrimoine immatériel – comme les savoir-faire traditionnels, les légendes – et, d'autre part, le patrimoine immobilier et matériel – comme les églises, les sites archéologiques ou les paysages.

La réforme de l'État belge

Avec la réforme de l'État belge en 1970, la gestion du patrimoine est confiée aux communautés linguistiques (néerlandaise, française et allemande) et fait partie des questions culturelles. Suite à l'année européenne pour la protection des Monuments et Paysages en 1975, la communauté néerlandaise approuvait en 1976 un décret le concernant. Avec la réforme suivante de l'État – des 12 et 16 janvier 1989 – la compétence relative au patrimoine immobilier est transférée aux régions (la Flandre, Bruxelles et la Wallonie). Cette décision a été dictée par le lien évident entre le patrimoine matériel et son implantation territoriale, ce qui en fait une compétence régionale. Par conséquent, deux ministères et administrations sont responsables de ces domaines : le ministre de la culture pour le patrimoine mobilier et le ministre de l'espace public pour le patrimoine immobilier.

Une politique intégrée entre le patrimoine matériel immobilier et le patrimoine culturel mobilier et immatériel devient donc difficile. Ce n'est que récemment que les deux ministres – de la Culture et du Patrimoine matériel – ont conclu un protocole d'entente qui vise à favoriser l'interaction entre les deux domaines, tel le soutien aux administrations locales et provinciales (par exemple, d'une part, les conventions du patrimoine et, d'autre part, les Services intercommunaux archéologiques et paysagers régionaux) ainsi que d'autres thèmes spécifiques.

La politique flamande concernant le patrimoine matériel immobilier est en premier lieu une politique de protection et de soutien financier. En 1993, le décret concernant la protection du patrimoine archéologique a été approuvé. Ce décret a donné lieu à la constitution d'une liste de monuments archéologiques et de zones protégés. Le 16 avril 1996 suivait le décret sur les paysages. Depuis les années 1990, la fondation Roi Baudouin a pris diverses initiatives, comme les Journées européennes du Patrimoine auxquelles participent des milliers de gens chaque année. Le 9 mars 2002, le décret sur le patrimoine naviguant a aussi été approuvé.

Le patrimoine et son aménagement territorial

En raison de la forte pression sur l'espace en Flandre, les autorités sont de plus en plus sensibilisées à l'importance de l'environnement historique des monuments. Un monument en effet n'est jamais isolé, mais toujours en relation avec son environnement. La Convention de Grenade, adoptée par le Conseil de l'Europe en 1985 et ratifiée par la Belgique en 1992, recommande l'intégration de considérations spatiales dans la gestion du patrimoine. En effet, le patrimoine culturel ne contient pas seulement les monuments individuels mais aussi le contexte architectural et les paysages culturels. Cet aspect est aussi confirmé par l'Accord européen sur les Paysages de 2000. À l'heure actuelle, l'Institut Flamand du Patrimoine immobilier procède à l'inventaire de l'ensemble du patrimoine flamand.

En résumé, la politique culturelle en matière de monuments et de paysages a tout d'abord porté sur une politique de conservation et de protection, alors que peu d'attention était accordée au développement et à la valorisation du patrimoine, y compris le patrimoine industriel. Par conséquent, on assistait régulièrement à des conflits entre les services responsables de la préservation des monuments et les services de l'aménagement du territoire. Plus récemment, le gouvernement flamand s'est préoccupé de mettre en place une politique d'aménagement afin de valoriser le patrimoine immobilier. Le Plan de structure du territoire de Flandre qui a été approuvé en 1997, ainsi que les plans de structure locaux, forment la base de cette politique et permettent une meilleure intégration entre valorisation et aménagement du territoire. Plusieurs projets récents et réussites pour la réhabilitation et le redéveloppement du patrimoine industriel en Flandre résultent de la coopération entre les instruments de préservation du patrimoine et les instruments de la politique d'aménagement.

D'autres arguments viennent renforcer la nécessité d'intégrer le patrimoine immobilier dans la politique territoriale :

l'aménagement territorial est un domaine où des compromis doivent être trouvés en fonction du développement souhaité. Il faut, en outre, tenir compte de la qualité de l'environnement territorial. Parallèlement, la valorisation du patrimoine immobilier peut renforcer l'identité d'un espace et peut être considérée comme une forme de développement durable. Il apparaît donc que les deux domaines, l'aménagement territorial et la préservation du patrimoine, se dotent de moyens d'action de plus en plus complémentaires.

La nomination d'un architecte pour la région flamande en 1999 témoigne de cette complémentarité. Son rôle est de valoriser la fonction exemplaire du gouvernement comme donneur d'ordre des bâtiments publics, projets, infrastructures et paysages. Il doit aussi conseiller le gouvernement flamand en matière de politique du patrimoine de qualité. L'architecte a par conséquent pour mission de superviser l'ensemble des projets architecturaux du gouvernement flamand.

Le rôle des administrations locales et le patrimoine industriel flamand

Alors que la distinction entre le patrimoine immobilier et mobilier freine la politique au niveau du gouvernement flamand, cette distinction est pratiquement absente lorsqu'il s'agit des administrations municipales ou provinciales. La présentation de l'histoire d'une ville ou d'une région prend plus de sens lorsqu'elle est reliée aux monuments, paysages et hommes qui ont contribué à cette histoire et inversement. Chaque commune ou région flamande témoigne de traces de développements industriels, technologiques ou artisanaux du passé. Il suffit de penser aux différents bâtiments industriels (comme des moulins, des brasseries et des forges, des exploitations linières, des briqueteries...), à l'infrastructure de transport (ponts, gares, écluses...), aux bâtiments de services (châteaux d'eau, stations de pompes à essence, cabines d'électricité...) ou aux maisons d'ouvriers ou d'artisans.

CULTURE ET ATTRACTIVITÉ

Les bâtiments, leurs installations ainsi que les documents et archives les concernant, constituent une mine d'information sur la créativité économique et l'intelligence du passé. Ce sont des témoignages de développements sociaux et économiques d'une municipalité ou d'une région. Ils permettent ainsi de reconstruire ou d'imaginer l'identité d'une municipalité ou d'une région tout en constituant une base pour mieux comprendre le cadre de vie des individus. Les responsables principaux de la préservation et de la valorisation de ce patrimoine sont les collectivités locales.

On a pu constater au cours des dernières années une nouvelle dynamique dans les villes flamandes. Celles-ci veulent surtout projeter une image de créativité dans le cadre plus général d'une politique de marketing territorial. La valorisation du patrimoine culturel et industriel s'est avéré un facteur déterminant dans ce contexte. La réhabilitation des sites industriels, en particulier, a permis d'attirer des entreprises créatives et des ateliers d'artistes. C'est aussi un facteur de dynamisation de l'emploi et un élément de l'image de la ville en tant que laboratoire créatif d'innovation.

Dans le passé, il n'était pas rare que des entrepôts ou des sites de fabrication soient vendus à des promoteurs immobiliers ou tout simplement détruits. La situation actuelle se caractérise plutôt par une démarche inverse, selon laquelle les collectivités locales les mettent à la disposition d'entrepreneurs créatifs. Les secteurs public et privé ont en outre tendance à collaborer dans ce genre d'opérations. L'initiative vient généralement de la collectivité en tant que responsable de l'espace public ; des partenaires privés ne seront impliqués que pour la restauration et la valorisation de la propriété. La ville d'Anvers a partiellement privatisé la gestion du patrimoine municipal en créant une association chargée de l'inventaire et de la valorisation du patrimoine municipal, A G VESPA. Néanmoins, cette association ne semble pas encore épouser ces nouvelles idées. Récemment, le Département d'économie et de l'emploi de la ville a fait réaliser une étude visant à identifier des pistes de développement de l'espace urbain en vue d'encourager des activités créatives. Il s'agit d'une opportunité pour revaloriser le patrimoine industriel dans un contexte plus large et plus durable.

CULTURE ET ATTRACTIVITÉ

Quelques exemples de revalorisation en Flandre

L'Entrepôt Saint-Felix à Anvers

L'Entrepôt Saint-Felix à Anvers constitue un bon exemple de valorisation culturelle d'un site industriel. Au XIXe siècle, ce bâtiment de plus de 4 000 m² était employé comme entrepôt par le port. Après une longue période d'inoccupation, cet endroit a été restauré par les architectes Paul Robbrecht et Hilde Daem et depuis 2006 il sert au dépôt des archives municipales. La moitié de l'espace est exploitée par un partenaire privé comme salle de fête, restaurant, living, podium de défilés, etc. Ce projet s'inscrit dans une politique de rénovation urbaine et de développement plus globale du site du Nord de la ville, qui est appelée « Het Eilandje » (littéralement la petite île). Tout près des archives Felix, on est en train de bâtir un nouveau musée, le MAS (Museum aan de stroom ; musée sur le Fleuve). C'est la première fois depuis la fin du XIXe siècle qu'un musée d'une telle ampleur a été bâti en Flandre. La collection du MAS sera une combinaison du patrimoine local (de la ville d'Anvers) et du patrimoine d'autres cultures ethnographiques qui ont été importantes pour la ville et pour le port d'Anvers. L'ouverture de ce musée est prévue au printemps 2011.

Red Star Line à Anvers

Un autre projet en cours de réalisation à Anvers, également situé dans le quartier « Het Eilandje », est le « Red Star Line ». Il s'agit également d'un entrepôt du port, négligé pendant de longues années et voué à la destruction. Cependant, il s'agit d'un véritable lieu historique, puisque l'on a dénombré plus de trois millions de personnes, provenant de toute l'Europe, qui ont embarqué à partir de cet endroit au XIXe siècle pour l'Amérique. En 2004, l'échevin à la Culture et l'échevin de l'Urbanisation ont décidé de sauver ce lieu de mémoire et d'en faire un musée de patrimoine immatériel ainsi qu'un hôtel. L'effet de ce projet dépasse de loin ce qui était prévu : en effet, chaque jour de nouvelles histoires humaines apparaissent. L'ouverture de ce musée et de l'hôtel est prévue pour 2012.

Site de Lamot à Malines

Malines est une ville de taille moyenne située à mi-chemin entre Anvers et Bruxelles. Le centre du patrimoine culturel, appelé « Lamot », est situé dans une ancienne brasserie datant du XVIe siècle et qui était la propriété de la famille Lamot, au bord de la Dyle. La brasserie a connu une période d'expansion au cours du XIXe siècle mais a définitivement fermé ses portes en 1994. Une rénovation profonde a alors été initiée selon un concept global dans lequel l'intégration de l'ancien et du nouveau était centrale. La brasserie, qui faisait partie de l'un des plus grands complexes industriels de la vieille ville, a été dotée d'un contenu contemporain avec différentes fonctions. Le site de Lamot héberge aujourd'hui non seulement un centre du patrimoine, mais aussi un centre de congrès et un café-restaurant.

Le Centre de création artistique Buda à Courtrai

Le secteur « Buda » de la ville de Courtrai fait référence à une île située dans un méandre de la Lys, créé au début du XXe siècle. Pendant plusieurs siècles, ce secteur abritait des manufactures de meubles, de textiles et la brasserie Tack. Les fermetures consécutives de ces lieux de production industrielle ont laissé le quartier à l'abandon jusqu'en 1999, date à laquelle la ville de Courtrai a décidé de modifier sa vocation et d'y créer des lieux de production et de création artistiques. C'est ainsi que la structure Buda Kunstencentrum (Centre d'art de Buda) est née, au départ sous forme de régie municipale, pour évoluer ensuite vers une organisation sans but lucratif financée à la fois par des collectivités et des partenaires privés. Les activités du centre sont essentiellement organisées autour de trois pôles : l'exploitation d'une salle de cinéma, l'animation d'un lieu de création artistique et l'organisation de festivals.

Conclusion

Bien que la Belgique ait été pionnière au début du XXe siècle en matière de protection du patrimoine immobilier (monuments et paysages), la mise en place d'une véritable politique en matière de valorisation du patrimoine a été faite bien plus tard. La gestion du patrimoine s'est longtemps concentrée sur les activités de protection et au soutien structurel. Ce retard peut être attribué à des réformes de l'État belge peu appropriées.

En effet, les compétences en matière de patrimoine ont été transférées en 1971 aux communautés linguistiques, mais ce sont les régions qui gèrent le patrimoine immobilier alors que les communautés héritent de la gestion du patrimoine mobilier et immatériel. Concrètement, cela signifie que les département et ministères sont séparés et qu'il est pratiquement impossible de concevoir une politique intégrée.

Ce n'est que dans les années 1990 que l'autorité flamande se préoccupe de la qualité de l'aménagement du territoire. Le plan d'aménagement territorial de la Flandre est approuvé en 1997, suivi par la nomination d'un architecte en chef flamand. Ce n'est donc qu'à partir de ce moment que des travaux ont pu être réalisés telle que la valorisation de bâtiments ayant une valeur historique (monuments, mais également des demeures et du patrimoine industriel) ainsi que des paysages.

Au niveau local, on ne fait pas la distinction entre la gestion du patrimoine mobilier ou immobilier, ce qui permet donc une gestion plus intégrée voire plus cohérente.

Depuis peu, la notion de ville créative telle que suggérée par Richard Florida et Charles Landry, commence à résonner en Flandre. C'est ainsi que le lien entre le développement des villes et d'industries et la valorisation de patrimoine significatif devient de plus en plus évident. Bien qu'on puisse émettre des critiques à l'encontre de l'engouement pour ce concept de ville créative, il a tout de même permis de restituer à la société une partie du patrimoine existant.

Paroles de praticiens :
Alexandre Colombani et le réseau international LUCI

ENTRETIEN RÉALISÉ PAR BENOÎT MEYRONIN

Racontez-nous l'histoire de votre réseau...
    LUCI (Lighting Urban Community International) est une association créée en 2002 par la ville de Lyon. Elle est partie d'une initiative de Jean-Michel Daclin, maire-adjoint ayant en charge les relations internationales, le tourisme et le développement économique. Son siège est située à Lyon, Place de la Comédie, dans les locaux de l'Hôtel de Ville. Elle exprime la volonté de capitaliser sur le *Plan Lumière* (initié en 1989, puis développé lors du second mandat de Gérard Collomb)[1] et sur l'autre grande réalisation lyonnaise dans le domaine de la lumière, la *Fête des lumières*. En 1999, les illuminations de Lyon sont devenues un véritable festival populaire rassemblant près de 4 millions de visiteurs ! Lyon était devenue une force d'attraction sur ce sujet à travers le monde, avec des délégations de plus en plus nombreuses. D'où cette idée de prendre le leadership au sein d'un réseau. Mais c'est aussi une manière de se construire une identité en investissant un champ novateur[2]. Ce réseau a rapidement pris de l'ampleur, avec aujourd'hui près d'une soixantaine de villes européennes, américaines, asiatiques et africaines.

Quel est son objet ?
    Il fonctionne sans restriction, car il n'est pas un « label » de qualité : certaines villes viennent y chercher des pistes de réflexion, sans pour autant mettre en œuvre aujourd'hui de plan lumière ou de festival lumière. Elles ont en commun de s'intéresser à la lumière en tant qu'outil de développement urbain et économique.

---

[1] Plus de 300 sites sont aujourd'hui mis en lumière.
[2] Le métier de concepteur-lumière a véritablement émergé dans les années 1990. Saint-Nazaire avec Yann Kersalé en 1991, et le même Y. Kersalé en 1994 à Lyon avec Jean Nouvel, figurent parmi les réalisations pionnières.

Concrètement, que fait LUCI ?

LUCI assure une mise en lien entre des villes qui ont une expérience et d'autres qui recherchent une expertise de villes sur ce sujet. San Luis Potosi (Mexique) a ainsi créé son propre festival et sa mise en lumière à la suite de son adhésion au réseau. Le thème de la lumière est couvert dans sa plus large acception : non seulement esthétique, mais aussi fonctionnel et durable. Nos « livrables » portent essentiellement sur la production ou la coordination de rencontres :

- Des rencontres ayant pour objet le partage de bonnes pratiques, avec « Ville à la loupe ». Une ville du réseau invite ainsi les autres pour montrer ce qu'elle fait. C'est à Montréal qu'a eu lieu la dernière rencontre.
- Une politique de conférences, ainsi que l'assemblée générale de l'association. En marge de différents événements (la *Fête des lumières*, le salon *Lumiville*...), des conférences sont organisées. Elles sont l'occasion d'une réflexion partagée. En marge de la *Fête des Lumières,* ce sont les « Rencontres de la lumière ».

Enfin, l'association réalise un travail de veille sur son domaine d'intervention : la lumière et son impact sur le développement urbain.

En dehors des villes, qui sont les membres du réseau ?

L'association rassemble aussi des membres associés : des entreprises (INEO-Suez, Schréder, Philips, etc.), des concepteurs lumière, des universités (INSA de Lyon), etc. Avec Philips, LUCI a créé un Prix annuel, le *City People Light Award.* L'association conduit aussi des projets de solidarité décentralisée, comme le projet *Light-links* : il s'agit de développer des partenariats entre villes en récompensant les réalisations les plus innovantes. Entre Lyon et Jéricho par exemple. Le fabricant Thorn en est le sponsor privé. Notre réseau de villes est donc aussi un réseau qui sait s'appuyer sur des partenariats public/privé pour produire du lien et des projets.

Quelle valeur ajoutée y trouvent les villes adhérentes ?

Il y a finalement trois raisons pour rejoindre LUCI : les villes qui ont envie d'apprendre, celles qui ont envie d'échanger, et enfin celles qui sont dans la promotion (promouvoir ses réalisations au niveau international). Notre vision, celle de Jean-Michel Daclin, consiste bien à jouer des relations internationales multilatérales et non plus seulement bilatérales (les « jumelages » notamment). Mais LUCI, c'est aussi un site web qui met en relation l'ensemble des membres et qui leur sert de vitrine (www.luciassociation.org). Ce site permet de partager des bonnes pratiques et une forme de veille sur ce sujet. Enfin, LUCI défend de plus en plus un usage *durable* de la lumière (pollution lumineuse, efficience énergétique, coopération décentralisée…) qui est en phase avec les préoccupations d'un nombre croissant de villes.

Ceci étant dit, la question de l'évaluation se pose aujourd'hui, les villes demandant à connaître les retombées qu'elles peuvent attendre de leur adhésion…

Justement, quelles sont selon vous les retombées pour Lyon ?

D'abord, c'est d'avoir pris le leadership sur une thématique émergente qui interpelle de nombreuses villes à travers le monde. Concrètement, le fait d'accueillir de nombreuses délégations internationales contribue au rayonnement de la ville : en 2008, les *Rencontres de la Lumière* ont ainsi rassemblé plus d'une centaine de participants issus de nombreux pays. LUCI participe également à la plupart des rencontres internationales organisées par la ville de Lyon, en tant qu'acteur évoluant sur un pôle d'expertise reconnu. Notre association contribue donc à la visibilité internationale de Lyon et de la *Fête des Lumières*.

De plus, ce sont les villes, les concepteurs et les entreprises privées qui viennent à LUCI. L'association n'a pas de démarche de développement en ce sens : sa vocation n'est pas, en effet, de promouvoir le territoire lyonnais. Et c'est Glasgow qui présidera bientôt le réseau, même si l'équipe projet restera lyonnaise.

N'y a-t-il pas un risque de banalisation des festivals lumière à travers le monde ?

Il est vrai qu'un grand nombre de villes à travers le monde ont mis en place un festival autour des lumières, de Lisbonne (la biennale *Luzboa*) à Glasgow (le festival *Radiance*), en passant par Lyon, sans parler des initiatives asiatiques ! Et qu'elles sont plus nombreuses encore à travailler sur la valorisation de leurs patrimoines *via* des mises en lumière. Mais pour chaque projet, l'argument et les talents mobilisés, sans parler des espaces sur lesquels on travaille, sont différents. Xavier de Richemont, à Chartres, est le concepteur qui pilote la fête des lumières locale, soit un mode de fonctionnement très différent de celui de Lyon. Chacune conserve donc sa spécificité. Et, pour revenir à Lyon, il n'en demeure pas moins que les villes adhèrent au réseau en raison de la légitimité de notre ville sur ce thème, qui ne se dilue pas dans le nombre.

Quelles sont vos ressources ?

Nous sommes deux personnes à plein temps, de formation similaire (IEP et urbanisme). Financièrement, l'association ne vit que des cotisations de ses membres (soit un budget de l'ordre de 230 000 euros actuellement). La ville de Lyon l'accueille en son sein à l'Hôtel de Ville. Ces ressources sont entièrement consacrées à l'animation du réseau, à l'organisation d'événements (l'AG de l'association, *Ville à la loupe*, les conférences, le Prix, etc.), ainsi qu'à la production des outils de communication (le site web et la *newsletter*, qui paraît deux fois par an).

Pour finir, quelles sont vos ambitions pour l'avenir ?

Promouvoir une certaine vision, des valeurs, autour des usages de la lumière. Il en va de l'avenir de LUCI, de son identité dans le long terme. Des activités d'ingénierie et de formation pourraient également être imaginées, en partenariat avec les acteurs concernés.

Partie 2
Les politiques culturelles et le territoire

Le management culturel public : un levier performant de la stratégie d'attractivité durable des territoires

EDINA SOLDO

La nouvelle répartition des organisations culturelles publiques française, à l'image de la gestion publique en général, traduit la forte montée en puissance des collectivités territoriales. L'évolution dans le long-terme des moyens de la politique culturelle française semble s'inscrire dans un double mouvement. Le recentrage de l'action du ministère de la Culture autour de ses rôles de soutien aux grands équipements nationaux et de régulateur du champ culturel l'ont conduit ces dernières années à favoriser la coopération interministérielle et la délégation privée de gestion publique. Dans le même temps, l'intégration de la dimension culturelle dans les stratégies de développement territorial mises en œuvre par les collectivités décentralisées est de plus en plus fréquente. Les activités relevant du secteur culturel[1] (audiovisuel, littérature, arts plastiques, spectacle vivant, patrimoine) produisent en effet des biens et services symboliques, qui jouent un rôle crucial en termes de création de valeur ajoutée ou de création d'emplois. Réalisations formelles de créations intellectuelles, ils constituent également un excellent vecteur de transmission des valeurs d'une société.

Aussi, outils et orientations de la gestion culturelle publique sont en pleine mutation. Que ce soit du point de vue de son financement ou de la mise en œuvre de moyens de coopération entre acteurs locaux, la gestion culturelle publique affirme progressivement sa « territorialisation ».

De nombreux exemples de grandes métropoles comme Paris, Lyon, Marseille, Lille (Werquin, 2006), et plus récemment certains

---

[1] Nous entendons ici *culture* au sens restreint du terme, c'est-à-dire que nous nous limiterons aux biens et services artistiques sans prendre en compte dans notre analyse l'éducation. Si cette dernière constitue le corollaire direct de la culture, elle se distingue toutefois de notre objet d'analyse, puisqu'elle ne résulte pas directement d'un acte de création.

territoires intercommunaux, misent sur l'activité culturelle pour encourager le renouvellement urbain et la croissance économique (Throsby, 2001 : 124-126). Le développement des activités artistiques devient ainsi un élément essentiel de l'amélioration du cadre productif et de la qualité de vie des territoires, contribuant à en renforcer l'attractivité tant externe qu'interne. De même, nombre de territoires à plus petite échelle, tels certains territoires ruraux, des communes de petite taille ou périphériques, sont à l'origine d'expériences intéressantes, mêlant développement culturel, valorisation environnementale et valorisation économique (Camagni *et al.*, 2004). Aussi, parmi les mutations qu'ont connues les outils et les orientations de la gestion culturelle publique ces trente dernières années, l'insertion des activités artistiques dans des stratégies originales de développement territorial est sans doute la plus importante.

Pour autant, malgré l'engouement notable des collectivités territoriales en faveur de stratégies culturelles, les axes d'intervention choisis et l'engagement financier de celles-ci demeurent fortement différenciés en fonction de leur taille, de leur degré d'urbanisation ou de leur situation géographique (DEPS, 2006). Par ailleurs, réussir à impulser une dynamique durable de développement territorial autour d'un projet artistique ou culturel n'est pas toujours assuré et nombre d'expériences soutenues par les organisations publiques demeurent sans effets. Si certaines collectivités affichent des stratégies culturelles claires et visibles autour du patrimoine ou du spectacle vivant, la majorité d'entre elles semble encore hésiter dans la définition d'axes stratégiques à développer (Lucchini, 2002).

Dès lors, plusieurs questions émergent. En quoi le management culturel peut-il constituer un levier stratégique du développement de l'attractivité des territoires ? Quelles sont les conditions de réussite d'un tel processus ? Comment évaluer la performance des stratégies mises en œuvre ?

Sur la base de l'analyse de long terme de la politique culturelle mise en œuvre par la commune d'Aix-en-Provence, cet article répond à un double objectif : décrire comment le management culturel peut contribuer efficacement et harmonieusement à la stratégie de développement d'un territoire et, par là même, proposer un nouvel éclairage du concept de performance appliqué à la mise en œuvre d'une stratégie culturelle locale.

Nous présenterons en premier lieu les principaux enjeux du développement de l'activité culturelle dans le cadre de la stratégie d'attractivité d'une organisation territoriale. Cela nous amènera à réfléchir au concept théorique de performance appliqué à la mise en œuvre d'une stratégie culturelle locale, de proposer de nouveaux critères d'évaluation ainsi qu'une méthodologie appropriée. Enfin, sur la base de l'évaluation de la politique culturelle d'Aix-en-Provence mise en œuvre entre 1970 et 2005, nous pointerons les principaux facteurs de réussite d'un tel processus.

Un levier stratégique de l'attractivité durable des territoires

Dans le contexte actuel de concurrence exacerbée entre les territoires en vue d'attirer des ressources économiques valorisables dans le cadre d'une stratégie de développement durable, les arts et plus généralement les activités culturelles représentent un enjeu de taille pour les collectivités publiques.

Le développement local : une stratégie d'attractivité externe et interne des territoires

Si la croissance économique se définit comme « l'augmentation soutenue, pendant une ou plusieurs périodes longues, d'un indicateur de dimension : pour une nation, le produit global net en termes réels », le développement, quant à lui, peut être défini comme « l'ensemble des changements des structures mentales et des habitudes sociales qui permettent la croissance du produit réel global. » Il « englobe et soutient la croissance » et suppose l'amélioration qualitative d'une situation (Perroux, 1961 : p. 191).

Lorsque l'on parle de développement territorial, on intègre à ce processus de développement une dimension spatiale. Les caractéristiques du territoire identifié peuvent être variables, mais il s'agit toujours d'une portion de surface terrestre sur laquelle s'organisent et entrent en relation un ensemble d'acteurs. Le développement territorial peut ainsi être appréhendé comme une dynamique concernant un quartier, une commune, un département, un bassin d'emploi ou encore une région. Les conditions nécessaires à la mise en place d'une telle démarche sont les suivantes : une volonté réelle de la part de l'ensemble des acteurs politiques, économiques ou sociaux locaux ; un ensemble de moyens financiers et humains ; ainsi que la valorisation des potentialités spécifiques au territoire (naturelles ou construites) cristallisant les énergies et permettant de créer une dynamique de développement (Chevalier, 1999).

S'il est attaché à un territoire, le développement territorial n'est toutefois ni fermé sur lui-même ni localiste (Chevalier, 1999). Il apparaît en effet, fortement contraint par l'extérieur et correspond à une stratégie cherchant à mettre en phase l'évolution d'un système local avec celle d'un système global. Les territoires, qui peuvent être appréhendés comme des organisations à part entière, tentent de capter des flux externes pouvant avoir des retombées positives sur le système local, sans pour autant négliger la valorisation et le développement de leurs ressources internes. K. Weick (1989, 1995), dans ses travaux, suggère de parler « d'organizing[2] » plutôt que d'organisation, pour qualifier cet objet de recherche central en sciences de gestion.

Les organisations territoriales illustrent parfaitement cette vision. Celles-ci sont, en effet, soumises à des tensions, des pressions, des contraintes et des sollicitations permanentes sans

---

[2] Nous faisons ici référence à K. Weick qui réfute la notion d'organisation dans son acceptation la plus courante et ceci pour deux raisons. Tout d'abord il la considère comme réductrice, car nombre de chercheurs s'intéressent en fait à des processus organisationnels excédant souvent ce que l'on entend traditionnellement par organisation. C'est notre cas dans cette étude. Il serait donc plus juste d'évoquer, à l'instar de Kœnig (1996 : 59), des « systèmes d'action collective » englobant les interactions avec l'environnement organisationnel. De plus, l'organisation n'est qu'un instantané (*snapshots of ongoing process*) (Bougon, Weick, Binkhorst, 1977 : 606), un *hic et nunc* organisé auquel est reproché son statisme. La notion d'« organizing » lui est alors préférée, celle-ci réunissant à la fois la dynamique organisationnelle (l'organisant) et son inertie (l'organisé).

cesse renouvelées. Ainsi, chaque organisation publique territoriale s'inscrit-elle dans un contexte institutionnel précis.

Son comportement dépend alors en partie de pressions réglementaires des pouvoirs publics ayant une compétence législative et coercitive, de pressions sociales générales (prédominance des demandes d'individualité, de solidarité, de qualité de vie, de développement durable) et des actions des organisations leaders du secteur. Dès lors, dans un contexte de concurrence territoriale de plus en plus exacerbée, il est possible d'assimiler les stratégies de développement territorial à des stratégies de développement de l'attractivité externe et interne des territoires.

Les externalités culturelles : au secours du développement durable des organisations territoriales

Dans ce contexte, le secteur culturel est devenu de plus en plus attractif pour les acteurs locaux cherchant à développer des projets innovants, voire à créer leur propre emploi ou entreprise. Il s'est considérablement diversifié, complexifié et étendu dans ses domaines d'activité, ses types d'intervention (dispositifs artistiques et outils multimédia, publics mobilisés à travers des formes de participation, etc.) et ses formes d'emploi. Cette démarche, défendue par de nombreux élus, repose sur la conviction que la culture a des retombées positives sur l'économie et en matière de développement local. Les activités ou les biens culturels, de par leurs spécificités, sont susceptibles d'engendrer des externalités positives pour les individus ou les entreprises en contact avec elles (Abbing, 1980 ; Heilbrun, Gray, 2001).

L'intérêt économique et l'attachement au territoire n'apparaissent plus comme contradictoires, mais sont à l'origine de nouvelles dynamiques touristiques, de nouvelles stratégies marketing territorialisées. Ceci est d'autant plus vrai que la culture a une composante territoriale forte, reposant sur des ressources localisées (patrimoine, équipements, savoirs, savoir-faire et qualifications des hommes) qui contribuent à une image, une identité d'un territoire. Elle renvoie par ailleurs à des enjeux d'articulation d'échelles (global/local) en termes de solidarité/concurrence entre les nations et de solidarité interterritoriale (État, collectivités territoriales).

En favorisant tout d'abord la formation du capital humain, le développement des activités culturelles joue un rôle décisif en matière de transfert de connaissance. Les activités artistiques et leur apprentissage, outre leur effet évident sur l'épanouissement individuel et l'amélioration du niveau d'éducation individuel, pouvant avoir des conséquences bénéfiques sur la qualité des comportements humains en collectivité (Abbing, 1980), sont également à l'origine d'un renforcement du niveau des qualifications des autres secteurs économiques. Le développement des chantiers d'entretien du patrimoine et de l'environnement contribue par exemple à former une main-d'œuvre de qualité, dont la compétence bénéficie ensuite à d'autres secteurs, à commencer par celui des travaux publics (Greffe, 1996).

Les activités culturelles exercent également un effet de levier sur la croissance économique des territoires, en stimulant la créativité et la productivité des entreprises, en produisant des compétences au bénéfice de tous les secteurs de l'économie ou en « ré-enchantant » les lieux de consommation (Greffe, 2002). Diverses études d'impact et tentatives de modélisation recensent trois types d'effets positifs : directs, indirects et induits (Cwi, 1980). Outre leur apport direct en termes de création d'emploi et de richesse, les activités artistiques affectent positivement d'autres producteurs dans une économie locale (Heilbrun, Gray, 2001 : 227-228). Il existe ainsi un effet d'entraînement des activités culturelles sur celles que l'on pourrait qualifier de para-culturelles (commerces de proximité, restaurants, hôtels).

Ainsi l'existence d'un musée ou d'un festival dans une localité a tendance à attirer des consommateurs extérieurs au territoire concerné qui consomment également au sein des commerces, des restaurants et des hôtels locaux. Cette dépense stimule l'économie locale exactement comme les exportations de marchandises. La culture concourt surtout aux stratégies de notoriété des territoires, dans une perspective de marketing territorial (Colbert, 1995). Le patrimoine et la production culturelle locale ont de nombreux effets en termes d'attractivité externe du territoire. Sont ainsi fréquemment soulignés les effets positifs des activités artistiques, tant du point de vue de l'attractivité touristique qu'au regard de la problématique de localisation des entreprises, enjeu majeur du développement territorial aujourd'hui. Les activités ou les produits culturels contribuent en effet durablement à l'identité et au prestige de la collectivité qui les développe. Le développement des activités artistiques devient dès lors un élément essentiel de la concurrence territoriale. En témoignent les succès de certains labels récemment instaurés tels ceux de « ville d'art et d'histoire » ou encore de « Capitale européenne de la culture ».

Dans ce contexte, la *Tourism Industry Association* déclare que la culture entre pour 30 % dans le choix de destination des vacances, soit près de 25 millions de touristes en 2004. En 1998, 20 % des visiteurs de sites culturels français justifiaient déjà leur séjour touristique par une motivation exclusivement culturelle et 30 %, acceptait de faire un détour de cinquante kilomètres pour visiter ces sites. Dans les grands musées d'ailleurs, la proportion de visiteurs étrangers est considérable : 80 % au musée d'Orsay ; 70 % à Versailles ; 60 % au Louvre et 40 % au Centre Georges Pompidou (Greffe, 2006). Enfin, les arts et la culture contribuent également à l'attractivité citoyenne du territoire, en améliorant le cadre et la qualité de vie de celui-ci. L'existence d'équipements culturels, tels que les bibliothèques, les musées ou encore les salles de spectacles, ainsi que l'accessibilité facilitée aux biens culturels industriels grâce aux librairies ou aux magasins de disques, améliore le niveau de civilisation d'une collectivité. Certains y voient notamment un levier pour le développement de l'économie résidentielle dans les villes moyennes (Lucchini, 2002).

Les festivals, tout comme la valorisation des richesses architecturales d'un territoire, sont des opérations permettant l'articulation entre économie et culture et fédérant les individus autour d'éléments de l'identité et de la mémoire locales (Benito, 2001). Leur succès en termes d'attractivité et d'innovation artistique se traduit par une forte implication territoriale (départements, régions, communes) dans l'organisation de ces activités. Le soutien aux festivals, notamment, témoigne de la place prépondérante des aides publiques locales (environ 45 % des recettes). La part du mécénat (12 %) est significative mais peine à croître. Les aides de l'État (6 %), recentrées sur un nombre réduit de festivals, se sont maintenues en volume (Negrier *et al.*, 2007). L'enjeu que représentent aujourd'hui la culture et son ancrage au sein des territoires apparaît d'autant plus important que les services subissent désormais, à l'instar des activités industrielles, la concurrence des pays émergents. Le secteur tertiaire représente en France 70 % des emplois. Selon une étude récente plus de 200 000 emplois de services sont concernés par le problème des délocalisations (Cabinet Katalyse / Ernst et Young, 2005). Dans un contexte très concurrentiel, lié à la mondialisation, les dirigeants agissent en permanence pour ajuster la structure de leur entreprise au marché. Cela passe par l'optimisation interne, une externalisation de certaines activités, voire la délocalisation de tout ou partie des activités. Trois motifs sont généralement invoqués pour délocaliser dans les services : accéder à un marché en fort développement, recourir à des ressources humaines (en termes de compétences et/ou de flexibilité) et réduire les coûts. Or, tout comme de nombreux services, les activités du secteur culturel (représentant plus de 450 000 actifs aujourd'hui en France (Patureau, Jauneau, 2006) sont impactées par le jeu de la mondialisation (en témoigne l'internationalisation et la forte concentration des firmes dans le champ des industries culturelles), même si certaines y sont moins sensibles (spectacle vivant…) voire en dehors (activités patrimoniales, enseignements artistiques…). Identifier les facteurs permettant d'engager un processus durable de développement territorial autour d'un projet culturel viable devient dès lors essentiel.

Vers des stratégies culturelles territoriales performantes : un besoin prégnant d'évaluation

Si les externalités positives de la culture semblent être le principal moteur des stratégies culturelles développées par les organisations publiques territoriales aujourd'hui, il n'en reste pas moins que la performance de ces démarches reste très délicate à appréhender. Il devient d'autant plus nécessaire d'engager une véritable réflexion quant aux outils d'évaluation possibles de cette performance.

Le concept de performance durable : la nécessité de dépasser l'approche traditionnelle

Ce concept, développé principalement dans une approche gestionnaire au regard des enjeux des organisations privées, demeure délicat à appréhender, surtout dans le secteur public. Il apparaît toutefois plus large et plus complet que le simple concept d'efficacité, développé par la théorie économique et au regard duquel les actions publiques ont pendant longtemps été jugées et légitimées (Marmuse, 1997). Jusque là, nombre de travaux d'évaluation se sont focalisés sur les questions d'estimation de la demande sociale de culture, à travers les méthodes d'évaluation contingente, les enquêtes ou les analyses de votes, ou sur la délicate question des effets des politiques culturelles, à travers les études d'impact socio-économique ou les analyses statistiques des pratiques culturelles (Throsby, 1994).

Les organisations publiques découvrent, ou plutôt redécouvrent depuis une dizaine d'années, les implications de la notion de performance. Ainsi, appréhender la performance d'un système complexe, comme celui de la politique culturelle locale, implique de dépasser les critères traditionnellement définis d'efficacité et d'efficience (Bartoli, 1998 : 79). La performance des actions et des organisations culturelles publiques ne peut être appréhendée de la même manière que celle de l'entreprise. Toute évaluation de la performance doit en effet tenir compte, en plus de la nature complexe des missions et des valeurs de base des configurations structurelles et des modes de fonctionnement et de gestion des organisations publiques, des soubassements idéologiques, juridiques et sociopolitiques sous-jacents à la finalité publique (Mazouz, Tardif, 2006 : 30). Différents travaux soulignent ainsi la nécessité d'intégrer l'équité comme critère important d'évaluation d'un organisme, d'un ministère, d'une politique ou d'un programme public (Fouchet, 1999 ; Boyne, Walker, 2005). Aucune définition de la performance ne peut en effet être conçue comme universelle, cette notion apparaissant largement contingente et contextualisée, et par là-même non directement transposable de l'entreprise aux organisations publiques.

Compte tenu des spécificités du champ culturel (Evrard, 2007) et des logiques qui sous-tendent l'intervention publique en France – logique d'efficacité allocative (externalités, biens collectifs et risque d'une offre sous-optimale) et d'équité sociale (problème du revenu de l'artiste, « maladie des coûts » dans certains secteurs productifs, et obstacles symboliques et financiers liés à la consommation culturelle) (Heilbrun, Gray, 2001 ; Greffe, 2002) – la performance d'une stratégie culturelle territoriale doit être appréhendée dans sa dimension économique (capacité d'une organisation à obtenir et maintenir un avantage distinctif ou concurrentiel au sein de son environnement), mais également dans sa dimension sociale (prise en compte des relations sociales au sein de l'organisation comme facteur essentiel de bon fonctionnement) ou citoyenne (capacité à créer de la valeur pour les parties prenantes secondaires).

La performance durable apparaît comme la synthèse de la performance économique à long terme, du respect des hommes et des ressources naturelles, et dans l'idéal une utilité sociale indiscutable (Soldo, 2007). Fondée sur trois critères, la pertinence, la cohérence et la valeur ajoutée de l'action mise en œuvre, elle permet d'évaluer la politique culturelle au regard des finalités de long terme qui la sous-tendent, sa « logique de sens » (Muller, 1996), de ses modalités de mise en œuvre et d'allocation des moyens (Benhayoun, Lazzeri, 1998), ainsi que de son impact systémique, en tenant compte de la multiplicité des acteurs publics et privés engagés dans le processus et des spécificités et contraintes imposées par le contexte territorial dans lequel elle s'insère (Hernandez, 2006).

Envisagée en deux dimensions, socio-économique et citoyenne, la performance durable d'une stratégie culturelle territoriale sera évaluée au regard de sa capacité à répondre à la demande sociale de culture et à s'adapter à son environnement mouvant (finalités externes). La performance sera également jugée au regard des objectifs et des modalités mises en œuvre, propres à la politique culturelle menée (finalités internes), sachant qu'ils dépendent largement de la collectivité maître d'œuvre, de la population cible et du territoire concernés. Au niveau territorial, cette performance doit être envisagée à l'aune d'un objectif, celui du développement de l'attractivité durable du territoire (Soldo, 2007).

Méthodologie de l'étude

L'évaluation proposée ici s'appuie sur une analyse longitudinale de la politique culturelle d'Aix-en-Provence pour les années 1970 à 2005. Elle mobilise une double approche méthodologique, à la fois quantitative (analyse financière) et qualitative (entretiens). La méthode de l'étude de cas, répandue dans le domaine des sciences sociales et en particulier en analyse du management et des organisations (Yin, 1994), consiste à étudier en profondeur et de manière intensive une ou plusieurs situations dans une ou plusieurs organisations. Elle semble ainsi particulièrement cohérente avec notre objectif de recherche visant à décrire et comprendre les facteurs de performance à l'œuvre dans le champ de la stratégie culturelle territoriale.

Dans ce cadre, les finances de l'organisation publique maître d'œuvre de la stratégie culturelle locale se sont imposées comme première source pertinente d'information (analyse financière des comptes administratifs de la commune d'Aix-en-Provence, des années 1970 à 2005). Les données financières se prêtent à la construction d'indicateurs permettant d'évaluer sur du long-terme les différentes dimensions de la mise en œuvre de la stratégie territoriale observée.

Leur analyse renseigne sur les choix d'allocation des moyens financiers à tout moment, censés traduire en pratique les priorités et objectifs opérationnels de la politique mise en œuvre. La stratégie est ainsi appréhendée dans le sens retenu par la perspective de la pratique (intervention et modalités d'action). Une évaluation de la pertinence de la mise en œuvre au regard de la demande sociale est dès lors possible. Mettant en relation l'évolution des dépenses culturelles avec celle d'indicateurs traditionnellement utilisés pour expliquer la croissance des dépenses publiques ainsi que celle de différents indicateurs spécifiques traduisant la demande sociale de politique publique, cette analyse permet d'examiner l'adéquation de ces dépenses au besoin territorial.

L'analyse détaillée des dépenses de l'organisation territoriale publique permet ensuite d'évaluer la cohérence de la stratégie culturelle mise en œuvre. L'observation des préférences en termes de secteurs artistiques financés, des fonctions culturelles privilégiées dans le long terme, ainsi que de la nature économique de ces dépenses (investissement ou dépenses courantes), permet en effet de révéler les grandes tendances stratégiques officielles ou émergentes de la collectivité maître d'œuvre (spécialisation / diversification ; internationalisation / territorialisation), ainsi que les forces et les faiblesses du mode de développement culturel adopté au regard des objectifs externes comme internes au territoire. Enfin, complétée d'un recueil de données statistiques concernant l'ancrage territorial et les effets, souhaités ou non, de la politique culturelle, il est également possible de mener une évaluation de sa valeur ajoutée.

Afin d'atteindre un degré d'analyse des pratiques stratégiques relativement fin, lors de leur collecte et de leur codage, les données relatives aux finances culturelles publiques ont été ventilées par nature économique, par secteur, par domaine artistique et par fonction, sur la base des nomenclatures officielles établies par l'INSEE[3] ou le DEPS[4].

La méthode de mesure des relations de causalité entre les moyens et mécanismes de mise en œuvre identifiés et les phénomènes observés a reposé sur l'estimation économétrique de modèles à correction d'erreur (ECM) (Harris, Solis, 2003), permettant d'identifier l'existence de relations de co-intégration entre séries temporelles (Ericsson, Mackinnon, 2002). L'estimation d'un modèle quantitatif à partir d'indicateurs et de données fiables, pour autant qu'elle constitue une étape indispensable en vue d'atteindre la comparabilité des évaluations de politiques culturelles

---

[3] Institut national de la statistique et des études économiques.
[4] Département des études, de la prospective et des statistiques.

(nationales, locales...), n'en comporte pas moins de nombreuses limites (D'Angelo, Vesperini, 1999 : 39). L'analyse des pratiques stratégiques a donc été complétée par une série d'entretiens semi-directifs avec les responsables de la politique culturelle (Ripon, 2002). Intervenant dans la dernière phase de l'étude, ils n'avaient pas pour objectif de constituer une analyse qualitative détaillée, mais visaient à pallier les déficits informationnels liés aux changements de nomenclatures comptables. Ils avaient également pour second objectif de confronter les résultats empiriques obtenus à la réalité de terrain, afin d'éclairer un discours forcément restrictif.

Discussion des résultats

L'évaluation de la politique culturelle mise en œuvre par la commune d'Aix-en-Provence depuis 1970 conduit à identifier différents facteurs permettant d'engager une dynamique durable de développement de l'attractivité du territoire. Il ressort ainsi que la pertinence des actions mises en œuvre tient aux spécificités intrinsèques au territoire. L'existence d'une volonté politique et la cohérence des moyens engagés constitue la condition essentielle à la réussite de l'intervention. Toutefois, l'impératif d'ancrer territorialement l'action publique au sein du réseau de gouvernance locale et auprès des habitants de la commune demeure le gage de la durabilité du processus engagé et de sa valeur ajoutée.

La politique culturelle à Aix-en-Provence : une pertinence intrinsèque au territoire

Les dépenses en faveur du champ culturel, rapprochées des principaux indicateurs économiques d'Aix-en-Provence, montrent l'enjeu de long terme que représente la politique culturelle pour le territoire. Les dépenses culturelles de la commune d'Aix-en-Provence connaissent en effet une forte augmentation en volume dans le long terme, passant de 54 euros par habitant en 1970 à près de 115 euros[5] par habitant en 2005. Ce premier constat est lié à la tradition historique de la ville. Capitale politique de la Confédération des Celto-ligures il y a deux mille ans, évêché dès le début du Ve siècle, puis siège de l'archevêché de la province ecclésiastique, la ville est devenue capitale de la Provence en 1182 (comtes d'Anjou et d'Aragon). En 1409, Louis II d'Anjou y fonde la première université aixoise. Sous le règne de son fils, René (1409-1480), esprit éclairé, Aix se dote d'une administration efficace et la ville devient un célèbre centre culturel et universitaire, puis judiciaire (dès 1501, Louis XII y établit le Parlement de Provence). En témoignage de cette richesse historique, la ville d'Aix-en-Provence a gardé un patrimoine architectural varié et précieux, s'étendant de l'ancienne cité médiévale au nouveau quartier Mazarin, créé à partir de 1646 (Boyer, 2004) et étendu aux XVIIe et XVIIIe siècles de fontaines, d'édifices religieux, de bâtiments publics et d'élégants hôtels particuliers, témoins d'un art de vivre particulièrement raffiné.

Premier atout spécifique de la cité, le patrimoine constitue ainsi le premier levier de la politique culturelle de la commune et, sans conteste, un élément central de la pertinence de cette politique. Les résultats de la modélisation de la pertinence des dépenses publiques permettent ensuite d'identifier les principaux déterminants de l'augmentation de ces dépenses.

À long terme, elle paraît principalement suivre l'évolution tendancielle de la population totale de la commune[6]. Lorsque la population augmente d'1 %, les dépenses culturelles augmentent en effet de 2,4 %. Par ailleurs, l'influence du niveau d'attractivité du territoire sur les dépenses culturelles de la commune est elle aussi notable. Lorsque le nombre de résidences secondaires ou de logements occasionnels (traduisant une inflation de la demande

---

[5] Euros constants base 2000.
[6] En 2007, la population de la commune est estimée par l'INSEE à 139 800 habitants, contre 89 566 lors du recensement de la population en 1968 (soit un taux de croissance de 56 % en quarante ans).

extérieure temporaire) augmente de 1 %, les dépenses culturelles de la ville augmentent de +0,85 %.

La forte croissance des dépenses culturelles à long terme semble ainsi répondre à l'évolution d'un besoin social croissant d'intervention sur le territoire. « La demande et l'exigence culturelle aujourd'hui à l'égard des responsables publics sont probablement plus importantes encore dans leur diversité et leur qualité que les demandes du monde sportif par exemple et du tissu associatif de manière générale. »[7] La croissance de la demande sociale s'exprime ainsi à travers la forte expansion des sollicitations d'aide financière qui sont adressées à la commune. « La culture c'est à peu près 2000 demandes par an, tout confondu, pas seulement les associations, mais aussi les expositions, l'édition, enfin tout un tas de domaines. On a 2000 sollicitations formalisées, par un dossier, par des écrits, pas seulement un coup de fil ou une recommandation. C'est vraiment un très haut niveau de sollicitation politique. »[3] Le nombre d'artistes, compagnies et acteurs privés du secteur culturel est en constante augmentation sur le territoire. « On assiste à une explosion du nombre de structures qui ont leur siège à Aix et à l'explosion du nombre de projets, donc, à un problème de très forte demande, d'inflation de la demande. »[9] Ce phénomène est un indicateur des effets positifs de l'action mise en œuvre.

Ainsi, si la croissance de la taille économique et démographique de la commune semble en premier lieu expliquer la forte tendance à la hausse des dépenses culturelles publiques, leur pertinence semble s'être également renforcée au fil des ans sous l'effet de pratiques et d'actions qui ont contribué à accroître l'attractivité du territoire. Il semble dès lors qu'il y ait un processus auto-entretenu de la pertinence de la politique culturelle à Aix-en-Provence.

---

[7] Entretien avec l'adjoint délégué chargé de la vie culturelle [2001-2008].
[8] *Ibid.*
[9] *Ibid.*

CULTURE ET ATTRACTIVITÉ

La politique culturelle d'Aix-en-Provence : une cohérence fondée sur la spécialisation et une stratégie de « vigies culturelles »

L'évaluation de la cohérence de la politique culturelle d'Aix-en-Provence met en évidence le rôle de fer de lance de la culture au sein de la stratégie d'attractivité externe et interne du territoire. On observe qu'elle arrive au 6ème rang des priorités communales d'intervention, juste après les dépenses traditionnelles en faveur de l'attractivité socio-économique du territoire (administration générale, voirie, interventions économiques, services sociaux et enseignement). La politique culturelle semble ainsi représenter le premier levier du développement de l'attractivité citoyenne, devant les dépenses en faveur de la justice et de la sécurité, ainsi que devant les dépenses pour le sport ou les relations publiques. Par ailleurs, à la lecture des pratiques financières émerge une stratégie culturelle spécialisée sectoriellement et visant à la fois la qualité et la visibilité internationale de l'offre artistique. Parmi les dépenses culturelles d'investissement, la priorité est accordée au patrimoine architectural, qui représente plus de 30 % du total sur la période. La cohérence de l'intervention culturelle communale trouve ainsi un premier fondement dans la spécificité patrimoniale de la ville.

La répartition par secteur des dépenses de fonctionnement traduit ensuite une nette domination des dépenses en faveur du spectacle vivant, qui représente le premier secteur de dépenses, soit en moyenne 52,5 % du total. L'analyse par bénéficiaire fait également ressortir la forte concentration des dépenses communales en faveur d'institutions ou de l'organisation de manifestations de prestige, tel le festival d'art lyrique, de renommée internationale.

La ville cherche prioritairement à se positionner comme un pôle de référence en matière culturelle afin de développer son rayonnement et son attractivité extérieure. « Ce que veut faire la commune, c'est implanter des « vigies » culturelles sur son territoire. L'implantation du Ballet Preljocaj au Pavillon Noir, de la Méjanes Cité du Livre et l'ouverture du Grand Théâtre de

Provence à proximité s'inscrivent clairement dans cette démarche. »[10] Ce positionnement stratégique se traduit aussi par l'offre d'équipements d'enseignements artistiques d'élite dans les domaines de la musique (École nationale de musique) et des arts plastiques (École des beaux-arts). La commune semble avoir développé une stratégie volontariste de spécialisation culturelle dans des productions à haute valeur ajoutée constituant la vitrine promotionnelle de la ville.

Enfin, le mode de gestion culturelle adopté par la commune paraît s'être progressivement institutionnalisé et organisé sur la période. La structuration des différents services culturels communaux transparaît en effet à la lecture de dépenses de fonctionnement des services administratifs sans cesse croissantes (taux de croissance de 800 % sur la période). Un glissement tendanciel vers l'internalisation des fonctions relatives au management culturel s'est opéré à long terme. Si l'on se reporte aux différentes analyses relatives aux dépenses culturelles des communes, toutes semblent corroborer l'hypothèse selon laquelle l'importance de la taille démographique et économique d'une commune influe largement sur son choix d'équipements culturels. Certains parlent même de hiérarchie des équipements selon les « niveaux fonctionnels urbains », expliquant dès lors la surconcentration culturelle parisienne par ce facteur. L'offre d'équipements qualifiés de « rares », tels que ceux relatifs à l'art lyrique ou l'art chorégraphique contemporain, est généralement le fait des grandes agglomérations[11].

Par ailleurs, la spécialisation culturelle traduit généralement une volonté de développer les effets d'entraînements économiques (emplois, activités para-culturelles...) sur le territoire, répondant à une position centrale de la ville au sein du territoire local. La politique d'équipement de la commune aixoise s'inscrit dans un profil type correspondant à celui des grandes agglomérations. Cette ville moyenne semble avoir mis en œuvre une stratégie de long

---

[10] Entretien avec le directeur du service Action et développement culturels [2001-2007].
[11] Communes de plus de 150 000 habitants.

terme propre aux grandes agglomérations. Dès lors on peut se demander si cette commune est pionnière, présupposant une forte croissance de sa population dès les années 1970, ou à l'inverse si cet effort culturel soutenu ne s'est pas transformé dans le temps en facteur extrêmement efficace de sa stratégie d'attractivité.

La politique culturelle d'Aix-en-Provence : une valeur ajoutée fondée sur l'attractivité externe du territoire

Au regard de sa valeur ajoutée, la politique culturelle mise en œuvre par la commune d'Aix-en-Provence constitue un levier évident de l'attractivité touristique du territoire. Les deux axes stratégiques forts de cette politique, le patrimoine et l'orientation progressive vers la multiplication des structures et manifestations de spectacle vivant à visibilité internationale, favorisent largement la venue de 800 000 touristes par an[12]. L'événement phare qui a marqué l'année 2006 avec l'exposition internationale « Cézanne en Provence » au musée Granet a ainsi attiré plus de 440 000 visiteurs en trois mois[13]. Les effets économiques directs ou induits du festival d'art lyrique, principale attractivité récurrente, sont également évidents en termes d'attractivité touristique. Selon le bilan d'activité du festival en 2004, 43 % des spectateurs étaient extérieurs au territoire régional : 25 % des festivaliers sont issus de la région parisienne, 7 % du reste de la France et 11 % sont des spectateurs étrangers[14].

Il est ainsi possible d'identifier un lien très fort entre l'offre culturelle du territoire et ses retombées socio-économiques. En termes d'emplois, la spécificité du tissu économique d'Aix-en-Provence est marquée par la prédominance des services hautement qualifiés et des fonctions traditionnelles (67 % des emplois se situent dans le secteur des services et 19 % dans le secteur du commerce). On observe également une forte représentation des secteurs de l'hôtellerie et de la restauration (secteurs para-culturels)

---

[12] Source : Pays d'Aix-développement, bilan d'activité 2005.
[13] Source : Office du tourisme d'Aix-en-Provence.
[14] Source : Festival d'art lyrique, bilan d'activité 2004.

sur le territoire d'Aix-en-Provence, qui recense le quart des chambres d'hôtels du département, dont 21 % se situent dans le secteur de l'hôtellerie de luxe. Le taux annuel de remplissage des hôtels est de 70 % et le chiffre d'affaires estimé du tourisme s'élève à 150 millions d'euros[15]. Outre ces effets économiques, la politique culturelle apparaît également mobilisée comme élément de revitalisation de l'espace urbain et du cadre de vie, comme en témoigne le projet de réaménagement du quartier Sextius Mirabeau, Zone d'Aménagement Concerté (ZAC) au cœur de laquelle se trouvent les trois institutions culturelles phares de la commune : la Cité du Livre, le Pavillon Noir et, nouvellement, le Grand Théâtre de Provence.

Toutefois, vu l'émergence d'un mode de développement fondé sur la spécialisation culturelle territoriale, l'impératif d'ancrer la politique culturelle de la ville au sein du territoire devient prégnant. Bien que l'essor des projets cofinancés avec la Communauté d'agglomération du Pays d'Aix ou la Direction régionale des affaires culturelles (DRAC) soit notable ces dernières années, la coopération entre acteurs publics autour des questions culturelles ne semble pas aisée. « Il n'y a pas de coopération véritable. Aujourd'hui, nous intégrons la problématique de la coopération entre acteurs publics uniquement dans le fait que nous constatons que les cofinancements d'une structure en général sont gage de sa bonne santé et de sa reconnaissance. On est donc dans une reconnaissance *a posteriori*. »[16]

Les acteurs interviewés s'accordent tous sur la difficile concertation entre partenaires potentiels. Les jeux d'influence et la volonté permanente de la commune aixoise de se poser en acteur leader semblent freiner son acceptation dans le mode de gouvernance locale. Par ailleurs, les conflits de pouvoir demeurent une explication prépondérante de la frilosité des engagements coopératifs. « Je ne voulais pas que la cité du livre soit rattachée à la CPA[17]. Je voulais garder la maîtrise, parce qu'après c'est plus

---

[15] Source : Pays d'Aix-développement, bilan d'activité 2005.
[16] Entretien avec l'adjoint délégué chargé de la vie culturelle [2001-2008].
[17] Communauté du Pays d'Aix.

compliqué.»[18] Outre les difficultés de coopération avec les autres niveaux territoriaux d'intervention, les acteurs publics semblent également rencontrer des difficultés de coopération avec les partenaires privés. « Quand j'ai été désignée pour être déléguée à la culture, je me suis rendue compte que c'était un milieu très fermé. Il veut s'ouvrir mais il a des réticences. C'est simple, à la première réunion ils m'ont fait pleurer.»[19]
Animés de logiques différentes et s'exprimant généralement dans un langage différent, responsables politiques et acteurs culturels privés semblent avoir du mal à se comprendre. L'annulation du festival d'art lyrique en 2003, dans le cadre de la crise sociale du régime intermittent, ou le conflit ouvert et médiatisé relatif à la suppression du soutien à l'association *Danse à Aix*, témoignent notamment de cette difficulté. Approfondir les modes de concertation semble nécessaire. En dehors du réseau de gouvernance locale publique ou privée, la politique culturelle d'Aix-en-Provence ne bénéficie que d'un ancrage fragile au sein de sa population. L'analyse des dépenses a effectivement pointé la faiblesse du financement accordé à l'animation polyvalente. Les résultats traduisent aussi le manque d'appropriation par les habitants des équipements ou manifestations phares qui composent la palette de l'action culturelle communale.

Bien que l'objectif affiché de la politique culturelle communale soit celui de « l'excellence partagée », plusieurs acteurs interrogés soulignent que « les activités stratégiques financées par la commune ne sont pas inclusives. Elles n'ont pas de conséquences sociales sur la vie quotidienne des Aixois. Et ça c'est un vrai gros problème.»[20] Or, si l'accroissement de la demande sociale de culture, et plus spécifiquement l'accroissement tendanciel de la population, constitue le déterminant principal des dépenses

---

[18] Entretien avec l'adjointe déléguée à l'éducation, aux enseignements artistiques autres que le conservatoire, aux théâtres, danse, cité du livre, médiathèques [2001-2008].
[19] Entretien avec la conseillère municipale déléguée à la culture et aux activités provençales [2001-2008].
[20] Entretien avec l'adjoint délégué chargé de la vie culturelle [2001-2008].

culturelles de la commune, il semble nécessaire d'approfondir l'ancrage de la politique culturelle locale auprès de ses destinataires principaux. Cet objectif stratégique, indispensable dans un souci de performance durable de l'action, implique de prendre en compte les barrières symboliques et tarifaires à l'œuvre dans le champ des consommations culturelles.

Différents travaux ont en effet largement réaffirmé le rôle déterminant du capital culturel et financier des individus, montrant que leur niveau de scolarisation (Donnat, 2002) ou leur niveau de salaire moyen (Soldo, 2007) demeuraient étroitement corrélés à leur niveau de consommation culturelle. Ainsi, même si la population d'Aix présente un revenu plus élevé que la moyenne régionale[21], le principal frein, pour nombre d'individus au revenu modeste, demeure la barrière tarifaire (Rouet, 2002). Or, l'accessibilité aux « équipements d'excellence » que la politique culturelle communale entend partager demeure limitée par les politiques tarifaires pratiquées, malgré les différentes possibilités de réduction de prix (abonnement, tarif dégressif en fonction de la visibilité ou encore des tarifs réduits pour certaines catégories sociales). Par ailleurs l'effet symbolique des lieux ou manifestations de prestige conduit à exclure d'autorité une catégorie de potentiels consommateurs.

« Le cérémonial festivalier impose une parfaite connaissance des us opératiques et le port obligatoire de la cravate. »[22] Certains regrettent ainsi l'absence d'une véritable action d'ouverture de ces lieux d'excellence, sur la base d'un travail de médiation culturelle. « J'ai déjà dit ma conviction que pour amener les Aixois, anciens et néo, à s'engager dans la vie de leur cité, il faut les encourager avant tout à prendre possession des espaces publics, non pas symboliquement mais physiquement, en les investissant. Le Théâtre de l'Archevêché, où se tient le festival, est l'un de ces

---

[21] Les habitants d'Aix-en-Provence affichent un revenu annuel médian de 17 365 euros, soit 30 % supérieur à celui de Marseille.
[22] Entretien avec le directeur du Relais culturel municipal d'Aix-en-Provence [1970-1976].

lieux. »[23] Différentes actions ont toutefois récemment été mises en œuvre pour développer l'accessibilité des équipements d'excellence à la population aixoise.

L'organisation en 2006 d'un concert exceptionnel de l'orchestre philarmonique de Berlin, au pied de la Sainte Victoire, a permis à plus de 10 000 personnes d'y assister gratuitement. De même, le festival d'art lyrique a organisé en 2007 nombre de représentations gratuites (générales, répétitions…) ainsi qu'une retransmission sur écran géant, en extérieur, des deux concerts phares de la saison. Depuis 1998, le festival mène également une action de sensibilisation à l'opéra en direction du jeune public, accompagnée d'une politique tarifaire spécifique. Entre 2001 et 2006, il est ainsi passé de 300 places à 1000 places étudiantes vendues. Le directeur du festival annonce vouloir atteindre un taux de 10 % de public âgé de moins de 25 ans à l'horizon 2010. Quelques actions ont enfin été mises en œuvre en faveur du développement culturel dans les quartiers populaires de la ville. « Le centre-ville, les quartiers dits résidentiels, ne sont pas les seuls concernés. On a surtout ouvert au Jas de Bouffan où on a multiplié les actions […] Ces manifestations sont totalement gratuites. »[24]

Malgré la qualité de ces projets nouveaux, il n'en demeure pas moins qu'il s'agit toujours de projets engagés ponctuellement. La ville, dont la politique culturelle est reconnue, légitimée et institutionnalisée, souffre d'une absence cruelle d'action culturelle de proximité mise en œuvre dans le long terme. La pertinence de développer cet axe stratégique est renforcée par le constat suivant. « Tous les partenaires culturels de la ville, quel que soit le niveau de subventions, participent à ce type d'actions. Ils organisent des prestations artistiques ou techniques à destination de publics élargis… »[25]

---

[23] *Ibid.*
[24] Entretien avec l'adjointe déléguée à l'éducation, aux enseignements artistiques autres que le conservatoire, aux théâtres, danse, cité du livre, médiathèques [2001-2008].
[25] *Ibid.*

Conclusion

Le travail réalisé ici visait à pointer les enjeux du management culturel public comme levier des stratégies de développement des territoires. Il a conduit à repenser les critères d'évaluation de la performance des politiques culturelles locales mises en œuvre. Il ressort qu'interroger la mise en œuvre de la politique culturelle revient à interroger l'allocation de ses moyens au regard des besoins du territoire, mais également les résultats obtenus. Pour autant, si ces résultats ne sont envisagés qu'à l'aune de la fréquentation des établissements (entendu au sens quantitatif), leur évaluation demeure une opération restrictive et insuffisante en termes de décision publique.

Le processus de décision dans le champ culturel doit ainsi interpeler la pertinence, la cohérence ainsi que la valeur ajoutée plus large de l'action mise en œuvre, liée à ses effets directs, indirects et induits sur le territoire. Cette approche conduit ainsi à lier culture, territoire et attractivité. Dans ce contexte, l'évaluation de la politique culturelle aixoise a fait émerger les traits saillants de la stratégie développée par la commune. La politique culturelle de la commune est intrinsèquement liée à la stratégie de développement du territoire.

L'action volontariste en faveur de l'offre d'équipements spécialisés et de qualité ou celle en faveur de l'organisation d'événements de renom ont favorisé le rayonnement et l'attractivité extérieurs du territoire, à l'image des stratégies développées par les grandes métropoles. Aujourd'hui, le principal enjeu auquel se voit confrontée la commune est la nécessité d'approfondir son ancrage territorial encore fragile, tant par son inscription dans la gouvernance locale que par son enracinement auprès de la population aixoise, gage de son attractivité citoyenne et de la durabilité de l'intervention engagée.

Bien que l'exemple d'Aix-en-Provence ne puisse être généralisé à tous les types de territoires, il permet cependant de montrer que le management public peut réellement constituer un levier de l'attractivité territoriale dès lors qu'il se saisit de la dimension culturelle dans une stratégie plus large de développement local.

Bibliographie

Abbing, H., 1980, On the rationale of public support to the arts, externalities in the artsrRevisited, in Hendon W.S., Shanahan J.L., Mac Donald A.J., *Economic Policy for the Arts,* Cambridge, Massachusetts, Abt books.
Bartoli, A., 1998, *Le Management dans les organisations publiques,* Paris, Dunod.
Benhayoun, G. et Lazzeri, Y., 1998, *L'évaluation des politiques de l'emploi,* Paris, PUF.
Benito, L., 2001, *Les Festivals en France, marchés, enjeux et alchimie,* Paris, L'Harmattan.
Bougon, M., Weick, K. E. et Binkhorst, D., 1977, Cognition in organizations : An analysis of the Utrecht Jazz Orchestra, *Administrative Science Quarterly,* 22, 4.
Boyne, G.A. et Walker, R.M., 2005, Determinants of performance in public organizations, *Journal of Public Administration Research and Theory,* 15.
Cabinet Katalyse et Ernst & Young, 2005, *Sur la globalisation de l'économie et les délocalisations d'activité et d'emplois,* Rapport pour le Sénat, n° 416, Paris, Commission des finances.
Camagni, R., Maillat, D. et Matteaccioli, A. (sous la dir. de), 2004, *Ressources naturelles et culturelles, milieux et développement local,* Institut de Recherches économiques et régionales, Neuchâtel, EDES.
Chevalier, B., 1999, *Planification par projet et organisation des territoires,* coll. Emploi, Industrie et Territoires, Paris, L'Harmattan.
Colbert, F., 1995, *Marketing culture and the arts,* New York, Wiley.
Cwi, D., 1980, Models of the role of the arts in economic development, in Hendon, W.S., Shanahan, J.L., Mac Donald, A.J., *Economic policy for the arts,* Cambridge, Massachusetts, Abt books.
D'Angelo, M. et Vesperini, P., 1999, *Politiques culturelles en Europe : méthode et pratique de l'évaluation,* Série Formation, éditions du Conseil de l'Europe.
Département des études, de la prospective et des statistiques, 2006, Les dépenses culturelles des collectivités locales en 2002, *Les notes statistiques du DEPS,* 21.

Donnat, O., 2002, La démocratisation de la culture en France à l'épreuve des chiffres de fréquentation, in *Circular*, ministère de la Culture et de la Communication, DEPS, 14.

Ericsson, N.R. et Mackinnon, J.G., 2002, Distributions of error correction tests for cointegration, *Econometrics Journal*, 5.

Evrard, Y., 2007, Les spécificités des activités culturelles, *Les Echos*, 20 août 2007.

Fouchet, R., 1999, Performance, service public et nouvelles approches managériales, *Revue politiques et management public*, 17, 2.

Freeman, H. E. et Rossi, P. H., 1993, *Evaluation : A systematic approach* (5ème éd.). Newbury Park, CA : Sage Publications, Inc.

Greffe, X., 1996, *L'évaluation du programme des écoles-ateliers en Espagne*, Paris, OCDE.

Greffe, X., 2002, *Arts et artistes au miroir de l'économie*, Paris, Economica.

Greffe, X., 2006, *La mobilisation des actifs culturels de la France : de l'attractivité culturelle du territoire à la Nation culturellement créative*, rapport de synthèse sur l'attractivité culturelle, document de travail du DEPS, n°1270.

Harris, R.. et Sollis, R., 2003, *Applied time series modelling and forecasting*, West Sussex England, Durham University.

Heilbrun, J. et Gray, C.M., 2001, *The economics of art and culture*, 2ème édition, Cambridge, University Press.

Hernandez, S., 2006, *Paradoxes et management stratégique des territoires : étude comparée de métropoles européennes*, Thèse de doctorat ès Sciences de Gestion, IMPGT, Université Paul Cézanne.

Koenig, G., 1996, *Management stratégique. Paradoxes, interactions, apprentissage*, Paris, Nathan.

Lucchini, F., 2002, *La culture au service des villes*, coll. Villes, Paris, éd. Anthropos.

Marmuse, C., 1997, Performance, in Simon Y., Joffre P., *Encyclopédie de gestion*, 2ème éd., Paris, Economica.

Mazouz, B. et Tardif, M.J.B., 2006, À propos de la performance. L'Arlésienne de la sphère publique, in Proulx D. (sous la dir. de), *Management des organisations publiques*, Québec, Presses de l'Université du Québec.

Muller, P., 1996, Présentation. Cinq défis pour l'analyse des politiques publiques, *Revue Française de Science Politique*, 1, Les Presses de Sciences Po.

Negrier, E. et Jourda, M.T., 2007, *Les nouveaux territoires des festivals*, France Festivals, M. De Maule.

Patureau, F. et Jauneau, Y., 2006, L'emploi dans le secteur culturel en 2004, d'après l'enquête emploi de l'I.N.S.E.E., *Les notes de l'Observatoire de l'emploi culturel*, série données de cadrage, 44, DEPS, Paris.

Pays d'Aix-Développement et Agence d'Urbanisme du Pays d'Aix, 2006, Regards croisés sur l'économie du Pays d'Aix», *Entreprendre*, 1, Aix-en-Provence.

Perroux F., 1961, *L'économie du XXe siècle*, Paris, Presses Universitaires de France, 3ème édition augmentée.

Ripon, R., 2002, L'articulation entre enquêtes qualitatives et quantitatives. L'exemple des études menées à la Bibliothèque nationale de France, in Donnat O. et Octobre S., *Les publics des équipements culturels. Méthodes et résultats d'enquêtes,* coll. Les Travaux du DEPS, Paris, La Documentation française.

Rouet F., 2002, Le retour de la question tarifaire, in Rouet F. (éd), *Les tarifs de la culture*, coll. Questions de culture, Paris, La Documentation française.

Soldo, E., 2007, *L'évaluation stratégique des politiques culturelles : une approche financière et par les pratiques,* Thèse de doctorat sous la direction de Robert Fouchet et Gilbert Benhayoun, IMPGT, Université Paul Cézanne d'Aix-en-Provence.

Throsby, D., 2001, *Economics and culture*, Cambridge, Cambridge University Press.

Throsby, D., 1994, The production and consumption of the arts : A view of cultural economics, *Journal of Economic Literature*, vol. XXXII, American Economic Association.

Weick, K. E., 1989, Theory construction as disciplined imagination, *Academy of Management Review*, 14, 4.

Weick, K. E., 1995, *Sensemaking in organizations*, London, Sage Publications.

Werquin, T., 2006, *Impact de l'infrastructure culturelle sur le développement économique local. Élaboration d'une méthode d'évaluation ex-post et application à Lille 2004 Capitale européenne de la culture*, Thèse de doctorat, Université de Lille 1, sous la direction de M. F. Moulaert.

Yin, R., 1994. *Case study research : Design and methods* (2ème éd.), Beverly Hills, CA : Sage Publishing.

CULTURE ET ATTRACTIVITÉ

Districts culturels : le cas de la filière cinématographique de Seine-Saint-Denis

GWENAËLE ROT, EMILIE SAUGUET, LAURE DE VERDALLE

En France, la position dominante de l'industrie cinématographique en région parisienne date de l'invention du cinéma. Les figures fondatrices que sont Georges Méliès, Charles Pathé ou Léon Gaumont s'y sont implantées. Ce riche héritage a pu jouer, de différentes manières, sur le devenir du territoire et sur ses recompositions à partir des années 1980. En effet, cette position dominante se vérifie toujours en 2009, mais sa configuration économique, organisationnelle et spatiale a sensiblement changé en un siècle de cinéma. De nouveaux acteurs sont apparus, des déplacements se sont opérés et l'on assiste depuis une vingtaine d'années à un développement soutenu de la filière cinématographique — désormais indissociablement liée à celle de l'audiovisuel — en banlieue, notamment dans le nord et l'est de Paris, dans les départements de la Seine-Saint-Denis (93) et du Val-de-Marne (94). Certains acteurs locaux, relayés par la presse nationale, ont même comparé cette évolution à la naissance d'un « nouvel Hollywood » que viendrait conforter le projet du réalisateur-producteur Luc Besson de construire, à Saint-Denis, une « cité du Cinéma » capable de concurrencer les plus grands studios américains et européens.

Les politiques publiques de développement local mettent en avant leur rôle actif dans cette création d'une forme de « district industriel » cinématographique, se déclinant à l'échelle de la région, des départements et des communes. Il conviendra d'en caractériser les fondements historiques et économiques mais aussi, dans la logique d'une analyse de sociologie économique, d'interroger les conséquences de cette coprésence d'entreprises (dont de nombreuses PME) implantées sur ce territoire[1].

---

[1] Pour un exemple d'analyse des enjeux de la territorialisation des tissus productifs, centrée sur des parcours d'entrepreneurs rencontrés autour de Marseille et attentive aux spécificités des patrons de PME, voir Zalio (2004). Les

En effet, si l'on peut considérer qu'il y a bien une forme de « district industriel » qui s'incarne dans un tissu dense d'entreprises relevant de la filière cinématographique et audiovisuelle (studios, plateaux de tournage, prestataires techniques, sociétés de production et de post production, etc.), celui-ci fait toutefois intervenir différents niveaux d'implantation géographique (la région, le département, l'agglomération de communes de Plaine Commune[2], l'ACTEP[3], les municipalités, les parcs d'activité) qui s'entrecroisent et qui conduisent à différentes acceptions du territoire.

Le centre de la capitale ne peut donc plus désormais être considéré comme le nœud principal de localisation de l'industrie cinématographique française[4].

---

réflexions que nous proposons dans ce texte se situeront toutefois à un niveau moins microsociologique puisque nous n'entrerons pas véritablement dans les trajectoires individuelles des entreprises et de leurs dirigeants.

[2] Il s'agit d'une communauté d'agglomération créée en janvier 2000 et qui réunit les villes d'Aubervilliers, Épinay-sur-Seine, L'Île-Saint-Denis, La Courneuve, Pierrefitte-sur-Seine, Saint-Denis, Stains et Villetaneuse. Le projet initial, qui se concrétise lors de la loi Chevènement sur l'instauration des communautés de communes, remonte en fait au milieu des années 1980 et a été impulsé par les maires communistes de Saint-Denis et d'Aubervilliers afin d'organiser la reconversion de la Plaine Saint-Denis, une vaste friche industrielle située aux portes de Paris, à cheval sur leurs territoires communaux. Les villes ont transféré à Plaine commune la gestion de domaines clés comme l'aménagement du territoire et le développement économique.

[3] L'ACTEP est l'association des collectivités de l'est parisien. Elle a été créée en 2000 pour permettre un rééquilibrage est/ouest de la politique d'aménagement francilienne, renforcer l'attractivité de l'est parisien et développer économiquement ce territoire. Le développement de la filière cinématographique fait partie de ses objectifs. Elle comprend 23 collectivités territoriales (10 communes en Seine-Saint-Denis et 11 en Val-de-Marne), ainsi que les conseils généraux de la Seine-Saint-Denis et du Val-de-Marne.

[4] Dans son étude sur le cinéma français, Allen Scott (2000) insistait sur le poids de la place parisienne « intra muros » comme lieu d'implantation de l'industrie cinématographique française en étudiant des données sur les agences de casting, les maisons de production et les studios de cinéma. Force est de constater que l'implantation en banlieue parisienne – caractéristique des studios – ne peut plus être considérée comme « l'exception qui confirme la règle ». Les échelles

CULTURE ET ATTRACTIVITÉ

En partant d'une étude de cas portant sur un segment de territoire de la région Île-de-France, le département de la Seine-Saint-Denis, nous voudrions rendre compte de certaines dimensions d'un jeu territorial impliquant à la fois les acteurs publics et les professionnels de la filière[5]. Nous nous appuierons pour cela sur un travail empirique mené entre 2007 et 2009 en partenariat avec la Maison des Sciences de l'Homme Paris Nord et à la demande de Plaine commune. Cette première enquête, qui est aujourd'hui complétée par d'autres investigations plus approfondies, reposait sur une quarantaine d'entretiens réalisés auprès des acteurs de la filière : responsables et salariés d'entreprise des industries techniques du cinéma et de l'audiovisuel, producteurs, responsables de cinéma, responsables de mairies, des structures intercommunales et régionales. À cela s'ajoute une analyse de la presse et des documents économiques disponibles. L'ancrage territorial d'une filière donnée se décline bien sûr différemment selon les activités considérées et leur place au sein de la chaîne de production. Mais tout l'intérêt de l'approche globale que nous défendons, qui considère simultanément différents segments d'activité, est de saisir les articulations entre ces segments.

Le cinéma, industrie de prototype qui s'organise autour d'une logique de projet (Faulkner et Anderson, 1987 ; Benghozi, 1989), rend pertinent ce type d'analyse, que nous mettrons ici en œuvre dans une perspective attentive aux enjeux territoriaux de l'implantation des différents acteurs de la filière et des différents temps forts de leur coordination. Mais le territoire étudié présente aussi des spécificités qu'il nous faut rappeler puisqu'elles le distinguent de Paris ou d'autres départements de la région Île-de-France. La Seine-Saint-Denis, département de la « banlieue rouge », est en effet considérée comme socialement sensible en raison de

---

départementale et régionale apparaissent plus pertinentes pour analyser l'espace de développement économique territorial.
[5] Que nous envisageons dans une logique de chaîne de production, allant de la phase de financement des projets à la distribution en salles des produits finis, en passant par le moment du tournage.

ses difficultés économiques, de l'importance du chômage et de problèmes d'insécurité très souvent médiatisés. Il présente une figure bien éloignée des atours parisiens : la plupart des communes ne bénéficient pas, pour l'instant, du prolongement des lignes du métro et sont donc mal connectées à la capitale[6], le périphérique le traverse, des friches industrielles rappelant une présence industrielle déclinante y sont disséminées. Dans ce contexte, la capacité à attirer des tournages et à faciliter le développement de zones d'activités porteuses d'emplois et susceptibles de véhiculer une autre image de ce département et de sa population est lourde d'enjeux socio-économiques et politiques. La Seine-Saint-Denis n'est donc pas un espace figé. Il se transforme notamment sous l'effet de politiques d'aménagement urbain qui peuvent à terme changer la situation de nombre d'entreprises, fragilisées en retour par la pression des prix immobiliers. Toutes ces évolutions pèsent sur l'activité de la filière cinématographique, qui connaît par ailleurs d'autres transformations, liées notamment à la délocalisation de certains tournages vers des pays à bas coût de main-d'œuvre (Europe de l'Est, Maghreb, etc.) ou particulièrement actifs en matière d'incitations fiscales (Irlande, Espagne, Belgique par exemple au sein de l'Union Européenne).

Pour traiter de ces questions, nous commencerons par présenter de manière synthétique les principaux jalons et les évolutions qui caractérisent la présence de la filière sur le territoire du département de Seine-Saint-Denis. Nous évoquerons ensuite les enjeux de la mise en réseau des entreprises du secteur, qui implique d'activer un ancrage territorial qui ne se résume pas à une simple coprésence mais dont les effets ne sont pas toujours évidents. Enfin, nous aborderons la phase de distribution, dans laquelle les dynamiques de captation des publics sur une même zone révèlent l'importance des caractéristiques sociales du territoire et l'influence des politiques publiques qui encadrent l'offre de cinéma.

---

[6] Pour autant, de manière un peu paradoxale, ces villes sont encore mal connectées entre elles et passer par Paris reste souvent, malgré les difficultés rencontrées, le plus « court » chemin pour aller de l'une à l'autre.

L'implantation des entreprises du secteur sur le territoire, quelques repères historiques

De l'âge d'or des studios intégrés à la montée en puissance des tournages en décors naturels

Au tout début du XXe siècle, la première capitale du cinéma français est la ville de Montreuil, en bordure est de Paris. C'est ici qu'en 1897 Méliès construit son premier studio, puis un second en 1905, et que Charles Pathé s'installe avec son équipe de décorateurs. En 1907, le concepteur et fabricant de caméra, puis producteur de films, Ambroise Parnaland s'associe avec Charles Jourjon pour fonder la société française des films Éclairs dont les studios sont érigés à Épinay, dans le nord de Paris. Avec le développement du cinéma sonore puis parlant, d'autres activités apparaissent : le laboratoire de travaux cinématographiques (LTC), créé en 1930, ou la SIS. Durant les années qui précèdent la Seconde guerre mondiale, les studios de cinéma forment des structures organisationnelles intégrées disposant de leurs propres techniciens (menuisiers, peintres), de leurs stocks de décor, de meubles, d'accessoires, ainsi que du matériel technique de tournage (groupe électrogène, machinerie). D'autres studios intégrés sont construits : Saint-Maurice, Joinville-le-Pont, Billancourt.

Les années 1950-1960 marquent la recherche, encouragée par la *Nouvelle vague*, d'une nouvelle économie du film, moins dispendieuse, et donc le déclin des studios de cinéma à travers l'avènement d'un système industriel cinématographique plus décentralisé. Les cinéastes tournent davantage en décors naturels et de petites entreprises émergent pour répondre à cette nouvelle donne : loueurs lumières et loueurs de caméra se constituent en structures indépendantes[7]. La plupart de ces entreprises s'installent

---

[7] Comme la maison Chevreau, dont la création date de 1937, la société Alga fondée par l'opérateur Albert Viguier en 1950 (location de caméras et d'optiques) ou Transpalux (loueur de groupes électrogènes), créée en 1950 par Jésus Diaz, un

en banlieue parisienne ou, si elles ont d'abord été implantées à Paris, migrent rapidement vers la périphérie où elles trouvent les espaces de stockage nécessaires pour entreposer les matériels volumineux de machinerie et de lumière. Des sociétés de loueurs de camions aménagés apparaissent aussi pour accompagner cette plus grande mobilité cinématographique. Progressivement, la désaffection des studios – associée à la pression immobilière – en font des structures faiblement rentables si bien qu'on assiste, dans les années 1970, à la destruction de plusieurs d'entre eux.

Les mutations économiques et territoriales postérieures aux années 1980

Au cours des années 1980, le monde du cinéma et de l'audiovisuel connaît d'autres bouleversements, liés à l'expansion fulgurante du marché publicitaire, au développement d'émissions de télévisions en direct et en public, mais aussi à l'émergence d'activités liées à la vidéo et à la post-production. La politique culturelle menée sous l'impulsion du ministre de la Culture Jack Lang en faveur du développement de l'industrie cinématographique, couplée à celle de l'audiovisuel, dynamise fortement le secteur (Polo, 2003).

De nouveaux marchés s'offrent aux industries techniques du cinéma qui peuvent diversifier leurs activités, si bien que les frontières entre audiovisuel, télévision et cinéma se révèlent assez poreuses, comme ont pu le mettre en évidence Storper et Christopherson (1987) dans le cas des USA. La banlieue nord-est parisienne, qui comprend d'importantes friches industrielles, offre un territoire propice à ce développement. L'attrait du prix du foncier intervient également dans les stratégies de localisation d'autres acteurs de la filière, notamment les petites maisons de production. Montreuil, jouxtant Paris et desservie par plusieurs stations de métro, leur offre encore, au début des années 1990, des prix immobiliers attractifs pour des espaces d'activités permettant

---

carrossier de Levallois ; pour une présentation plus détaillée voir Rot, Sauguet et de Verdalle (2009).

un certain confort de travail, comme le souligne ce producteur gérant d'une microstructure produisant des films de fiction et d'animation :

> « On voulait une certaine surface. Moi j'aime bien avoir un peu d'espace. Une vision ambitieuse. Quand vous avez du monde, c'est bien que les gens aient de la place. C'est important que les réalisateurs aient un espace pour travailler avec nous pendant la préparation, d'avoir des salles de montage intégrées pour leur laisser le temps (...) Ici ce lieu, il y a des outils informatiques, une très grande bibliothèque, des salles de montage, une salle de montage son, une petite salle de projection, un écran, donc en cours de route, le cinéaste peut... une vidéothèque de 700 DVD. J'aime bien cette idée là d'un endroit où... Tout ne se fait pas ici, mais c'était ma façon de voir les choses, c'était ma façon d'approcher les choses, j'aime bien ce lieu, on peut manger, il y a une certaine convivialité et il y a des outils, des moyen. (...) Et le choix de Montreuil il était là (...) trouver 250 m² pour moins de 1 500 euros, à Paris ce n'est pas possible. »

Au-delà des caractéristiques de ce réseau productif, d'importantes transformations touchent également le paysage des lieux de diffusion cinématographiques. Si jusque dans les années 1970, les salles de cinéma sont essentiellement localisées à Paris intra-muros, le territoire du nord de Paris affirme progressivement son caractère de zone d'habitation. Cette évolution se traduit par la création de complexes cinématographiques détenus par des opérateurs privés.

Toutefois, dès les années 1980, ceux-ci se retirent de ces salles, peu rentables, et s'implantent dans les nouveaux centres commerciaux et de loisirs aménagés à la périphérie des villes de banlieue[8]. Les mairies (souvent communistes) rachètent alors des cinémas qui deviennent des salles municipales d'art-et-essai et s'appuient sur l'idée de la valorisation d'un service public du cinéma. Ainsi le cinéma le Méliès à Montreuil, tout comme le Magic Cinéma à Bobigny, créés dans les années 1970, appartiennent au groupe UGC jusqu'au milieu des années 1980

---

[8] Il y a actuellement 7 cinémas privés, majoritairement multiplexes (plus de 8 salles). Pour un historique plus général de l'implantation de l'offre de cinéma en fonction de l'évolution urbaine, voir Cladel et co., dir. (2001).

avant de devenir des salles publiques. À l'heure actuelle, 20 cinémas (35 écrans) de Seine-Saint-Denis sont des cinémas publics, soit en délégation de service public, soit en régie directe[9]. La géographie actuelle de l'exploitation cinématographique en Seine-Saint-Denis donne à voir une répartition des salles qui sépare les cinémas privés des cinémas publics par leur mode d'implantation sur le territoire.

La nouvelle donne des années 2000

Les industries techniques du cinéma et de l'audiovisuel connaissent au contraire depuis les années 1990 un mouvement d'intégration et de concentration qui s'est brutalement accéléré en 2007 et 2008 et qui signe peut-être les limites d'une filière cinématographique faiblement intégrée, organisée autour d'une logique de forte « spécialisation flexible » (Storper et Christopherson, 1987).

Il prend sa source dans la fragilité de ces entreprises qui ont dû investir lourdement face à l'arrivée du numérique (caméra ou post-production), tout en (se) menant souvent une guerre des prix qui a fragilisé la filière. Très net dans le secteur de la post-production, il est aussi présent dans les industries de location lumière et de matériel de caméra, la dernière importante opération de concentration en date ayant étant réalisée au début de l'année 2008 par EuromédiaSFP qui a racheté TPX Group (regroupant des PME comme le loueur de lumière Transpalux et de camions Car Grip). Il est aujourd'hui possible que ces évolutions présentes et à venir génèrent quelques déplacements d'activité, surtout si l'installation à Saint-Denis du site intégré de la cité du cinéma voulu par Luc Besson se concrétise.

---

[9] Lorsque les cinémas sont en délégation de service public, ils sont gérés par une association largement subventionnée par la mairie sur la base d'une convention qui explicite les engagements qui doivent être lisibles dans l'activité de cinéma ; le directeur est employé par l'association. En régie directe, ce sont des cinémas municipalisés, dont le budget est intégré au budget municipal ; le directeur est alors employé par la mairie

Produire et fabriquer des films : quel(s) ancrage(s) territoriaux ?

La coprésence des acteurs de la filière en Seine-Saint-Denis ne garantit en rien la mise en réseau de leurs activités. La valorisation économique du territoire nécessite tout un travail organisationnel et d'investissement relationnel qui implique à la fois les professionnels et les acteurs publics, et dont nous analysons ici quelques exemples[10]. On retrouve, comme dans d'autres pays (Scott 2000 ; Basset *et al.*, 2002), un maillage de supports institutionnels variés faisant intervenir des acteurs du monde associatif, des collectivités publiques, des entreprises privées, de l'État.

Les investissements de forme d'un aménagement territorial : le cas du site des Magasins généraux à Saint-Denis

Le site dit des « Magasins généraux », situé Porte de la Chapelle, a son entrée en face du Périphérique. Depuis le métro le plus proche, on y accède actuellement en bus ou après 20 minutes de marche dans une zone urbaine assez sinistre. Mais une fois arrivé, le contraste est saisissant puisque le lieu apparaît comme une enclave où se répartissent en harmonie espaces verts, grandes avenues aménagées, ensemble de bâtiments flambant neufs. Studios de télévision, loueurs de matériel, école de cinéma, mais aussi superette, entreprises textiles, restaurants avec terrasses s'agencent dans le cadre d'un vaste espace agréable. Le midi on peut y voir les différents salariés des sociétés implantées sur le site et des intermittents du spectacle déjeuner et échanger sur leurs

---

[10] Nous avons ciblé les exemples les plus directement liés au cinéma initiés à l'échelle départementale. Mais d'autres chantiers importants sont mis en œuvre au plan régional (Île-de-France), parmi lesquels la constitution d'un Pôle de compétitivité multimédia Cap Digital, qui vise à soutenir la recherche et l'innovation dans le domaine du numérique. Il associe PME du secteur et universités franciliennes et bénéficie d'aides du ministère de la Recherche.

projets professionnels respectifs, les films en cours ou à venir. Le développement du site remonte à la fin des années 1980, lorsque la compagnie des magasins généraux, gestionnaire de ce lieu largement désaffecté de 70 hectares, fait l'objet d'une OPA conduite par la Caisse des Dépôts (via sa filiale Icade), associée au groupe Bouygues (qui venait d'acheter la chaîne de télévision TF1). Ce dernier profite de la disponibilité de cette zone d'entrepôts pour mettre en place des studios destinés à accueillir de nouvelles émissions de variété, enregistrées en public, tandis que la société des Studios de France, qui bénéficie également de plateaux au sein des Magasins généraux, mise parallèlement sur la disponibilité de vastes espaces de tournage équipés de loges et de bureaux qui vont vite séduire les animateurs-producteurs.

Cette dynamique se révèle cumulative pour le secteur audiovisuel et cinématographique, puisque le site attire également des entreprises de prestataires techniques qui s'installent en son sein ou dans les communes limitrophes d'Aubervilliers, Gennevilliers et Saint-Ouen. À proximité de ces studios, qui ont une activité relativement soutenue, ces prestataires se rendent plus disponibles et réduisent leurs contraintes et coûts de transports.

Ainsi le groupe TSF, dont l'origine remonte aux années 1980, a connu une dynamique d'expansion qui s'accompagne de plusieurs relocalisations.

Le groupe TSF et son implantation en Seine-Saint-Denis
Au début des années 1980, Thierry de Segonzac crée sous forme d'une EURL la société SVL, qui loue des véhicules techniques aux productions audiovisuelles. En 1986, il développe sa première division d'activité « Télégrip », à une époque où les entreprises « spécialistes » de machinerie n'étaient pas courantes. Puis s'associant avec une entreprise belge Locaflash, il se lance en 1989 dans la location de matériel d'éclairage, ce qui donne lieu en 1992 au groupe TSF SA, qui rachète ensuite la société Iris caméra. L'objectif est de créer un modèle économique d'intégration à travers une offre technique globale adaptée aux productions audiovisuelles. Le groupe implante des agences à Marseille et à Cannes pour bénéficier des soutiens régionaux apportés aux tournages et s'associe à la création des studios de

Marseille (Pôle Médias de la Belle de mai). En 2005, il reprend l'exploitation des studios d'Aubervilliers puis rachète l'entreprise de location de lumière Ciné lumière. Il compte aujourd'hui près de 120 salariés. Ce développement d'activités s'est accompagné d'une série de déplacements liés à la recherche de nouveaux locaux, plus vastes, afin d'accueillir l'entreposage de matériels et de bancs d'essais pour les caméras. D'abord installé à Saint-Cloud, avant Boulogne-Billancourt puis Nanterre dans un entrepôt de 2000 m², TSF se déplace à La Plaine Saint-Denis au milieu des années 1990 lorsque l'un des fondateurs des Studios de France propose à son dirigeant, T. de Segonzac, de s'installer dans ce qui lui est présenté alors comme « la nouvelle cité du cinéma ». C'est ainsi qu'il vient loger dans un local sur le site des Magasins généraux. Deux ans plus tard, il est contraint de libérer le bâtiment qui doit être converti en studio de télévision pour le tournage d'une série. D'abord installé dans un local à proximité du site, il se fait exproprier en 2005 en raison des travaux engagés pour le prolongement de la ligne de métro. L'indemnité de dédommagement facilite l'achat d'un terrain une rue plus loin où est érigé un nouveau siège de 8500 m². La municipalité n'a cessé de veiller à faciliter le maintien de cette entreprise particulièrement dynamique sur son territoire.

Les entreprises techniques sont rejointes dans cette dynamique de localisation dans ou à proximité du site des Magasins généraux par des sociétés de production, pour qui les contraintes du foncier sont certes moins sensibles mais qui, dès lors que leur secteur privilégié d'activité concerne l'audiovisuel (fictions, séries animées ou publicité), répondent plutôt positivement aux incitations mises en place par Icade, gestionnaire immobilier du site. Si les gros acteurs du secteur (le groupe Carrère notamment ou encore JLA) disposent, au cœur des Magasins généraux, de bâtiments spacieux à l'échelle de leur importance, le mouvement hors de Paris est moins évident pour des petites structures qui peuvent sans problème se contenter d'espaces très modestes et qui restent fortement attachées à leur ancrage parisien.

C'est le cas d'une PME, *Alouette Production,* fondée au milieu des années 1980, qui produit majoritairement des fictions pour France Télévisions et qui déménage en 2006 de Paris vers les Magasins généraux. Déjà logée par Icade dans le XIXe arrondissement, mais contrainte de quitter ses locaux pour cause de remise aux normes, cette PME se voit proposer de nouveaux bureaux à Aubervilliers (Icade prenant entièrement en charge les frais de déménagement et d'équipement d'accès à Internet). La société conserve néanmoins un fort ancrage parisien, notamment pour l'organisation de ses castings, qui ne peuvent pas être mis en place sur le site difficilement accessible des Magasins généraux.

La société Icade décide par ailleurs de tirer parti de l'audiovisuel pour attirer sur le site des entreprises d'autres secteurs (textile d'abord, dont les liens sont forts avec le monde de l'audiovisuel, puis Internet). L'extrait du récit d'un des principaux acteurs ayant été partie prenante de ce projet d'aménagement illustre bien le travail « d'intéressement » qu'il a fallu mettre en œuvre pour attirer des activités sur un espace qui ne présentait pas forcément les meilleurs atouts.

« Comment les convaincre de quitter le sentier ? La vraie difficulté, c'était d'arriver à faire venir les « locomotives » en espérant que les autres suivraient derrière (...) J'avais sollicité une société de prêt-à-porter qui avait l'un des plus forts taux de notoriété. Après quelques réunions de négociation, j'arrive à peu près à convaincre le président de venir s'installer, il voit les intérêts pour sa société, mais il dit " bon, il faut quand même convaincre les représentants des syndicats, parce qu'il n'y a pas de métro, et puis Aubervilliers ça n'a pas non plus une réputation extraordinaire, le personnel risque d'être inquiet en termes de sécurité, en termes de transport, en termes de vie également parce que à l'heure du déjeuner, les employés font leurs courses dans le quartier ". On convient d'organiser une visite pour les délégués du personnel, sur place. Un jour où il pleuvait, au mois de novembre, on entre dans un entrepôt qui faisait plus de 3000 m², qui était quasiment à l'abandon, il y avait des trous dans la toiture, des pigeons juchés en hauteur et qui... c'était épouvantable. Et il y avait six femmes, de tous âges, en compagnie du président. Elles avaient des têtes plus hostiles, plus fermées... La visite tourne au fiasco. En sortant de l'entrepôt on tombe sur Christian Clavier et Depardieu, qui tournaient des raccords d'un film. L'un était habillé en curé et l'autre en diable ! Et ils étaient ... en pleine forme ! (...) Je n'ai rien fait, j'ai rien dit, mais pour raccourcir l'histoire, le lendemain on signait le bail (...) C'était 8 millions de francs de

travaux pour transformer un entrepôt en un siège. Mais la contrepartie, c'est que la société exigeait que je mette en place une navette, c'est-à-dire un bus entre notre site et la station de métro porte de la Chapelle. Et cela a été un petit peu le phénomène de boule de neige, le début de l'histoire. »

Au-delà du projet immobilier que représente le développement du site des Magasins généraux, plusieurs tentatives de mise en réseau des acteurs de la filière interviennent au cours des années 2000. S'appuyant sur des cadres associatifs, elles font intervenir de manière plus ou moins directe les acteurs publics locaux (maires, communauté de communes, Conseil général) qui peuvent être à l'origine de ces stratégies de regroupement, accompagner les professionnels dans leurs initiatives ou leur fournir, par leurs interventions, des cadres facilitant le regroupement.

Des « Toiles du Nord » au Pôle audiovisuel Paris Nord : des structures associatives au service d'une tentative de mise en réseau

La mise en réseau des entreprises du secteur audiovisuel, dont il est attendu des externalités positives en termes de développement d'activités, a connu différentes expériences.

L'une des premières remonte à la deuxième moitié des années 1990 lorsque, sous l'impulsion d'une association baptisée « Objectif Emploi ! », plusieurs TPE (souvent unipersonnelles) liées à la filière s'engagent dans une démarche visant à réunir leurs compétences complémentaires autour du montage de projets concrets. Une structure associative baptisée « Les Toiles du Nord » voit ainsi le jour en 2001 et soutient quelques projets de réalisation, à partir d'un noyau dur d'une dizaine de membres disséminés sur le territoire de la Plaine Saint-Denis (avec quelques prolongements vers Épinay notamment).

Aujourd'hui en sommeil, cette association a souffert de la création presque simultanée d'une autre structure, aux ambitions plus larges, le Pôle Audiovisuel Paris Nord. Ce dernier, dont les locaux sont installés sur le site des Magasins généraux, a été créé en 2002. Financé à 80 % par des fonds publics, il répond à la volonté des acteurs publics de Plaine Commune (associés à la ville de Saint-Ouen et au département de Seine-Saint-Denis) d'externaliser la politique d'accompagnement de la filière sur le territoire et de fédérer les professionnels du secteur implantés localement. Comptant aujourd'hui une trentaine de membres[11] le Pôle est géré par un conseil d'administration mêlant élus locaux, professionnels et représentants du monde universitaire, auxquels s'ajoute un membre d'Icade, la société gestionnaire du site.

Ses actions en vue du développement de la filière audiovisuelle s'inscrivent notamment dans l'organisation d'ateliers ouverts aux professionnels, dans la gestion d'annuaires, ainsi que dans une démarche plus générale de mise en visibilité des acteurs locaux (présence dans différents festivals et forums audiovisuels nationaux et internationaux) et d'aide au repérage de lieux pour les tournages (grâce à la Commission du film installée dans ses locaux).

La volonté du Pôle d'animer la filière se heurte toutefois à l'éclatement du tissu productif et la structure compte peu de TPE — pourtant majoritaires sur le territoire — parmi ses membres. De manière intéressante, Les Toiles du Nord et le Pôle audiovisuel ont décliné (avec un succès inégal) deux formes différentes de mise en réseau des acteurs de la filière ; la première reposant sur des relations concrètes de travail nouées entre de très petits acteurs, tandis que la seconde attire des entreprises de taille plus conséquente et, tout en impliquant les professionnels, s'inscrit dans un espace dont les frontières font sens pour l'action publique : le territoire de Plaine Commune et celui de quelques villes limitrophes comme Saint-Ouen[12] qui se trouvent associées dans un même projet de développement local par la filière audiovisuelle.

Décors naturels, décors en studio : un patchwork d'espaces productifs

---

[11] Il regroupe des organismes professionnels comme la FICAM, des acteurs institutionnels (le CNC, l'INA), mais aussi des entreprises du secteur (industries techniques et production), ainsi que des établissements de formation : universités, lycées professionnels, écoles de cinéma.

[12] La présidente de son conseil d'administration est d'ailleurs le maire de Saint-Ouen, conseillère générale de Seine-Saint-Denis.

CULTURE ET ATTRACTIVITÉ

Contrairement aux activités d'écriture, de préparation, de montage ou même de post-production, le tournage est une activité nomade qui « prend prise » temporairement sur un territoire donné, celui-ci servant de décor. Les décors font partie des pièces maîtresses du film. Ils sont rêvés dans le scénario, mais aussi modifiés au gré des opportunités, des coûts, des autorisations ou des interdictions de tournage. La recherche des décors et les négociations avec ceux qui en ont la gestion est donc un moment important de la phase de préparation du film. Des « repéreurs » (souvent d'anciens assistants réalisateurs) sont même spécialisés dans ce travail de recherche de lieux praticables pour le cinéma. Le décor peut être « artificiel » (studios) ou « naturel » (décor extérieur ou intérieurs privés). En matière de décors naturels, le département de Seine-Saint-Denis est riche d'opportunités contrastées avec le marché aux puces de Saint-Ouen, le canal de l'Ourcq, la basilique de Saint-Denis, le centre national de la danse, les docks de Saint-Ouen, l'aéroport du Bourget, mais également de nombreuses friches industrielles très prisées pour le tournage de films noirs ou de séries policières.

De nombreux bâtiments industriels présentant de vastes espaces et/ou des architectures cynégétiques sont également présents. En attente d'autres formes de valorisation entre deux conversions d'activité, les friches industrielles constituent des lieux prisés pour les tournages à condition de connaître leur existence. Il est fort à parier que cette situation évolue dans les dix prochaines années, sous l'influence de nouveaux programmes immobiliers qui vont modifier la configuration du territoire.

« Les friches en Seine-Saint-Denis, c'est un peu la fin de la transformation... Cela a été incroyable le far-ouest, une mine d'or de décors formidables parce que c'était un lieu très très dense d'ateliers, de bâtis, un peu atypique, des volumes bizarres, des ambiances particulières industrielles avec mélange de XIXe et XXe siècle, c'était super intéressant ; maintenant c'est un peu la fin car tout a été un peu exploité. Mais cela reste un endroit intéressant » (première assistante réalisatrice, chargée du repérage).

Soulignons que la friche industrielle aménagée a été une réponse très importante à la demande des producteurs de séries télévisuelles à la recherche de décors récurrents, économiques et disponibles sur une relativement longue durée. Pour une série télé, l'avantage d'être sur une friche – à condition que l'occupation autorisée soit d'une durée suffisamment longue – permet de ne pas détruire le décor entre deux épisodes. La Seine-Saint-Denis, nous l'avons vu, a développé sur le site des Magasins généraux des studios dédiés à l'accueil d'émissions de télévision, lourdement équipés, parfaitement insonorisés, disposant de capacités d'accueil pour le public et… économiquement rentables.

La situation des studios de cinéma est sensiblement différente. En Seine-Saint-Denis, les principaux studios susceptibles d'accueillir des tournages de films ou de téléfilms sont disséminés en différents endroits (Épinay, Aubervilliers, Saint-Ouen, Stains). Les autres plateaux de tournage de la région parisienne sont installés à Bry-sur-Marne, dans le Val-de-Marne, et à Arpajon dans l'Essonne.

La construction des studios de Luc Besson (9 plateaux), dont la forte proximité parisienne constitue un atout important, renforcera incontestablement l'offre des studios en Seine-Saint-Denis. En attendant c'est l'ancien site de la SFP, appartenant désormais au groupe Euromédia et situé à Bry-sur-Marne, qui offre le plus grand espace de tournage de la région parisienne. Il comprend sept plateaux insonorisés de 290 à 1 080 m², un décor extérieur (rue de Paris), des moyens de construction de décors (atelier de menuiserie), des capacités de stockage, des bureaux de production, des moyens de tournage en lumière et machinerie, un restaurant. Longtemps utilisé pour la télévision, il est aujourd'hui bien connu des professionnels du cinéma et particulièrement apprécié en raison des différentes commodités qu'il offre.

L'activité des studios a été fragilisée après 1991 par la chute du marché publicitaire, la concurrence des studios internationaux et la pression des productions sur les coûts, mais aussi par l'abondance, en banlieue parisienne, des friches industrielles aménageables et par la présence de nombreux décors naturels et de propriétaires prêts à mettre à disposition leurs maisons ou appartements. Aujourd'hui, la pression des prix du foncier amène à s'interroger, à terme, sur leur pérennité, du moins pour les studios les plus proches de Paris, construits sur des espaces loués.

Les studios ne sont choisis qu'en dernier recours en raison de leurs coûts, malgré l'utilité qu'ils représentent en termes de facilité de tournage : ils protègent le tournage des aléas climatiques et sonores ; offrent des facilités pour les scènes en intérieur grâce aux possibilités d'aménagement infinies, en même temps qu'ils préservent des curiosités du public. Il est toutefois probable que le développement accru des effets spéciaux et du numérique rendent cet espace productif de moins en moins contournable, du moins pour les grosses productions.

À l'exception du studio « Set à Stains », un studio indépendant créé dans les années 1980, dont les gérants sont aussi propriétaires du terrain occupé, tous sont rattachés à des groupes qui exercent d'autres activités (loueurs de matériel, laboratoires de développement).

Malgré la faible rentabilité de l'activité (les coûts de maintenance sont élevés et la concurrence nationale et internationale limite la possibilité de valorisation économique de ces structures), l'offre de studios fait partie du panel de services qu'est susceptible de proposer une entreprise prestataire technique fournisseur de caméras et de lumière, et elle peut servir de produit d'appel pour d'autres prestations (location de lumière et de caméras)[13]. S'en priver reviendrait à réduire l'éventail de l'offre dans un contexte éminemment concurrentiel.

En effet, paradoxalement, lorsque plusieurs gros films tournés en studios sont lancés simultanément, l'offre des plateaux disponible est très vite saturée : attirer une production grâce à un studio permet dès lors de lui vendre d'autres prestations. Dans ce contexte, le projet de Luc Besson suscite des interrogations, mêlées d'intérêt et d'inquiétudes. Il est difficile de prendre la mesure d'un tel projet qui renoue avec l'idée de studio intégré et qui modifiera

---

[13] Et qui du coup seront « invitées » à louer leur matériel technique à la même société.

très sensiblement la structure de la concurrence chez les prestataires techniques implantés en Seine-Saint-Denis.

Lieux de tournage et territoires : quelles articulations ?

Faire venir les tournages constitue un enjeu à la fois économique (les tournages drainent des ressources) et symbolique (un territoire peut être mis en valeur par un film). L'action publique se décline à différents niveaux. À un niveau national, un crédit d'impôt vient d'être adopté depuis 2009 pour attirer les tournages étrangers, formule d'incitation fiscale déjà retenue par de nombreuses métropoles et exigée depuis plusieurs années par l'association patronale des industries techniques, la FICAM, industries dont on sait qu'elles sont massivement implantées en Seine-Saint-Denis.

À un autre échelon, la région Île-de-France s'est engagée dans des politiques de soutien au territoire particulièrement actives[14]. En effet, depuis 2001, celle-ci intervient directement dans le financement des productions cinématographiques, audiovisuelles et documentaires, par l'intermédiaire d'un fonds de soutien sélectif qui accorde des aides financières à des projets français ou étrangers en contrepartie d'un tournage sur son territoire (20 jours minimum) et du recours à des industries locales (factures à l'appui). Le nombre de dossiers présentés par les producteurs n'a pas cessé de croître[15]. Du côté des collectivités territoriales, on suit de très près et on accompagne les projets dont il est attendu d'importantes retombées en termes économique, mais aussi d'image de marque territoriale.

---

[14] D'autres régions disposent de système d'aides ; les régions Rhône-Alpes et PACA sont particulièrement actives, ce qui a conduit les principaux loueurs de la région parisienne à installer des agences dans le sud de la France pour bénéficier aussi des soutiens régionaux.
[15] 334 en 2006 contre 144 en 2004, une soixantaine d'entre eux sont sélectionnés chaque année pour un soutien moyen de 397 000 euros pour une œuvre cinématographique et de 158 000 euros pour une œuvre audiovisuelle.

CULTURE ET ATTRACTIVITÉ

C'est le maire d'Aubervilliers qui a soutenu la construction du studio d'Aubervilliers, c'est celui de Saint-Denis qui a signé le permis de construire de la Cité du cinéma de Luc Besson, un projet inscrit en 2004 sur la liste d'une cinquantaine de projets d'intérêt national du Comité interministériel d'aménagement et de développement du territoire (CIADT), un projet soutenu à ce titre dans le cadre du Pôle de compétitivité Cap Digital. Nombreux sont les acteurs publics (des communes à l'État, en passant par le conseil général et Plaine commune) mobilisés pour faciliter la réalisation d'un tel projet. Ce projet a une envergure nationale puisqu'il s'agit de renforcer la position internationale de la France sur le marché des territoires cinématographiques.

Dans cet ensemble d'interventions, la Commission du film d'Île-de-France, créée en 2004 à l'initiative du Conseil régional, a engagé de nombreuses actions de marketing territorial qui se traduisent notamment par des opérations de communication internationales et nationales auprès des producteurs du cinéma, et la constitution de bases de données de lieux publics propices aux tournages. Ces actions croisent celles entreprises à une échelle plus localisée au plan départemental (ici la Seine-Saint-Denis) par une Commission du film intégrée au Pôle audiovisuel. Celle-ci aide également les producteurs et réalisateurs à identifier des lieux de tournage. L'accent est mis sur la valorisation patrimoniale d'un département qui n'a pas de Tour Eiffel ou d'Arc de Triomphe à mettre en scène, mais qui dispose pourtant d'un patrimoine architectural et industriel intéressant et des espaces publics pour tourner souvent moins saturés qu'à Paris.

Une importante base de données de décors a été constituée et son responsable sert d'intermédiaire avec les acteurs locaux (maires, responsables d'établissements publics) pour faciliter la mise à disposition des lieux aux équipes de tournage. Surtout, il exerce un rôle important de veille territoriale, c'est-à-dire un « état des lieux » sur de potentiels lieux de tournage, état des lieux sans cesse réactualisé d'un territoire particulièrement mouvant. Son bilan semble positif puisque le nombre de demandes adressées à la Commission est passé de 70 en 2004 à 400 en 2006. Par ailleurs, un regroupement intercommunal comme Plaine commune a fixé sur l'ensemble du territoire concerné des tarifs uniques et modérés de stationnement pour les tournages.

Dernier maillon de la chaîne d'acteurs publics concernés : les communes, celles là même qui sont les plus directement impliquées par l'organisation logistique des tournages sur le territoire. Leur rôle n'est pas neutre dans ce travail d'accueil des tournages et elles constituent parfois un maillon faible. En effet, en prise avec un espace qui n'est pas prédestiné à cet usage, le tournage d'un film bouleverse aussi l'environnement dans lequel il s'ancre pour un temps. Il peut être synonyme de contrainte et de désordre... ou de travail supplémentaire dès lors qu'il suppose une organisation spécifique (dégagement des voiries, restriction des espaces de stationnement, déviation routière). Par conséquent, le tournage peut susciter des réticences (voire des résistances).

Au total la possibilité d'une rencontre entre un lieu et une équipe de film repose sur de multiples paramètres : de la séduction qu'exerce un lieu pour un réalisateur... à la bonne volonté d'une municipalité :

> *« Alors, clairement, s'il y a un arbitrage dans toute cette affaire, c'est la production qui, à un moment donné, va dire " voilà, on fait ci, on fait ça ; on cherche un décor naturel, on cherche un studio, on reconstruit dans une friche industrielle, on triche dans un vieux bâtiment qu'on transforme ". De l'autre côté, du côté de l'offre, là les stratégies sont très variables, mais ce sont des stratégies d'offre et jamais des stratégies d'arbitrage. Ce n'est ni Saint-Ouen, ni Plaine commune, ni le Conseil général qui va décider de quoi que ce soit dans cette affaire. Voilà : je sais que ce qui a souvent été un petit peu l'élément déclencheur, c'est lorsque certaines municipalités ont encaissé quelques milliers d'euros avec un de leurs décors. Cela peut sensibiliser les villes [...] Vous avez d'un côté un mécanisme d'arbitrages et de choix, qui va être mené par une équipe de professionnels qui ont un projet à appliquer, là, qui tourne, dans trois mois ou six mois, avec des choses très précises. Et de l'autre côté, vous avez des entités, dès lors qu'il s'agit de collectivités, qui sont dans des dispositions variées, il y en a certaines qui sont très ouvertes et qui ont vraiment envie de mettre en avant leur patrimoine. Et il y en a d'autres, soit en raison d'une volonté directe du maire, soit un blocage administratif, qui vont freiner »* (Un

responsable d'une commission départementale du film en Île-de-France).

Les acteurs publics dédiés aux actions de valorisation territoriale (Commissions du film) participent à la circulation d'une information dispersée et changeante sur les possibilités d'accueil et s'efforcent de préparer le terrain pour rendre possible l'organisation même de cet accueil d'équipes de film en quête de décors. Ce travail de mise en connexion d'un lieu (une friche, une rue, un théâtre, une salle de sport, une école) avec une équipe de film est donc un travail de communication, de négociation et de veille permanente qui s'adosse à une chaîne d'actions publiques convergeant plus ou moins.

Sur quel territoire diffuse-t-on les films ? Implantation et publics des salles de cinéma

L'étape de diffusion des films montre à son tour l'intérêt d'une analyse territoriale de la constitution d'une filière cinématographique. En effet les acteurs publics, au niveau municipal, départemental et régional, valorisent dans leurs discours l'existence d'un réseau de salles publiques art-et-essai en Seine-Saint-Denis, ainsi que de nombreux festivals de cinéma, symboles de l'attachement du département à la culture cinématographique. Ainsi le département est valorisé comme territoire de cinéma, mais pas seulement au sens de l'industrie cinématographique.

Cependant, le dynamisme de ces salles nécessite un travail pour y attirer un public large : le territoire de la diffusion des films est d'abord un bassin de population, dont les caractéristiques sociales ne sont pas forcément celles du public cinéphile. Ce travail de captation (Cochoy, 2004) sera d'autant plus nécessaire que des formes de concurrence existent entre ces cinémas publics et les complexes privés présents sur le territoire, et qu'elles risquent d'être exacerbées par l'aménagement de nouveaux multiplexes dans des zones encore vierges du nord de Paris. Les professionnels de l'exploitation cinématographique (directeurs et programmateurs de cinéma) tentent donc de s'approprier un territoire à la fois physique (lieu d'implantation, transports) et humain, en sachant que leurs marges de manœuvre dépendent aussi des décisions politiques (Demil, Leca, 2003).

Gestion d'un territoire commun : complémentarité/concurrence des cinémas publics et privés

La proximité géographique entre les différentes salles du département de la Seine-Saint-Denis invite à prendre en compte la façon dont les acteurs publics et privés gèrent l'offre cinématographique du territoire. Nous avons vu qu'historiquement les salles publiques et privées s'étaient implantées de façon plutôt complémentaire : dans les centres-villes pour les premières et les zones périurbaines pour les secondes.

De plus, la nature de la programmation de ces différents cinémas invite également à opter pour la complémentarité : les cinémas publics sont tous classés art-et-essai, la plupart ont aussi le label « recherche »[16], ils proposent une proportion importante de films dits « d'auteur ». Les multiplexes ont une programmation de films dits « grand public ». Ces différences de programmation se lisent dans la démographie des publics (public beaucoup plus âgé dans les cinémas municipaux que dans les multiplexes en banlieue parisienne)[17].

Cependant, il convient de ne pas segmenter de façon trop rigide deux types d'exploitation et donc deux types de publics. La preuve en est depuis un an l'apparition de litiges entre les grands exploitants des multiplexes et les salles municipales à propos des règles de concurrence[18]. En effet, les cinémas publics ne limitent

---

[16] Le classement art-et-essai des cinémas est effectué par le Centre national de la cinématographie ; le label « Recherche » correspond à des films très exigeants, susceptibles de toucher plutôt un public très cinéphile. Ces classements donnent droit à des subventions de la part du CNC.
[17] Pour une évaluation des caractéristiques démographiques des publics, voir le site du CNC, www.cnc.fr.
[18] Deux litiges importants ont cours dans le département : celui qui oppose UGC et MK2 (deux grands groupes) au cinéma municipal *Le Méliès* à Montreuil (les

pas leur programmation aux films recherches ; ils projettent aussi régulièrement les films plus « grands publics », type *Astérix* ou les *Ch'tis*. D'une part parce que si leurs exigences de rentabilité sont moindres du fait des subventions, les cinémas publics doivent aussi pouvoir compter sur des recettes de billetterie assurées par ce type de film.

D'autre part, la programmation de ces films fait aussi partie de la volonté d'ouverture à un public plus large, populaire, familial. Il existe donc des séances communes entre les différents types de cinéma, qui peuvent brouiller le positionnement de chaque type de salle sur les différents segments de l'exploitation et faire craindre aux multiplexes une perte de spectateurs au profit des salles municipales.

Le brouillage des frontières s'exprime également par la présence importante de films d'art-et-essai dits « porteurs », c'est-à-dire réalisés par des cinéastes plutôt connus, dans les multiplexes[19]. Sur ces films là, la concurrence s'exprime non seulement en termes de spectateurs mais aussi en termes de copies de film, puisque le nombre de copies pour un film art-et-essai est toujours moins important que pour un film commercial[20]. Ainsi, dans une même zone géographique, un distributeur pourra préférer fournir en première semaine un multiplexe plutôt qu'une petite salle de centre-ville. Or avoir un film en première semaine est important pour les exploitants de salles publiques qui sont situés sur les mêmes axes de transport que les multiplexes.

Ce problème concerne particulièrement trois cinémas de l'est parisien situés sur la même ligne de métro, tous les trois plutôt sur

---

deux premiers attaquant *Le Méliès* pour concurrence déloyale au vu des tarifs subventionnés et de l'aide municipale à l'agrandissement du *Méliès* ; UGC gère un multiplexe de 15 salles dans la ville voisine de Rosny-sous-Bois) et celui qui oppose UGC au futur cinéma *Le Bijou* à Noisy-le-Grand (UGC a déposé un recours contre l'ouverture de ce cinéma municipal ; le groupe gérant un multiplexe de dix salles dans la ville).

[19] Une étude de cas précise de cette forme de concurrence a été proposée par Stéphane Le Lay (2003).
[20] Cette problématique apparaissait dans un dossier spécial de la revue de cinéma *Positif* intitulé « Distributeurs et exploitants : la crise ? », n°560, octobre 2007.

un créneau art-et-essai, mais deux d'entre eux sont des salles municipales et le dernier un multiplexe privé. Là, la question de l'accès aux films apparaît cruciale : l'un des deux cinémas municipaux semble moins souffrir de la concurrence du multiplexe, tout en étant plus proche en distance, en partie parce que le directeur de cette salle s'attache à ce que les films soient en sortie nationale (c'est-à-dire en première semaine). Mais cette stratégie nécessite un équipement adéquat pour accéder aux exigences des distributeurs concernant les films en sortie nationale, à savoir la programmation du film à toutes les séances.

Pour les cinémas qui ont moins de trois salles, monopoliser une salle pour un seul film peut être un pari risqué. Or ces difficultés d'accès aux films risquent de s'accentuer avec la construction de nouveaux multiplexes, en particulier celui de la Porte d'Aubervilliers, et surtout celui de la Porte des Lilas, qui sera un multiplexe art-et-essai. La dynamique d'aménagement du territoire dans le nord de Paris est à double tranchant pour les cinémas municipaux : elle constitue un nouveau public potentiel à capter, de par la création de nouvelles zones d'habitation[21], mais elle représente aussi un risque de concurrence géographique, de par la construction de nouveaux complexes cinématographiques.

Fédérer les salles publiques : le réseau associatif « Cinéma 93 » comme ressource dans la concurrence avec les exploitants privés

La mise en réseau des acteurs de l'exploitation publique constitue un investissement pour valoriser les ressources du département en termes d'offre de cinéma. Les vingt salles publiques de Seine-Saint-Denis font partie d'une association, *Cinémas 93*, née de la délégation des actions sur l'exploitation du Conseil général. *Cinémas 93* a pour mission d'aider les cinémas dans leur programmation (propositions d'animation, organisation d'événements, aide à l'équipement) et de créer un contexte de

---

[21] Cela va être le cas à Bobigny, avec l'aménagement des quais du canal de l'Ourcq et la construction d'une route qui passe devant le cinéma et va jusqu'à ces nouvelles zones d'habitation.

collaboration, préférable à une concurrence territoriale entre les salles publiques. Le réseau est d'abord un outil pour attirer les spectateurs dans ces salles. Il s'exprime concrètement par la mise en place d'un abonnement qui permet de bénéficier de tarifs préférentiels[22] dans tous les cinémas de Seine-Saint-Denis. Et effectivement, dans chaque cinéma, les directeurs constatent un déplacement des spectateurs entre les villes voisines, en particulier lorsqu'ils n'ont pas pu aller voir le film qu'ils souhaitaient dans le cinéma de leur ville et qu'il est encore à l'affiche dans les environs. Cette circulation des spectateurs est permise aussi par une circulation des films grâce à la création de « chaînes de distribution ».

En effet, les exploitants proposent à certains distributeurs qui hésiteraient à donner des copies de film aux salles publiques un engagement sur le long terme de programmation des films dans ces salles : une semaine dans un cinéma, la suivante dans un autre, etc. Par ce dispositif, les cinémas ont l'assurance d'avoir accès à certaines copies de films pour lesquelles ils pourraient être en concurrence avec les multiplexes. Initiative originale, elle revient à créer ponctuellement un mode de fonctionnement entre salles publiques quasi-équivalent à la gestion des différentes salles d'un même grand groupe privé d'exploitation. De ce point de vue, le caractère public des salles de Seine-Saint-Denis entraîne donc une redéfinition des rapports de force habituels entre les différentes formes d'exploitation dans une même zone géographique.

Élargir le public dans les salles municipales : les actions sur le territoire comme bassin de population

Les salles municipales, dans leur mission de service public de cinéma, doivent concilier une programmation plutôt cinéphile avec une diffusion large de la culture cinématographique. La problématique de l'élargissement sociologique du public correspond de fait à une logique de captation territoriale. En Seine-Saint-

---

[22] 4 euros la séance pour un abonnement annuel de 11 euros.

Denis, le profil sociologique des habitants est hétérogène. Certaines zones d'habitation peuvent correspondre à un public « au profil Télérama »[23], plutôt cinéphile ; ce sont en particulier les zones de centre-ville.

Mais les quartiers plus excentrés regroupent des populations qui, soit n'ont pas d'habitudes de pratiques cinématographiques, soit se dirigent plus volontiers vers des multiplexes où la programmation est plus commerciale. La grille tarifaire abordable[24] constitue le premier engagement des cinémas en faveur de l'élargissement du public, mais elle ne garantit pas le déplacement des populations et leur désir de voir des programmations plutôt art-et-essai.

Pour compléter l'action sur le prix, la capacité de déplacement des spectateurs potentiels est également prise en compte. L'implantation des multiplexes près des principaux axes autoroutiers, dans des zones commerciales dotées de grands parkings, relève d'une stratégie d'accessibilité. Mais pour ce qui est des salles de centre-ville, l'accès en voiture est plus difficile. Parfois, comme c'est le cas à Saint Ouen, aucun parking n'a été prévu au moment de la construction de la salle. De plus, les transports en commun sont réduits le soir, voire même quasi inexistants dans certaines zones. Les salles publiques ont donc plus de mal à drainer un public sur un territoire large.

Par conséquent, pour compléter ces équipements parfois défaillants, les directeurs des salles municipales essaient de cibler des publics et d'assurer leur venue dans le cadre de groupes constitués : les scolaires ou les associations locales. Les entrées scolaires dans le cadre des dispositifs d'éducation à l'image constituent souvent au moins un quart des entrées totales des cinémas. Les écoles concernées sont situées dans des quartiers très

---

[23] Expression utilisée par le directeur de l'Écran à Saint-Denis, *Télérama* étant un magazine d'actualité culturelle. Ce qu'il regroupe de manière ironique sous ce terme, c'est un public composé de personnes possédant un niveau d'études élevé, exerçant ou ayant exercé une profession intellectuelle.
[24] 6 euros tarif plein, 4 euros tarif réduit, 4 euros pour les abonnés avec un abonnement à 11 euros l'année.

différents. Ensuite, le travail d'élargissement du public consiste à proposer des événements très réguliers, en dehors des sorties nationales classiques. Un directeur du cinéma public explique par exemple qu'il essaie de diffuser activement l'information dans l'ensemble de la ville par l'envoi de plaquettes (grâce à un partenariat avec La Poste qui met ses fichiers à la disposition du cinéma).

Mais il complète cette diffusion par la mise en place de programmes spéciaux qui jouent sur l'effet de niche, à la fois dans le contenu des films (ils traitent de sujets qui concernent une population précise) et dans les partenaires concernés (associations qui rassemblent une population précise) :

> *Le Panorama des cinémas du Maghreb, c'est un événement que j'ai mis en place dans ce sens là, c'est aussi pour des raisons cinéphiles, parce qu'il y a émergence de nouveaux cinéastes dans ces pays là, mais c'est aussi pour toucher un public différent, qu'on a touché et que j'espère qu'on va continuer à toucher (...) Et là on touche un public des cités populaires, même si c'est caricatural de dire ça, mais en tout cas un public populaire, en lien avec le Maghreb, (...) qui ne fréquente pas du tout le lieu, qui ne le connaît pas, et du coup c'est intéressant de les voir se mélanger à un public plus cinéphile. On travaille énormément avec le tissu associatif de la ville. Là ce sont des associations qui travaillent sur l'Algérie, le Maroc, la culture berbère. C'est tout le sens de notre travail, c'est ce qui fait notre identité de salle de proximité, de salle publique.*

Évidemment, la possibilité de mener à bien une mission de service public dépend de l'implication de la mairie. Le niveau municipal est le plus décisif pour ces cinémas, l'apport financier des mairies représentant au moins la moitié des budgets[25]. Lorsqu'une mairie souhaite se désengager d'un cinéma, elle peut expliquer que les missions ne sont pas remplies, mais sans pour autant donner véritablement les moyens de les remplir. Par

---

[25] Parce qu'elles nécessitent un programmateur jeunesse à plein temps, un équipement en vidéo projection pour les films particuliers, le défraiement des intervenants pour les soirées spéciales, etc.

conséquent, parfois la taille de l'équipe n'est pas suffisante pour proposer des animations en dehors des programmations régulières et faire un travail sur le public. Les décisions politiques au niveau municipal constituent donc le socle de la forme de diffusion de la culture cinématographique.

Les niveaux régional et départemental sont peut-être moins décisifs financièrement, mais ils peuvent jouer un rôle important dans la politique de transports, par exemple, ou dans les décisions d'aménagement des zones encore vierges. Par conséquent, ils peuvent également déterminer les formes de cohabitation des différents types d'exploitation sur le territoire.

Conclusion

Le déploiement d'une filière ne se résume pas uniquement au soutien financier direct apporté à ses projets ou à la mise à disposition d'un parc immobilier attractif, même si nous avons souligné l'importance de ces facteurs. Mettre en œuvre une dynamique de filière sur un territoire donné, c'est aussi réaliser un travail « d'équipement », un travail d'organisation particulier qui, en ce qui concerne les activités de l'audiovisuel et du cinéma, se décline à différents niveaux : pour faire venir les productions sur un site, pour attirer les tournages, pour inciter le public à fréquenter les salles, il y a une sorte de « travail au corps » partagé par différentes acteurs (professionnels de la filière, pouvoirs publics aux différents échelon de compétence, milieu associatif, etc.). C'est sans doute ce qui constitue tout l'intérêt de ce terrain d'enquête et de la perspective que nous adoptons, sensible à la fois aux ancrages territoriaux des activités et à l'articulation des différents maillons formant la chaîne de production.

Ces dernières années, les industries techniques du secteur cinématographique et audiovisuel ont toutefois connu de sérieuses difficultés sous le coup de plusieurs évolutions : la chute brutale du marché publicitaire lié à la délocalisation des tournages à l'étranger, la réalisation d'investissements coûteux en équipement de matériel[26] à la suite de l'arrivée du numérique, de la montée de la concurrence étrangère.

Ces difficultés ont provoqué une importante vague de concentrations dans la filière. Dans le même temps, de gros programmes d'aménagements urbains sont mis en œuvre en Seine-Saint-Denis (travaux de prolongement de lignes de métro, programmes immobiliers d'habitation et d'aménagement paysagé des rives de la Seine), tout particulièrement sur le territoire de La Plaine Saint-Denis qui regroupe une grande partie des activités liées à la filière, laissant entrevoir, à moyen terme, l'émergence d'un nouveau paysage urbain qui aura un impact certain sur l'avenir économique de ce territoire et sur le type d'acteurs qui y sont implantés. Comme le rappelle l'historien Daumas (2007) le concept de district sert « de fondement aux politiques de développement local, si bien que l'enchevêtrement entre enjeux scientifiques et politiques est particulièrement serré ». Cette analyse se vérifie pour la filière cinématographique et audiovisuelle.

Région, département, communes engagent un bouquet d'actions, dont il n'est pas toujours facile de déceler les logiques d'enchevêtrement, pour fixer sur un (des) territoire(s), des activités. Pierre Veltz (2004) avait insisté sur le fait que les firmes, qui ne peuvent plus vivre sous la pression croissante du court terme, avaient besoin de s'appuyer sur des « ressources à construction lente » (infrastructures, formation de compétences, etc.). Dans ce cadre le territoire, en tant que pourvoyeur de « ressources relationnelles », était considéré comme un important vecteur d'apprentissages renforçant notamment la capacité collective de surveillance de l'environnement, capacité dont dépendrait la compétitivité. Ce « district » n'est pas comparable à ceux identifiés à propos de la « Troisième Italie ». Les territoires concernés ne sont pas spécialisés uniquement autour de cette filière ; il n'y a pas à proprement parler d'identité locale en connexion directe avec le

---

[26] Équipement qui concerne les fournisseurs de matériel (les loueurs de caméras doivent renouveler plus rapidement leur stock), les entreprises de post-production, mais aussi les salles de cinéma (projecteurs).

territoire ; et les liens avec le territoire, bien que denses, sont beaucoup plus distendus.

Surtout, le cinéma a ceci de particulier que l'attachement au territoire conserve toujours une dimension incertaine parce que le mode de production demeure fondamentalement nomade. L'étude de l'industrie cinématographique n'est pas réductible à celle des entreprises localisées sur un territoire (maisons de production, agence de casting, studios de cinéma) : il importe aussi de suivre le produit (le film) autour duquel se constituent, pour le temps du projet, les équipes professionnelles. Chaque film suppose la mobilisation de ressources spécifiques qui pourront être recherchées dès la phase de préparation.

C'est dans cette mobilisation et mise en relation des différents corps de métier qui se renouvellent à chaque film dans le cadre d'appariement à la fois répétés et nouveaux (Rot, 2007) que se tissent aussi les relations, les réseaux, se construisent les valeurs professionnelles du milieu, s'échangent les informations sur les projets à venir et d'éventuels emplois futurs. Ces formes d'échanges comptent tout autant, sinon plus, que celles qui se nouent entre les différentes entreprises d'un même secteur et c'est d'ailleurs « le film » qui active l'enclenchement des relations économiques et sociales entre ces entreprises, bien plus que leur proximité géographique. La réalisation d'un même film se distribue sur plusieurs territoires, y compris international. Au gré du patrimoine recherché, des techniques utilisées, des coûts d'implantation sur un lieu donné et des budgets disponibles, du nombre de figurants mobilisés, mais aussi de compétences rares nécessaires, des contraintes techniques ou artistiques de production, la localisation des activités nécessaires à la fabrication du film pourra être plurielle – et internationale – et changer d'un film à un autre. Le rapport au(x) territoire(s) est nécessairement instable, fait de connexions et de déconnexions permanentes, et c'est en ce sens que la notion de district industriel, concernant cette industrie culturelle, rencontre là quelques limites « comme unité appropriée de recherche et d'intervention »[27].

Bibliographie

Bagnasco, A., 1977, Tre Italie : La problematica dello sviluppo. Bologna, Il Mulino.
Bassett, K. et Griffiths, R. et Smith, I., 2002. Cultural industries, cultural clusters and the city : the example of natural history filmmaking in Bristol, *Geoforum*, 25.
Cochoy, F., 2004 (ed.), *La captation des publics : « c'est pour mieux te séduire, mon client »*, Toulouse, Presses Universitaires du Mirail.
Cladel, G. et al., 2001, *Le cinéma dans la cité*. Paris, Kiron, Éditions du Félin.
Daumas, J.-C., 2007, Districts industriels : du concept à l'histoire. Les termes du débat, *Revue économique*, 58.
Demil, B. et Leca, B., 2003, Architecture de marché et régulation dans l'exploitation cinématographique française, *Revue Française de Gestion*, 142.
Marshall, A., 1906, *Principes d'économie politique*, Paris, Giard et Brière.
Menger, P-M., 1993, L'économie parisienne : économie et politique de la gravitation artistiques, *Annales : Économie, Sociétés, Civilisations*, n° 6.
Polo, J-F., 2003, La politique cinématographique de Jack Lang. De la réhabilitation des industries culturelles à la proclamation de l'exception culturelle, *Politix*, 16.
Rot, G., 2007, Le travail dans le cinéma. Note de recherche, *Raison Présente*, 162.
Rot, G., Sauguet, E. et Verdalle, L. (de), 2009, *Sociologie économique des entrepreneurs du cinéma en Seine-Saint-Denis*, Paris, rapport pour la MSH Paris Nord et Plaine Commune.
Scott, A., 2000, *The cultural economy of cities*. London, Sage.

---

[27] Daumas, 2007, *op.cit*.

Scott, A., 2000, French cinema. Economy, policy and place in the making of a cultural-products industry, *Theory, Culture & Society*, n° 17.

Storper, M., 1989, The transition to flexible specialisation in the film industry, *Cambridge Journal of Economics*, 13.

Storper, M. et Christopherson, S., 1987, Flexible specialization and regional industrial agglomerations : The case of the U.S motion picture industry, *Annals of the Association of American Geographers*, 77.

Veltz, P., 2004, *Des lieux et des liens. Politiques du territoire à l'heure de la mondialisation*, Paris, L'aube. Poche Essais.

Zalio, P.-P., 2004, Territoires et activités économiques. Une approche de la sociologie des entrepreneurs, *Genèses*, 56.

Perspectives d'Europe : Des villes de taille moyenne peuvent-elles devenir des *villes créatives* ? Exemples de trois villes de l'Europe centrale et occidentale[1]

CAROLINE CHAPAIN, BASTIAN LANGE ET KRZYSZTOF STACHOWIAK

Cette contribution vise à explorer le concept de « ville créative » du point de vue de trois villes de taille moyenne, situées en Europe centrale et en Europe de l'ouest : Birmingham (Royaume-Uni), Leipzig (Allemagne) et Poznań (Pologne). L'utilisation croissante de ce terme pendant les 10 dernières années est principalement due à l'influence des publications de Hall (2000, 2004) et Landry (2000) et reflète l'importance croissante attachée aux industries créatives, en tant que moteur de la croissance économique au niveau national, européen (KEA, 2009) et dans le monde entier (UNDP/UNCTAD, 2008).

Cette notion, née en 1994 en Australie avec le lancement du rapport *Creative Nation*[2] (Nation créative) et discutée de manière plus détaillée par Cunningham (2002), s'est répandue par la suite au Royaume-Uni (DCMS, 1998), en Amérique du Nord (Florida, 2002) et, maintenant, partout en Europe et en Asie (Kong et O' Connor, 2009). Par conséquent, le concept de *Ville créative* est utilisé dans la littérature récente comme un symbole d'un développement local réussi (Hall, 2000 ; Hospers, 2003 ; Scott, 2006 ; Kong et O' Connor, 2009). Des villes, des régions et des pays se sont ainsi attachés à développer, non seulement leur économie de la connaissance, mais également leur économie créative ces dernières années.

---

[1] Cette étude émane de la recherche menée par les auteurs dans le cadre du projet ACRE (Accommodating Creative Knowledge – Competitiveness of European Metropolitan Regions within the Enlarged Union), un projet FP6 dirigé par l'université d'Amsterdam (http://www2.fmg.uva.nl/acre).

[2] *http://www.nla.gov.au/creative.nation/creative.html*

Derrière ce concept, cependant, il peut exister plusieurs approches politiques différentes. Smith et Warfield (2008), par exemple, font la distinction entre une approche culture-centrique et une approche écono-centrique. La première approche est fondée sur des valeurs et des fondements politiques très différents de ceux qui soutiennent la première. L'approche culture-centrique considère que la ville créative est « un lieu où se pratiquent des formes diverses et inclusives d'art et de culture », un lieu où les valeurs centrales se conjuguent autour de l'art, la culture et le bien-être communautaires, l'accès et l'inclusion. Les moyens utilisés pour nourrir cette approche constituent une forme de gouvernance créative qui est « imaginative, transparente et démocratique et qui s'exprime par des paysages urbains inspirants, imaginatifs, inclusifs, attirants et adaptables » (Smith et Warfield, 2008). En revanche, l'approche écono-centrique considère que la ville créative est « un lieu d'innovation économique, de talent créatif et également d'industrie créative » (ib.), dont les valeurs de base se conjuguent autour de la durabilité économique urbaine, fortifiée par la promotion d'initiatives créatives ayant pour but le développement « de formes d'expression puissantes et diversifiées des arts et de la culture locale et également d'une main-d'œuvre créative, des industries, des réseaux, des connections et d'une compétitivité locales tout aussi créatives » (ib.).

Même s'il est vrai que les deux approches se nourrissent l'une l'autre, le discours politique actuel tend à privilégier l'approche économique. Cette tendance a été renforcée par l'utilisation de la théorie des pôles compétitifs pour encourager le développement local et régional, mettant en lumière la concentration des industries créatives et de la connaissance dans les grandes villes (voir Musterd *et al.*, 2007). Le transfert du concept de pôle créatif vers celui de ville créative se fait alors aisément ; auteurs et décideurs s'interrogent sur les qualités que doit avoir une ville pour attirer les industries créatives en termes de facteurs de localisation, d'économies d'urbanisation ou d'initiatives politiques. Par conséquent, les villes considérées comme créatives sont celles qui sont très performantes sur des indicateurs comme la présence de métiers créatifs et/ou d'industries (des emplois, des entreprises), leur production économique (valeur ajoutée, exportations) et des politiques spécifiques liées aux industries créatives (Kooijman et Romein, 2007).

Cependant, certains auteurs remettent en question cette adéquation automatique entre la présence d'industries créatives dans une ville et sa qualification comme ville créative. Par exemple, dans une étude menée par Hall (2000), l'auteur souligne le manque de compréhension des raisons qui poussent certains individus à s'installer dans des lieux géographiques spécifiques. Dans ce document, Hall se demande si une ville qui possède des industries créatives peut rester très longtemps « non créative ». Selon lui, l'élément déterminant serait l'existence d'un milieu créatif local (un concept développé initialement par Törnqvist, 1983). Un milieu créatif possède « quatre caractéristiques : un transfert d'information entre les habitants ; la conservation de cette information dans des mémoires réelles ou virtuelles ; des compétences-clés dans certaines activités, définies selon les besoins de l'environnement externe et qui peuvent être spécifiques à l'instrument ou à la région ; et, finalement, une créativité qui fait émerger quelque chose de nouveau de ces trois activités et qui peut être considérée comme une forme de synergie » (Hall, 2000). Le problème auquel nous sommes confrontés réside dans le fait que de tels milieux n'existent pas dans toutes les villes, mais seulement dans quelques-unes. Scott (2006) a tenté récemment de clarifier certains problèmes de base en ce qui concerne la conceptualisation et la formation de politiques autour de ce terme, affirmant que les décideurs devraient se concentrer sur certaines variables-clés lorsqu'ils essaient de construire des villes créatives viables comme, par exemple, la présence d'un réseau de producteurs créatifs et un marché local de main-d'œuvre flexible. Des infrastructures et un capital social suffisants sont aussi déterminants dans ce processus. Même si ces variables sont effectivement présentes, pour la plupart, dans de très grandes villes comme New York, Los Angeles, etc., Scott (2006 : 9) affirme qu'« il existe également des communautés urbaines créatives qui sont en même temps petites et spécialisées, partout dans le monde », grâce au processus de différenciation économique accrue.

En se basant sur le travail de Scott, notre article pose les questions suivantes. À quel point les villes de taille moyenne peuvent-elles devenir des villes créatives et comment ? Le concept est-il suffisamment souple pour couvrir différents exemples et trajectoires urbaines ? Par ailleurs, ces villes de taille moyenne peuvent-elles concurrencer la diversité des grandes villes créatives telles que New York ? Dans quelle mesure leur passé joue-t-il un rôle dans ce processus ?

Hall (2004) affirme que la construction d'une ville vraiment créative est possible, tout en insistant sur le fait qu'il s'agit d'un processus à long terme, fondé sur des conditions préexistantes et historiques favorables. Peu de recherches sont publiées sur les expériences des villes créatives de taille moyenne en Europe centrale et orientale, surtout de manière comparative. Cependant certains auteurs (O'Connor, 2005) font allusion aux difficultés auxquelles les pays d'Europe centrale et orientale peuvent être confrontés quand ils essaient de développer les industries créatives ou de la connaissance en utilisant les concepts et méthodologies pratiquées en Europe de l'ouest. La présente étude compare les trajectoires de trois villes de taille moyenne en Europe occidentale et centrale : Birmingham, Leipzig et Poznań. Elles ont été choisies à cause des différences et des similitudes qui existent entre elles. Leurs fondations institutionnelles sont différentes. Même si le Royaume-Uni, l'Allemagne et la Pologne sont actuellement fondés sur des systèmes économiques capitalistes et un système politique démocratique, leurs cheminements respectifs vers leur état actuel sont très distincts. Ces différents cheminements nationaux ont influencé l'évolution des villes faisant l'objet de nos études de cas. Celles-ci ont subi des changements économiques importants et une restructuration économique marquée ces vingt dernières années. Elles jouent un rôle important dans leurs économies nationales respectives et tentent toutes d'être compétitives dans le secteur de la création et de la connaissance.

La section suivante présente une revue de littérature du concept de *Ville créative* et expose les critères utilisés pour évaluer la performance des villes qui évoluent vers ce statut. Par la suite, nous proposons un modèle de développement de la ville créative, fondé sur l'interdépendance qui existe entre la sphère « réelle » et la sphère « politique ou de régulation ». Dans les troisième et quatrième sections, nous utilisons ce modèle pour examiner les trois études de cas. La cinquième section résume les résultats et la dernière présente nos conclusions.

Quelles sont les caractéristiques d'une ville créative ?

Le débat sur ce qui constitue une ville créative n'est pas encore clos. Cependant, certains critères émergent. Tout d'abord, la qualification de ville créative est associée à la présence d'industries créatives ou de pôles de créativité. Cependant, certains auteurs comme Hospers (2003), Lambooy (2006) et Scott (2006) signalent que cette qualification de ville créative n'est pas limitée à la présence d'industries créatives, mais englobe également des caractéristiques locales plus larges. Hall (2000) ajoute que ce sont des caractéristiques inhérentes à l'histoire de la ville et à son développement ou trajectoire. Enfin, l'existence de politiques qui soutiennent les industries créatives et la reconnaissance de ce secteur comme un moteur de développement économique, avec les mécanismes de gouvernance associés, constitue une autre dimension du discours sur la ville créative.

La présence d'industries créatives

Une série de publications récentes fournit une vue d'ensemble du débat qui caractérise la tentative de définition des industries créatives et de l'économie créative au Royaume-Uni et dans le monde entier ces dix dernières années (Hartley, 2005 ; KEA, 2009 ; Galloway et Dunlop, 2007 ; UNCTAD, 2008). Cependant, comme UNCTAD (2008 : 4) note : « Il n'existe aucune définition unique de " l'économie créative ". C'est un concept subjectif qui est toujours en train d'être travaillé ». Par exemple, Hartley (2005) souligne qu'aux États-Unis les critères de définition sont associés aux concepts de marché et de consommateurs, alors qu'en Europe il s'agit d'une notion soumise au débat sur la culture nationale et la citoyenneté culturelle.

De manière globale, le concept de l'industrie créative est associé à l'interface entre l'économie, la culture et la technologie (UNCTAD, 2008). Cette idée est résumée par Hartley (2005 : 5) : « L'idée des industries créatives représente une tentative de décrire la convergence conceptuelle et pratique des arts créatifs (c'est-à-dire le talent individuel) avec les industries culturelles (à l'échelle des masses), dans le contexte de l'arrivée des nouvelles technologies informatiques et de communication (TCI's) dans une économie de la connaissance nouvelle, où elles sont disponibles aux citoyens consommateurs, nouvellement interactifs ». L'émergence du terme semble être liée à la volonté de réconcilier la distinction faite, avec l'introduction du concept d'industries culturelles dans les années 1930, entre le divertissement populaire et commercial de masse, d'une part, et les beaux-arts élitistes, financés le plus souvent par des fonds publics, d'autre part. (Hartley, 2005 ; Galloway et Dunlop, 2007). Toutefois, le concept d'industries créatives est sujet aux mêmes problèmes de définition que celui des industries culturelles et a été associé aux notions de propriété intellectuelle, de *copyright* et de biens symboliques (Hartley, 2005 ; Galloway et Dunlop, 2007 ; UNCTAD, 2008).

L'une des définitions reconnues et appliquées à ces industries a été développée par le département de la Culture, des Médias et du Sport (DCMS) au Royaume-Uni dans le rapport *Creative Industries, Mapping Document* (Cartographie des industries créatives) en 1998. Dans ce rapport, le DCMS définit ces industries en les qualifiant de « celles qui sont fondées sur la créativité individuelle, le savoir-faire et le talent et celles qui ont également le potentiel de créer la richesse et l'emploi par le développement et l'exploitation de la propriété intellectuelle. Les industries créatives englobent donc la publicité, l'architecture, les arts et les brocantes, les jeux d'ordinateur et les jeux vidéo, l'artisanat, le design, la création, le cinéma et la vidéo, la musique, les arts de la scène, l'édition, la production de logiciels, la télévision et la radio ». Cette nouvelle terminologique a été largement critiquée par ceux qui affirment qu'elle ignore complètement certains des enjeux fondamentaux reliés aux biens culturels qui ont des caractéristiques appartenant normalement aux biens publics.

Par ailleurs cette définition, affirment certains, ne prend pas en considération la structure complexe du secteur, sa dynamique et son fonctionnement (O'Connor, 2008). Cependant, cette définition est, de nos jours, reconnue à l'échelle mondiale comme l'une des définitions normatives pour les industries créatives (UNCTAD, 2008). Même si les débats autour de la définition conceptuelle de ces industries existent toujours aujourd'hui, beaucoup d'initiatives ont été mises en œuvre afin de les développer. Les premières tentatives associaient régénération et développement urbain à l'économie créative. Par la suite, les interventions se sont concentrées sur des investissements dans les infrastructures culturelles et le développement de programmes de soutien aux industries créatives, sous l'influence de l'approche des pôles de compétitivité développée par Porter (1998).

Les caractéristiques plus générales de la ville créative

Si la présence d'industries créatives est un facteur important pour devenir une ville créative, d'autres caractéristiques plus générales sont mises en avant par certains auteurs. Par exemple, Lambooy (2006) propose quatre caractéristiques afin d'analyser et de comprendre les villes créatives : l'attractivité, la productivité, la connectivité et l'adaptabilité. L'attractivité est définie du point de vue des producteurs et consommateurs. Pour les premiers, elle peut signifier par exemple que des ouvriers qualifiés sont disponibles sur place et que la ville dispose de bâtiments commerciaux et résidentiels attractifs. Pour les derniers, elle peut signifier que l'environnement local est agréable, que les équipements et services de proximité sont de bonne qualité et que le niveau de rémunération sur le marché du travail est élevé. Les villes attractives sont souvent celles qui ont une histoire et une architecture intéressantes, un climat spécifique et qui possèdent de bons restaurants, des théâtres et des activités attrayantes... La culture locale joue un rôle crucial dans la création d'un tel climat, qu'il s'agisse de coutumes et de traditions, d'organisations d'événements culturels ou de production de biens culturels.

La deuxième caractéristique, la productivité, souvent associée aux économies d'agglomération urbaine, signifie que les entreprises utilisent leurs ressources de manière plus efficace et plus créative, qu'il s'agisse de leur personnel ou de leur savoir. Les avantages liés aux économies d'agglomération et à l'implantation des entreprises dans une ville spécifique découlent en effet souvent de la qualité et du coût des ressources locales. La troisième caractéristique, la connectivité, signifie que la ville bénéficie d'infrastructures de transport (air, chemins de fer et route) organisées de manière efficace. La présence de ces infrastructures de transport combinées aux infrastructures informatiques et de communication permettent des déplacements rapides d'information, de biens et de personnel, favorisant la croissance économique. Enfin, la quatrième caractéristique, l'adaptabilité, signifie que les villes ont la capacité de s'adapter à des changements dans leurs milieux sociaux et économiques. En effet, la capacité d'exploiter les nouvelles opportunités créées par ces changements est, en elle-même, une forme de créativité. L'adaptabilité implique également l'ouverture à l'innovation et aux nouveautés.

Des perspectives similaires à celles de Lambooy ont été développées par d'autres auteurs, comme Hospers (2003) et Scott (2004, 2006). Selon Hospers (2003), il existe trois autres propriétés qui favorisent l'émergence de la créativité qui, à son tour, soutient le développement d'une économie locale fondée sur la connaissance. Ce sont la concentration, la diversité et l'instabilité. La concentration et la diversité sont associées au critère de l'attractivité, cité par Lambooy. Selon Hospers, la créativité urbaine est largement stimulée par la concentration démographique et économique liées aux villes. Cette concentration crée les conditions propices à la communication et à l'interaction. Cependant, comme Hospers (2003) l'affirme : « La notion de concentration concerne moins le nombre d'individus que la densité de l'interaction ». Une concentration de personnes dans un lieu spécifique engendre une intensification des contacts et des réunions entre individus, et par conséquent l'échange de nouvelles idées et d'innovations devient plus rapide et plus efficace.

CULTURE ET ATTRACTIVITÉ

La diversité, autre facteur qui enrichit la créativité urbaine selon Hospers, doit être considérée d'un point de vue aussi large que possible, c'est-à-dire qu'elle doit englober la diversité sociale, économique et physique des éléments constituant la ville. D'un point de vue économique, la forme la plus cruciale de diversité est celle de la structure économique, c'est-à-dire la disponibilité des travailleurs, la diversité de compétences sur le marché du travail et les types d'activités économiques présentes. Le plus souvent, les grandes villes (normalement celles comptant plus d'un million d'habitants) manifestent une diversité marquée alors que les noyaux urbains plus petits se présentent habituellement sous la forme de centres spécialisés, mais parfois diversifiés également. On pourrait supposer qu'il existe une relation forte entre la créativité d'une grande ville et sa taille, quelle que soit la mesure utilisée. Cependant, « lorsque des ressources locales appropriées sont mobilisées de manière efficace, même des centres plus petits peuvent maintenir une présence dans l'économie culturelle globale » (Scott 2004).

Le troisième facteur qui agit sur la créativité d'une ville, selon Hospers, est son degré d'instabilité. Cette dernière est un phénomène imprévisible mais qui reste associé aux changements qui surgissent dans une ville, modifiant son mode de fonctionnement. Par exemple, dans les années 1990, c'est-à-dire pendant la période de transition d'une économie centralisée vers une économie de marché, les villes polonaises ont fait face à des changements systémiques rapides et en partie imprévisibles. Par conséquent, leur planification à long terme était pratiquement impossible et leurs activités quotidiennes ont été ciblées afin de s'adapter aux changements rapides des conditions environnantes. Pendant cette période d'instabilité, les capacités d'adaptation telles que décrites par Lambooy (2006) étaient d'une importance majeure. L'adaptation à une nouvelle situation demande de nouvelles solutions et de nouvelles idées ; autrement dit, le recours à la créativité et à l'innovation. Quand l'activité d'un plus grand nombre d'individus est fondamentalement créative, la créativité urbaine en est aussi indirectement enrichie.

Un autre aspect important de l'étude de la créativité urbaine concerne la définition de la base économique locale. Est-ce que son développement dépend de l'offre (production) ou de la demande (consommation) ? Depuis longtemps, la production économique a été considérée comme le moteur principal de la croissance urbaine. Les villes, en tant que centres de production, génèrent de la richesse précisément parce qu'elles sont des lieux de production de masse. Récemment cependant, plus d'attention a été portée au rôle de la demande locale sur la base du fait que le succès ou l'échec des villes dépend de plus en plus de leur potentiel de consommation de biens et de moins en moins de leurs capacités de production (Glaeser *et al.,* 2001). Selon Lambooy (2006), différencier les villes productrices des villes consommatrices serait une simplification grossière, car la consommation engendre la demande, qui agit sur la production et l'importation des biens et des services. La production et l'offre ainsi créées déterminent, à leur tour, l'offre de consommation et stimulent l'exportation. La production et la consommation sont donc intimement liées et ni l'une ni l'autre ne doit être définie, à elle seule, comme le moteur-clé du succès économique des villes. Ces considérations conduisent à croire qu'une politique de soutien à la production créative n'est, peut-être, qu'un seul des moyens pour promouvoir le développement des villes créatives. Il est donc important de développer une compréhension plus globale des trajectoires distinctives des villes, de leurs régions et de leur gouvernance.

Les trajectoires locales et régionales

L'étude de la dépendance historique des trajectoires locales et régionales est de plus en plus importantes dans le domaine des sciences sociales, mais sa définition et son application demeurent encore vagues (Deeg 2001 ; Fuchs 2005). La notion est associée à l'idée que « l'histoire est importante ». Alors qu'il serait vain d'ignorer l'importance de l'histoire pour interpréter le présent et explorer l'avenir, l'étude de la dépendance historique des trajectoires urbaines et régionales doit toutefois avoir une signification plus concrète pour être utile.

Par exemple, Pierson (2000) avance l'idée d'un développement incrémental : « La possibilité d'avancer sur le même chemin se renforce avec chaque pas entrepris. » Mahoney (2000) constate, par ailleurs, que « la dépendance historique d'une trajectoire se caractérise par des séquences historiques spécifiques pendant lesquelles certains événements ont déclenché des schémas institutionnels ou une série d'événements déterminants ». Les économistes et les spécialistes en économie géographique ont étudié le rôle de la dépendance historique dans la création et la reproduction de secteurs et réseaux économiques interdépendants dans certaines villes et régions, souvent sous la forme de pôles économiques spécifiques (Boschma et Kloosterman, 2005). Nous pouvons alors nous attendre à ce que les trajectoires économiques, culturelles et institutionnelles historiques de ces villes aient un impact sur leur degré de créativité et la présence ou l'absence locale d'industries créatives aujourd'hui. Une forme de rupture à Poznań et la fin du « socialisme étatique » à Leipzig viennent cependant contrebalancer l'influence de ces facteurs historiques.

Une action politique est-elle impérative ? Faut-il soutenir et gouverner les industries créatives ?

Comme nous l'avons constaté, l'importance croissante attachée aux industries créatives a conduit au développement d'une gamme d'outils politiques de soutien variés. Étant donné que ces industries ont tendance à se regrouper en pôles économiques (UNDP UNCTAD, 2008), « la politique des pôles est devenue l'un des instruments les plus fréquemment utilisés afin de transformer une économie urbaine ou régionale en une économie créative et de la connaissance » (Musterd *et al.*, 2007 : 10). Cependant, le concept de pôle est encore débattu aujourd'hui et certains auteurs le trouvent confus (Martin et Sunley, 2003). Néanmoins, le concept a été largement utilisé dans les politiques régionales (Oxford Research, 2008). Puisque la politique des pôles souligne l'importance des réseaux économiques formels et informels, la notion de gouvernance se trouve habituellement au centre des politiques de soutien aux industries créatives.

Le développement par Hospers (2003) de la notion d'instabilité comme indicateur central de la ville créative souligne certaines questions relatives à la gouvernance auxquelles doivent faire face les institutions publiques quand elles ont affaire à des « agents créatifs ». Ces derniers ont tendance à travailler sur des projets temporaires plutôt que sous la forme de structures stables et hautement formalisées. La question à poser est donc : « Comment les institutions publiques peuvent-elles soutenir les industries créatives et doivent-elles le faire ? » Cette question est d'une importance particulière pour les pays d'Europe centrale et orientale, où la notion de commercialisation des produits culturels reste nouvelle et est en contradiction avec la philosophie héritée du « socialisme étatique » (O'Connor, 2005 ; Lange, 2005). Dans de nombreux cas, la notion d'industries créatives n'atteint que maintenant seulement la sphère politique de ces pays.

Un modèle de développement de la ville créative

Afin d'analyser et de comparer nos trois études de cas, nous proposons un modèle de développement de la ville créative découlant de la discussion précédente, fondé sur les sphères réelles et de régulation (schéma 1). D'un côté, la sphère de régulation est caractérisée par les initiatives politiques de support aux industries créatives ainsi qu'à leur niveau de reconnaissance par les institutions publiques locales régionales et nationales. Initialement, ces initiatives peuvent comprendre la formulation d'hypothèses, l'élaboration de politiques sélectives et le développement d'une forme de gouvernance créative pour développer la créativité. À ce stade, la politique peut habituellement manquer de cohérence et avoir tendance à se fonder sur des projets spécifiques individuels plutôt que sur des programmes coordonnés. Par la suite, des mécanismes plus globaux et de coordination de ces instruments peuvent se développer. D'autre part, le développement durable de la ville créative doit être fondé sur les ressources locales existantes. Ces ressources sont associées aux forces de la ville, à son héritage culturel, à son développement historique, ainsi qu'aux caractéristiques de l'environnement créatif.

Un potentiel fort et un environnement favorable sont déterminants pour favoriser la croissance des industries créatives et leur contribution à la prospérité locale.

Les sphères réelles et de régulation sont habituellement interdépendantes. Cette interdépendance est caractérisée par une approche, soit du bas vers le haut (de la sphère réelle vers la sphère de régulation), soit du haut vers le bas (de la sphère de régulation vers la sphère réelle). En ce qui concerne l'approche du haut vers le bas, la reconnaissance de l'importance des industries créatives émane du gouvernement national, d'autres villes et/ou du gouvernement local, et vise à développer ou à fortifier les industries créatives en se basant sur les ressources locales existantes. À l'inverse, l'approche du bas vers le haut implique une croissance des activités créatives pouvant nécessiter un support politique, créant ainsi une impulsion pour une action publique coordonnée de plus grande envergure. Selon cette approche, les industries créatives peuvent même se développer spontanément et l'action politique peut émerger plus tard pour répondre à certains problèmes potentiels auxquels ces industries doivent faire face à certains stades de leur développement.

Les « villes créatives » de Birmingham, Leipzig et Poznań : la sphère réelle

Cette section analyse les trois études de cas, Birmingham, Leipzig et Poznań, et leur position vis-à-vis de leurs sphères réelles, tandis que la section suivante analyse leurs sphères de régulation en ce qui a trait aux industries créatives suivant ainsi le modèle de développement de la ville créative présenté ci-après.

L'importance historique de Leipzig et de Poznań dans leur économie nationale devance celle de Birmingham, dont l'émergence comme une ville-clé de la révolution industrielle au Royaume-Uni date du XIXe siècle. Cependant, les trois villes ont joué un rôle commercial national important et ont été des nœuds de communication essentiels à un moment donné de leur histoire, parfois à l'ombre de leurs capitales nationales. Chaque ville est également reconnue comme un centre culturel.

Schéma 1 : Modèle de développement de la ville créative

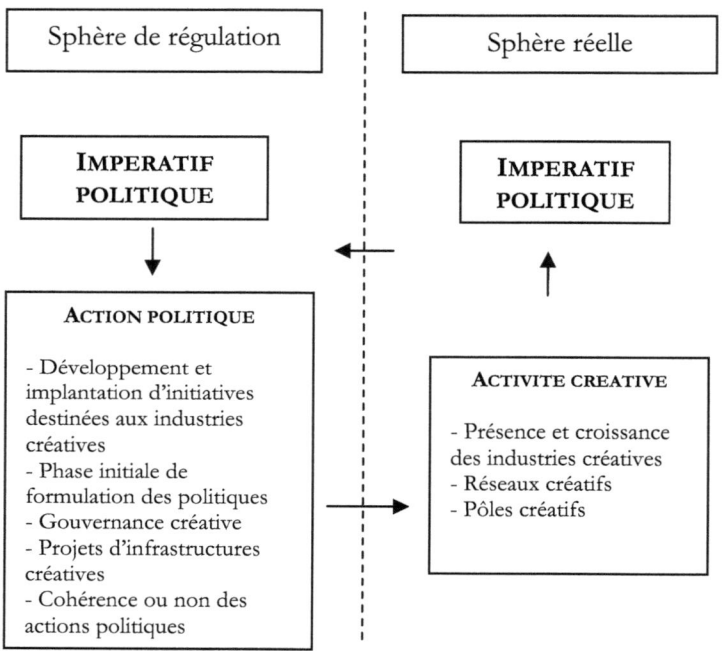

La renommée de Birmingham et Poznań est liée à leurs activités artisanales (la joaillerie à Birmingham et la fabrication de meubles à Poznań). Ces deux villes sont également caractérisées par la présence traditionnelle de nombreuses petites entreprises : Birmingham a été surnommée « la ville aux 1000 métiers » au XIXe siècle. À l'instar de Birmingham, Poznań et Leipzig subirent une industrialisation significative à la fin du XIXe et au début du XXe siècle. Cette industrialisation marquée continua jusqu'aux années 1970 à Birmingham, soutenues par des structures de production fordiste et la présence forte du secteur automobile dans la région. L'industrialisation de Leipzig et de Poznań fut également une priorité importante du système communiste pendant la période allant de 1950 à 1990.

CULTURE ET ATTRACTIVITÉ

Les années 1980 marquent une rupture économique importante pour la ville de Birmingham, atteinte par une récession économique marquée. On note un phénomène similaire en quelque sorte à Leipzig et à Poznań, au début des années 1990, avec la fin de l'ère socialiste. Depuis les années 1990, les trois villes ont subi des changements fondamentaux dans leur « tissu urbain » et leur économie, avec un « virage » vers l'économie tertiaire et, en parallèle, un processus de régénération. Pour des raisons diverses, ces trois villes se sont engagées dans un processus de « rattrapage » vers l'économie de la connaissance. Elles ont « réactivé » leur potentiel historique afin d'encourager ces changements. Par exemple, le commerce, les affaires et la culture sont mis en exergue comme caractéristiques-clés de leur développement économique local. Suivant l'importance accordée aux industries créatives au niveau national, Birmingham essaie de développer son image de ville créative depuis dix ans. À l'inverse, l'importance de ces industries n'a été que reconnue que récemment à Leipzig et à Poznań. Il est important de noter que Leipzig et Poznań doivent faire aux défis importants de la privatisation et de la modernisation depuis la fin du communisme, ce qui a de fortes implications pour le développement de leurs infrastructures et de leur environnement économique.

À présent, chaque ville occupe une position centrale au sein de son économie nationale. Birmingham est la deuxième ville d'Angleterre. La population urbaine de Poznań place cette dernière au cinquième rang en Pologne, tandis qu'elle occupe la deuxième place, après Varsovie, au niveau économique. Enfin, Leipzig est la plus grande ville de l'État de Saxonie, même si sa population la place bien au-dessous du dixième rang, comparée à d'autres villes en Allemagne. L'économie de Birmingham est fortement concentrée sur les services, surtout les finances, le secteur juridique, le commerce de détail, l'éducation et le tourisme d'affaires. L'industrie automobile joue toujours un rôle important, mais déclinant, dans l'économie locale. Le secteur des services a connu une croissance significative à Leipzig pendant ces dix dernières années. Aujourd'hui l'économie de la ville est forte dans les domaines du secteur juridique et de la recherche et du développement (sciences de la vie, biotechnologies, domaine médical et technologies de l'environnement). Leipzig est aussi caractérisée par un pôle économique important autour des nouveaux médias, promouvant l'industrie créative. La ville a récemment bénéficié de l'implantation d'une usine Porsche, attirant ainsi d'autres entreprises de l'industrie automobile. L'économie de Poznań a crû fortement ces dernières années. La ville attire des investisseurs étrangers et son économie locale est forte dans les domaines de la formation, de la recherche et du développement, de l'informatique et des technologies de communication. Son héritage culturel est notoire, même si ce dernier n'est pas encore pleinement exploité.

Les enjeux économiques auxquels sont confrontées ces trois villes ont conduit à une baisse de population pendant les années 1980 pour Birmingham, durant les années 1990 pour Leipzig et Poznań. Cette tendance a été renversée depuis, mais les trois villes subissent toujours un exode vers leurs banlieues. Birmingham et Leipzig font face, toutes deux, à des enjeux lies au chômage et à la polarisation sociale, alors que Poznań est considérée comme une ville prospère. Il est intéressant de noter que tandis que Poznań et Birmingham sont reconnues pour leurs fortes concentrations d'entreprises dans les industries de la connaissance, Leipzig est aussi reconnue dans les industries créatives grâce à son pôle médiatique. Le développement des industries créatives est plus rapide en termes quantitatifs à Poznań et Leipzig, dû au fait que ces villes sont en train de rattraper leur retard économique depuis la fin du communisme. Au contraire, le développement des industries créatives est plus lent à Birmingham, mais il implique une croissance du secteur et également un changement de ses composantes. De plus, ces trois villes ont des ressources culturelles significatives mais elles les exploitent avec plus ou moins de réussite au regard des industries créatives. Par exemple, les institutions culturelles jouent un rôle important dans le développement du tourisme à Birmingham. Ceci est moins le cas à Poznań (la ville n'utilise pas ses ressources à leur plein potentiel), alors que le centre-ville de Leipzig, reconstruit à la fin du dernier siècle, est une attraction incontournable pour les touristes.

CULTURE ET ATTRACTIVITÉ

Birmingham

Birmingham, située au cœur du pays dans la région des West Midlands, avec un million d'habitants, est la deuxième ville d'Angleterre. Capitale de la révolution industrielle, au confluent du système ferroviaire et des canaux fluviaux anglais, Birmingham ne fut ni une grande ville ni un centre religieux avant l'ère industrielle. Grâce à son expansion rapide pendant la révolution industrielle (aidée en partie peut-être par l'absence d'intérêts établis avant l'ère industrielle), elle a dépassé, à l'aube du XXe siècle, d'autres villes anglaises plus anciennes, plus grandes et plus influentes, à l'exception de Londres. La ville, comme la région, a sérieusement été affectée, à partir des années 1970, par une restructuration constante et par la désindustrialisation, résultat d'une productivité en baisse et d'une concurrence étrangère féroce dans ses secteurs productifs. Afin de faire face à ce défi économique, la ville a mis en place une stratégie ambitieuse de régénération économique transformant sa base économique vers les secteurs financiers et de service pendant les années 1980 et 1990. En 2001, la majorité (67 %) des habitants de Birmingham travaillaient dans le secteur des services dans son sens le plus large, en particulier dans les domaines de la santé, de l'éducation et de la finance. Malgré ces changements, Birmingham continue de souffrir d'une dépendance trop forte des secteurs à faible croissance, par exemple les secteurs automobile et de produits métalliques de base (Brown *et al.*, 2007).

L'héritage artistique de la ville reste important et a en partie soutenu le développement des industries créatives. Depuis le milieu des années 1990, *Eastside* et le quartier historique de la joaillerie ont émergé lentement et concentrent aujourd'hui de nombreuses PME et organisations créatives. Le quartier de la joaillerie reste l'un des pôles les plus importants d'entreprises bijoutières en Europe. Sa base économique s'est toutefois diversifiée vers des secteurs comme l'architecture et la publicité. *Eastside*, centre du plus grand programme de régénération actuelle de la ville, émerge comme un centre d'activités multimédias, de conception graphique, d'arts visuels et de production musicale.

En 2006, 27 500 emplois existaient dans les industries créatives à Birmingham, représentant 5,6 % des emplois locaux. Les secteurs créatifs offrant le plus grand nombre d'emplois étaient l'architecture, les arts, l'artisanat et l'informatique. Birmingham présente aussi des concentrations d'emploi plus élevées que la moyenne nationale dans les domaines de la publicité, de l'architecture, de la radio et de la télévision. Globalement, la ville concentre aussi de nombreux emplois dans les secteurs de la connaissance, comme l'intermédiation financière, les assurances, les agences pour l'emploi, l'éducation supérieure, les télécommunications, ainsi que dans le secteur du tourisme, des activités sportives, des bibliothèques, des archives, des musées et autres activités culturelles.

Après une baisse de population de 3 % entre 1981 et 1991, Birmingham a bénéficié d'une croissance démographique de 1,7 % de 1991 à 2001. La ville est jeune et multiethnique et profite d'une bonne croissance économique, mais elle reste confrontée à des défis de polarisation sociale. Certaines parties de la ville, comme ailleurs dans les West Midlands, souffre de l'existence de foyers de pauvreté et de chômage extrêmes et de niveaux scolaires inférieurs à la moyenne nationale.

Leipzig

Leipzig est située à l'est de l'Allemagne, dans l'État libre de Saxonie. C'est la plus grande ville de l'État, suivie de près par la capitale, Dresde. La population de la ville de Leipzig elle-même est légèrement supérieure à 500 000 habitants (Stadt-Leipzig, 2006). D'importants investissements dans les infrastructures de transports, comme les routes, les chemins de fer et une nouvelle piste d'atterrissage à l'aéroport de Leipzig-Halle, ont contribué à l'intégration de la ville et de sa région dans les zones économiques nationales et européennes. La transition vers une économie de marché, lors de la réunification de l'Allemagne en 1990, a rapidement entraîné l'effondrement généralisé des structures économiques traditionnelles.

CULTURE ET ATTRACTIVITÉ

La stratégie économique actuelle de la ville de Leipzig se concentre à la fois sur des secteurs traditionnels et nouveaux. Les activités économiques principales couvrent les foires et les expositions (organisées principalement par le salon de Leipzig), la production automobile, le commerce de détail et la distribution, la logistique, la santé et l'ingénierie médicale, les biotechnologies et les sciences de vie, l'énergie et les technologies de l'environnement, les médias et la communication. Globalement, Leipzig bénéficie d'une croissance importante des industries créatives. En 2005, il existait environ 23 000 emplois dans ces industries, représentant une croissance de 5% par rapport à 1999. Contrairement à l'industrie automobile, arrivée récemment, les médias, la presse, la littérature et les arts ont été historiquement présents dans la ville de Leipzig.

En 1992, la MDR (*Mitteldeutscher Rundfunk*), la corporation régionale de télévision et de radio desservant les États de Saxonie, Saxe-Anhalt et Thuringe, a ouvert son siège à Leipzig. Peu de temps après, une agence de développement médiatique, *Medienstadt Leipzig GmbH,* s'est installé afin de soutenir la croissance des activités du secteur des médias. Bentele *et al.* (2006) estiment que ce secteur emploie 32 800 personnes (dans près de 9 700 entreprises individuelles), soit environ 12 % de tous les emplois locaux. Environ 4 300 emplois existent dans les domaines de la publication et de l'édition et 4 200 dans la télévision, le cinéma et la radio. La plupart des entreprises associées aux médias sont des PME, ce qui explique pourquoi il en existe autant (1 350 en 2002).

Le secteur des médias bénéficie d'un support institutionnel important, dont une université, des instituts d'éducation supérieure et polytechnique, plusieurs centres de recherche hors faculté et diverses écoles d'art, de musique et de technologie. Des politiques et des subventions d'État, ainsi que des infrastructures ultramodernes, font aussi de la ville de Leipzig un lieu attractif pour ces activités. Un milieu urbain agréable, caractérisé par une ouverture d'esprit, une société civile active et des facilités culturelles diversifiées, stimule aussi sa compétitivité économique.

CULTURE ET ATTRACTIVITÉ

Poznań

Poznań est l'une des villes les plus anciennes et les plus grandes de Pologne et son taux de croissance est parmi les plus élevés du pays. Elle est située dans la partie centrale du pays, à mi-chemin entre Varsovie et Berlin. Avec ses 568 000 habitants, Poznań est la cinquième ville de Pologne (après Varsovie, Lodz, Cracovie et Wroclaw). Le profil social et économique de Poznań semble favorable à son développement en tant que région créative. Un habitant sur cinq de la région métropolitaine (856 000 habitants) a fait des études supérieures. En effet, la ville possède 26 institutions d'éducation supérieure (y compris huit gérées par l'État) et son nombre total d'étudiants s'élève à plus de 122 000. Le niveau élevé de qualification de la main d'œuvre locale a pour résultat un taux de chômage faible (7,6 %) et un niveau élevé d'entrepreneurs, reflété par de multiples PME employant moins de 50 employés, la plupart dans le secteur des services et des services professionnels. À l'autre extrême, la ville possède de grandes entreprises étrangères (Volkswagen, GlaxoSmithKline, Bridgestone, Beiersdorf...) avec un investissement total de 12,5 milliards de Zlotys (4 milliards de dollars) assurant le transfert de technologies et d'innovations avancées. Ces dernières sont aussi suscitées par les cinquante institutions de recherche et développement basées dans la région métropolitaine de Poznań.

En 2005, 30 385 personnes travaillaient dans les industries créatives et de la connaissance dans la région métropolitaine de Poznań. L'étude de Stryjakiewicz *et al.* (2007) montre que le secteur créatif est principalement représenté à Poznań par des entreprises du secteur des technologies informatiques et de communication, ainsi que par des institutions d'éducation supérieure. La ville de Poznań fournit 83 % des emplois dans le secteur créatif de la région métropolitaine. Les secteurs dont le pourcentage d'emplois concentrés au cœur de la ville est supérieur à la moyenne comprennent l'édition (93 %), la publicité (88 %) et l'architecture (87 %). Jusqu'à aujourd'hui, le rôle des industries culturelles (y compris les médias) a été faible.

Dans la région de Poznań, le plus grand pourcentage des emplois dans ce secteur – presque 57 % – venait du secteur artisanal, localisé principalement à Swarzedz qui est spécialisé dans le mobilier artisanal.

Poznań a parfaitement su utiliser son avantage géographique pour devenir l'un des leaders économiques de la transformation socio-économique depuis l'ouverture des frontières nationales en 1989 (Parysek, 2005). Les années 2001 à 2005 furent caractérisées par une croissance dynamique de l'économie créative et de la connaissance dans la région métropolitaine de Poznań, stimulée par la variété des initiatives et programmes européens, à la suite de l'entrée de la Pologne dans l'Union européenne en 2004. Cette croissance se poursuit notamment grâce au réseau d'institutions d'enseignement supérieur et à leurs activités dans le domaine de la création de la connaissance et de sa dissémination. La coopération entre la science et l'économie reste, semble-t-il, encore insatisfaisante, ce qui peut être attribué de manière globale aux limitations institutionnelles, et de manière plus précise à un cadre juridique et organisationnel insuffisant. Le domaine le plus important de cette coopération concerne l'informatique et les technologies de communication.

Un autre facteur de la construction de Poznań comme région créative se trouve être le niveau de vie de ses habitants, plus élevé que la moyenne nationale, et les bonnes conditions de logement (même si 48 % du parc immobilier date de l'époque précédant les années 1970, engendrant aujourd'hui des problèmes de maintenance). La structure ethnique de la ville est extrêmement homogène et le nombre d'étrangers reste faible, à l'instar de la majorité des villes polonaises (Kotus, 2006 ; Parysek, Mierzejewska, 2006).

Birmingham, Leipzig et Poznań en tant que villes créatives : la sphère de régulation

Cette section présente les profils de Birmingham, Leipzig et Poznań en termes de régulation de la ville créative, selon le modèle de développement décrit précédemment.

L'organisation institutionnelle et la gouvernance des trois villes sont différentes. Depuis le XIXe siècle, Birmingham fournit un exemple de gouvernement local fort, enraciné dans des partis politiques locaux dynamiques qui ont réussi à moderniser le centre-ville et à délivrer des services de manière concrète et active. Jusqu'à la fin des années 1990, la ville était la principale responsable du développement local ; dans ce contexte, Birmingham a réussi à solliciter les fonds de l'Union européenne, ce qui a été très bénéfique pour son développement. Avec la création d'échelons régionaux depuis la fin des années 1990, un nombre croissant d'acteurs ont développé des stratégies pour encourager la croissance économique et le développement des industries créatives et de la connaissance à Birmingham et dans les West Midlands. Cette abondance d'acteurs et de stratégies a créé certains enjeux en termes de coordination. De 1950 à 1990, Leipzig et Poznań subirent l'influence de la politique de planification socialiste. Depuis, les deux villes ont vécu d'importants changements en termes de gouvernance. Leipzig fait désormais partie du système fédéral de l'Allemagne. Les décideurs politiques locaux et régionaux ont choisi un modèle de gouvernance fondé sur diverses alliances entre décideurs et urbanistes, conduisant à des initiatives locales et régionales communes. En Pologne, le gouvernement a mis en place un système d'administration à trois niveaux : local, sous-régional et provincial. À Poznań, comme pour Birmingham, le résultat en est une surabondance d'acteurs, de stratégies et de projets, avec notamment un manque d'intégration et de vue globale. Il est important de noter le rôle influent joué par la chambre de commerce et les associations de métiers à Poznań.

Depuis la fin des années 1990, Leipzig et Poznań ont mis en place des politiques distinctes de l'ère socialiste précédente, abandonnant la concentration sur la production industrielle et les économies d'échelle en faveur du développement des infrastructures, des moyens de communication et du soutien au secteur privé. Concrètement, les mesures prises consistent en un mélange d'initiatives fondées sur des investissements immobiliers (construction et régénération des quartiers) et de mesures fondées sur des programmes de soutien aux entreprises.

CULTURE ET ATTRACTIVITÉ

Il est intéressant de noter que, dans certains cas, cela a abouti à des politiques similaires à celles mises en œuvre à Birmingham. Par exemple, Leipzig et Birmingham/West Midlands ont choisi de poursuivre une politique de développement de pôles économiques.

Les trois villes présentent cependant des profils différents en ce qui concerne la reconnaissance des industries créatives comme facteur de développement économique. À Birmingham et en Angleterre, cette reconnaissance a été caractérisée par une approche du haut vers le bas, avec une forte impulsion du gouvernement national. Aujourd'hui, les industries créatives bénéficient de plans sectoriels et de stratégies diverses et sont même incluses dans les stratégies plus globales de développement urbain et régional. À Poznań et à Leipzig, cette reconnaissance s'est plutôt exprimée par une approche du bas vers le haut. Depuis longtemps, Cracovie est considérée comme la capitale culturelle de la Pologne alors que Poznań est considérée comme une ville d'affaires où les industries créatives ne jouent pas un rôle important et ne bénéficient donc pas de politiques particulières. Une demande existe cependant pour des « biens créatifs », puisque certains habitants ont tendance à voyager pour assister à des événements culturels. À Leipzig, les acteurs créatifs ont toujours été très présents, surtout dans le domaine des médias, des arts et de la musique. Leur importance est reconnue par les décideurs locaux et régionaux et est reflétée dans la politique économique sectorielle développée au cours des dernières années. Les trois villes ont développé, au cours de leur histoire, certains pôles culturels ou créatifs. Birmingham, par exemple, est connue pour son quartier des joailliers, tandis que Leipzig se distingue par un quartier concentrant une forte proportion d'activités dans les nouveaux médias. De façon similaire, Poznań bénéficie d'un pôle artisanal régional de conception traditionnelle de meubles. Ces pôles bénéficient de réseaux informels et formels forts à Birmingham et à Leipzig ; à Birmingham, ces réseaux peuvent parfois se concurrencer. À Poznań, certains secteurs créatifs bénéficient également d'importants réseaux ; l'introduction du système économique capitaliste a pu parfois remplacer la dynamique initiale de collaboration de ces réseaux par des dynamiques concurrentielles.

Aux cours des vingt dernières années, pour des raisons différentes, ces trois villes ont mis en place des processus de développement économique et de régénération, ce qui a créé une forme de *buzz* local. Elles ont essayé de se positionner comme « un endroit créatif incontournable », mais ce positionnement est rendu difficile par leur proximité géographique avec leurs capitales nationales. Birmingham et Poznań sont aussi potentiellement désavantagées par leur traditionnelle image de ville d'affaires.

Birmingham

Au plan national, le gouvernement du Royaume-Uni a, ces dix dernières années, mis en avant l'importance de l'économie créative et du développement de pôles économiques. L'introduction des agences de développement régional a relayé ces priorités au niveau régional. À l'échelle locale, deux important acteurs sont chargés des politiques et initiatives en matière de culture, d'économie créative et de développement économique : l'Agence de développement régional (RDA) *Advantage West Midlands* et la ville de Birmingham. Brown *et al.* (2007) présentent une analyse des politiques de développement économique à Birmingham et dans les West Midlands depuis l'élection nationale du nouveau parti travailliste (*New Labour Party*) en 1997. Une grande diversité d'instruments existe pour promouvoir la spécialisation régionale et le développement des pôles créatifs à Birmingham et dans les West Midlands. Une étude récente (Research House UK, 2006) constate qu'il existe 166 organisations de soutien aux industries créatives, autant en matière de formation, de diversité, de concurrence, de propriété intellectuelle, du soutien aux entreprises, de technologie, d'infrastructures et d'accès aux financements dans les West Midlands.

Birmingham bénéficie d'une tradition bien établie de collaboration entre institutions et la plupart des organisations locales collaborent pour proposer des activités liées au développement économique (Coulson et Ferrari, 2005). Ce genre de partenariat fut initié au début des années 1970 avec la collaboration entre le conseil municipal et la chambre de commerce pour construire et gérer certaines des infrastructures au cœur du projet de régénération locale. Ces partenariats sont complexes et comprennent parfois des organisations privées et publiques. Le but de leurs interactions peut varier de l'échange d'informations aux projets en commun et aux questions de financement, telles que l'administration des subventions et des fonds publics (Coulson et Ferrario, 2005).

Deux partenariats, en particulier, s'occupent du développement des industries culturelles et créatives au niveau local. Le Conseil du Partenariat Créatif de Birmingham (CPBP) et le Partenariat Culturel de Birmingham (BCP). Le Conseil du Partenariat Créatif de Birmingham existe depuis 2004 et regroupe les organisations publiques clés impliquées dans le secteur créatif et culturel de Birmingham. C'est un organisme stratégique composé de décideurs et d'experts venant des industries créatives et sa mission est de soutenir les entreprises créatives et culturelles afin de positionner et de promouvoir Birmingham en tant que chef de file de l'économie créative parmi les régions du Royaume-Uni. D'autre part, le Partenariat Culturel de Birmingham porte la responsabilité de la stratégie culturelle de la ville. Ses membres sont composés des chefs de département des services culturels municipaux, des représentants d'agences culturelles clés et des organismes publics non-gouvernementaux. Au delà de ces partenariats formels, des regroupements informels ont émergé du secteur créatif. Le groupe « République créative » en est un exemple. Il regroupe des travailleurs des industries créatives et culturelles et a pour but de faire de la représentation et du lobbying pour ce secteur, de créer des réseaux et de commanditer des recherches sur le secteur créatif à Birmingham.

L'importance des industries créatives est reconnue dans les stratégies économiques et d'aménagement de la ville de Birmingham où ces industries sont identifiées comme un secteur de croissance majeur pour l'économie locale. La stratégie locale vise à soutenir ces industries croissantes et à développer certains quartiers comme pôles créatif de renommée internationale, centres d'excellence et pôles de pointe des industries de la connaissance (Brown *et al*, 2007).

Au niveau régional, des stratégies ont été mises en place afin de développer des pôles régionaux pour certains secteurs créatifs depuis la création de l'agence régionale de développement économique à la fin des années 1990. Les stratégies les plus récentes (2008-2011[3]) comprennent toutes des initiatives ayant pour but le renforcement des réseaux entre secteurs créatifs et enseignement supérieur ou institutions de recherche. Par exemple, le *Pôle créatif* localisé dans le bâtiment « Custard Factory » soutient la création de réseaux impliquant plus de 300 entreprises créatives dans le secteur est du centre-ville de Birmingham. Le réseau « *Interior and Lifestyle Cluster Network* » soutient de nombreuses activités de collaboration ayant pour but de développer les relations entre entreprises et institutions d'enseignement dans le secteur du design d'intérieur et des produits de luxe, tandis que le réseau « *West Midlands Information Communication Technologies Cluster* » regroupe des facultés, des centres de recherche, des organismes nationaux de perfectionnement professionnel et certains acteurs privés dans le domaine des technologies de l'information.

D'autres initiatives s'ajoutent à ces réseaux et à ces partenariats locaux et régionaux afin d'alimenter la recherche et l'innovation au sein des industries créatives en connectant des institutions de recherche avec des entreprises. On peut citer le cas du centre d'innovation de l'industrie joaillière, (*Jewellery Industry Innovation Centre*, JIIC), intégré à l'Institut de la Joaillerie de l'université de la ville de Birmingham et établi afin de soutenir les industries joaillières et d'orfèvrerie par le développement de nouvelles applications technologiques.

---

[3] Interiors and Lifestyle Cluster Plan 2008-2011,
http://www.advantagewm.co.uk/working-with-us/business-clusters/interiors-and-lifestyles.aspx. ICT Cluster Plan 2008-2011,
http://www.advantagewm.co.uk/working-with-us/business-clusters/ict.aspx.
Screen, Image and sound Cluster Plan 2008-2011,
http://www.advantagewm.co.uk/working-with-us/business-clusters/screen-image-and-sound.aspx. Business and Professional Services Cluster Plan,
http://www.advantagewm.co.uk/working-with-us/business-clusters/specialist-business-and-professional-services.aspx.

Toutes ces initiatives locales et régionales, dont l'objectif est de soutenir la création de réseaux entre les acteurs privés et les institutions privées et publiques, semblent avoir engendré des synergies positives dans certains secteurs, plus que d'autres, comme indiqué par des entretiens avec des managers d'entreprises dans les industries créatives et de la connaissance menées pour le projet ACRE dans la ville de Birmingham. Ainsi, la plupart des travailleurs du secteur créatif et du secteur de la connaissance à Birmingham et dans les West Midlands se connaissent, mais leur collaboration varie selon les caractéristiques de chaque secteur et selon la présence d'acteurs nationaux d'influence (Brown *et al*, 2008).

Cependant, malgré toutes ces initiatives, Birmingham a encore de la difficulté à se définir en tant que ville « créative ». S'oriente-elle pour devenir un pôle des sciences, de la technologie, de l'innovation, des affaires, de la finance, et/ou du tourisme ? Il reste également difficile pour certaines institutions locales et régionales de comprendre la dynamique des industries créatives. Les différences d'approche entre décideurs et travailleurs créatifs en sont en partie responsables. Le passé de la ville joue également un rôle dans ces incompréhensions, car historiquement le développement économique de la ville s'est fondé sur le commerce, la fabrication et la production. Dans ce sens, la stratégie de développement économique des années 1980 et 1990 fut plus facile à mettre en œuvre, par exemple dans le développement du tourisme d'affaires, car étant lié en partie à cet historique. Par contre, certains décideurs ont toujours de la difficulté à croire qu'investir dans les industries créatives n'est pas « risqué ».

Leipzig

À Leipzig, même si d'énormes sommes d'argent ont été investies par l'État de Saxonie et la communauté locale dans des domaines innovants des industries de la connaissance (ce qui concerne la mobilité, la recherche et le développement, les infrastructures high-tech et les technologies de la communication), les résultats en termes de recherche (nombre de brevets, fonds pour la recherche, etc.) ne justifient pas encore pleinement ces investissements financiers. De surcroît, les industries créatives n'ont été identifiées comme un champ d'action stratégique pour la ville de Leipzig que depuis août 2008. Malgré une forte présence et les performances de certaines entreprises créatives, notamment dans le secteur des médias, il n'existe pas de stratégie fondée sur des partenariats entre le secteur privé et le secteur public et/ou impliquant des institutions d'éducation et des centres de recherche et de développement des produits culturels, ainsi qu'une démarche urbaine et économique cohérente autour de ce secteur.

Officiellement, la ville a sélectionné cinq pôles économiques performants (Stadt-Leipzig, 2006). Ces pôles sont les médias et les industries créatives (depuis le mois d'août 2008), les sciences de la vie, les biotechnologies et les technologies médicales, les technologies énergétiques et environnementales, l'industrie automobile et des accessoires, ainsi que les technologies de soutien et les services aux entreprises, principalement la logistique.

Au-delà de politiques fondées sur une organisation formelle et créées pour répondre à des crises politiques, les réseaux informels sont considérés comme essentiels pour la promotion des industries créatives. Leipzig bénéficie de plusieurs de ces réseaux informels et autonomes. Bien que le marché de la main-d'œuvre créative y soit encore peu développé ou inaccessible, beaucoup d'activistes culturels ont lancé leurs propres entreprises, souvent originales, en plein milieu de cette crise structurelle. Les réseaux informels sont déterminants dans ces processus car ils permettent de contrebalancer de faibles revenus financiers, des fonds en capitaux modestes ou des structures de soutien formelles et « connues » (Bismarck et Koch, 2005 ; Steets, 2008). Au capital culturel historique qui a survécu à l'époque socialiste (comme la peinture, la photographie, le design, etc.), se sont ajoutés des milieux culturels de plus en plus visibles, qui ont regagné une certaine importance, non seulement pour promouvoir l'hétérogénéité de la vie culturelle et de la consommation culturelle, mais aussi pour fournir des opportunités professionnelles.

Des cabinets d'architectes (comme L21, KARO, URBIKOM, etc.), des recoupements artistiques (comme NIKO 31), des concentrations de galeries dans le Spinnerei à Plagwitz dans l'est de Leipzig, un centre culturel notable dénommé NATO à Süvorstadt et une créativité expérimentale florissante associée au cinéma et aux médias ont émergés des transformations difficiles survenues depuis le milieu des années 1990 (Bismarck et Koch, 2005). La crise structurelle de la ville, survenue après la réunification, a conduit à des actions créatives de la part de différents agents et a informé les institutions de formation, comme l'académie d'art visuel, sur la situation professionnelle de leurs diplômés, les poussant à agir afin de repositionner leur curriculum, leur engagement vis-à-vis de la ville et leur rôle institutionnel dans le processus de la transformation urbaine (Bismarck et Koch, 2005).

Trois phases peuvent être distinguées au cours des trois dernières années (2005 à 2008) en matière de gouvernance de la ville de Leipzig, c'est-à-dire de communication et de discours entre différentes organisations publiques et le secteur privé. La première phase (2005 à 2006) fut caractérisée par une tentative de la part du conseil des affaires culturelles de lancer un débat sur le statut de la culture comme faisant partie du domaine des agréments urbains. La ville présenta alors un plan intitulé le *Kulturentwicklungsplan* (plan pour le développement de la culture) à tous les acteurs urbains. Ce plan fut particulièrement décrié par les acteurs créatifs indépendants qui considéraient leur activité comme faisant partie de la création culturelle ou « haute » culture, alors que le plan les mentionnait uniquement comme une source de déficits financiers potentiels. Le conseil municipal de la ville ne réussit donc pas à rétablir un dialogue sur le statut des industries créatives en tant que nouveaux segments stratégiques du profil économique de la ville.

La deuxième phase commence en 2007 avec la publication des premières statistiques sur les industries créatives, les présentant comme un nouveau segment économique de la ville de Leipzig. Cette publication a ouvert la voie à une discussion plus large et moins orientée vers les secteurs « traditionnels », non seulement entre les autorités publiques, mais avant tout avec des représentants officiels du secteur privé.

Une pierre d'angle majeure de cet édifice fut la publication du magazine de la ville, *Kreuzer*, sur la thématique *Si Leipzig veut devenir une ville créative*. L'article principal du magazine s'interrogeait sur les choix économiques possibles pour les industries créatives de la ville.

La troisième phase commence en 2008. Cette phase est caractérisée par la crainte exprimée par les représentants de l'opinion publique et du marché concernant les exagérations potentielles du discours sur les industries créatives et le danger que les politiques créatives locales ne conduisent à aucune amélioration significative et réelle des pratiques créatives et d'entreprenariat. La pression créée par les discussions continues sur les profils économiques distinctifs de la ville de Leipzig, sur la mise en place de politiques convenables et d'investissements concrets dans des politiques économiques urbaines pourrait, cependant, conduire à la formulation d'un rapport sur les industries créatives afin de pourvoir à leur développement et de promouvoir la coopération entre leurs représentants.

Poznań

Comme d'autres pays du bloc communiste, la Pologne fut presque totalement « dépourvue » d'innovation ou de réseaux créatifs, y compris ceux fondés sur les nouvelles technologies de l'information et de la communication pendant la période dirigiste. Les relations entre l'industrie, les centres de R & D et la science furent (et restent) particulièrement pauvres. Aucune condition existante n'a ainsi encouragé le développement du secteur créatif. La question de savoir comment cette économie périphérique pourra rattraper l'économie créative et de la connaissance se pose donc. Cette question est d'autant plus pertinente qu'après de nombreuses années de stagnation sous une économie dirigiste, la Pologne a dû faire face à une régression économique provoquée par le choc initial de la période de transition à une économie de marché. Par conséquent, toute augmentation quantitative de la production industrielle est aujourd'hui considérée comme une réussite.

De plus, les politiques nationales et locales ont tendance à se concentrer sur des stratégies de court terme afin de combler les failles budgétaires actuelles. Ainsi, les notions d'économie créative et de la connaissance apparaissent seulement maintenant dans le discours économique polonais. C'est pourquoi discuter de « pôle d'industries créatives », de « système de connaissance métropolitaine » ou de « réseaux de connaissances entre sociétés », termes rencontrés fréquemment dans les discours des économies avancées, représente encore un exercice de rhétorique dans le cas de Poznań. Cela ne veut pas dire pour autant qu'aucune initiative pour rattraper le retard en matière d'industries créatives et de la connaissance n'a été mise en place (Kuklinski, Orlowski, 2000). En l'absence d'une stratégie nationale à long terme pour promouvoir et soutenir ces industries (malgré une multitude de rapports et de déclarations sur ce sujet), deux trajectoires semblent se dessiner (Stryjakiewicz, 2002). Une trajectoire exogène, c'est-à-dire associée aux activités des entreprises transnationales et des institutions de l'Union européenne ; et une trajectoire endogène, c'est-à-dire utilisant de manière spontanée le capital humain local.

Jusqu'ici, les sociétés transnationales (STN) présentes à Poznań se sont concentrées principalement sur le développement de leurs réseaux de distribution, accordant peu d'attention à la formation de réseaux locaux créatifs, par exemple des réseaux de R & D. Parmi les quelques exceptions à cette règle se trouvent les réseaux de GlaxoSmithKline Pharmaceuticals ou de Microsoft (Stryjakiewicz, 2005). Étant donné le rôle insatisfaisant joué par les STN et l'investissement direct étranger dans la construction de réseaux innovateurs et la promotion de l'économie de Poznań, les tentatives locales revêtent une importance particulière dans ce domaine. Le meilleur exemple d'un réseau local traditionnel de ce type et de nature créative est Swarzedz, près de Poznań, avec son mobilier artisanal (Stryjakiewicz, 2005). D'autres initiatives locales ont émergées de la part d'une nouvelle classe créative et riche, comme le Centre de commerce, des arts et des entreprises, la *Stary Browar* (vieille distillerie). Depuis les années 1990, la politique urbaine locale a reflété les différentes étapes de la transformation économique et sociale de la ville.

Les problèmes de Poznań n'ont pas les mêmes origines que ceux de la plupart de villes occidentales. Ils sont le résultat d'un changement dans le système de propriété (du public vers le privé) et du besoin de créer de nouvelles politiques territoriales, fiscales, spatiales et autres, afin de répondre à la transformation d'une économie de production manufacturière vers une économie de services, et à la nécessité d'y adapter les infrastructures techniques et sociales. Tous ces processus sont étroitement liés à la création d'une nouvelle base économique pour la ville et à l'amélioration de la qualité de vie de ses habitants.

La structure administrative polonaise a aussi connu de profonds changements depuis le début des années 1990, avec la création de plusieurs niveaux de gouvernement locaux et régionaux, ce qui a eu un impact sur le degré de cohérence et de pérennité des politiques urbaines mises en place. Par ailleurs, ces politiques n'ont pas toujours été en conformité avec les normes de l'Europe occidentale.

Cela s'explique par plusieurs facteurs externes, comme des lois défectueuses et constamment en évolution, des luttes politiques au niveau national, le processus instable de décentralisation du pouvoir, etc. Récemment, la politique urbaine a aussi été largement influencée par l'effet de l'aide financière venant des fonds structurels et de pré-adhésion à l'Union européenne. Ces fonds ont bénéficié à des projets ciblés principalement sur l'amélioration des infrastructures urbaines.

Au cours des dernières années, la politique urbaine de Poznań a connu certains problèmes fondamentaux :
- La mise en place de mesures sectorielles ciblant des problèmes spécifiques comme les transports publics, la santé, la sécurité publique, la protection de l'environnement et le soutien aux entrepreneurs.
- Une multitude de documents de planification stratégique définissant des objectifs similaires, mais sans instrument concret de mise en œuvre (comme une stratégie, une étude, un plan de développement, un programme d'investissements sur plusieurs années).

- L'absence d'une politique de croissance cohérente pour la ville et ses environs, qui se manifeste par l'inexistence jusqu'à ce jour d'une définition reconnue des frontières de la région métropolitaine.
- Finalement, une multitude d'organismes décideurs locaux et régionaux (les autorités communales autonomes, les autorités *poviat* et les autorités *voivodeship* avec leur dualité centrale-locale) contribuant au manque de coordination politique et stratégique.

L'une des conséquences des problèmes mentionnés ci-dessus s'exprime notamment par l'absence d'une politique cohérente au niveau spatial et fonctionnel dont l'objectif serait le développement d'un nouveau secteur créatif dans la ville de Poznań et de ses environs. Toutefois la préparation, en 2002, avec l'aide du *Competitive Funding Scheme* de la Banque mondiale, d'un rapport sur le développement de l'économie de la connaissance dans la ville de Poznań fut un pas important (Developing the Knowledge Economy, 2002).

« L'étude des conditions et orientations du développement spatial de la ville de Poznań (2007) », actuellement en révision, se fonde, premièrement, sur l'hypothèse que la ville jouera le rôle de centre administratif principal et de centre de services pour la région ouest de la Pologne et, deuxièmement, sur l'hypothèse que la ville fonctionnera comme le centre de la région métropolitaine de Poznań. Une attention particulière est accordée au développement de la ville en tant que centre académique, scientifique et technologique, et comme centre d'événements sportifs nationaux et internationaux. Certaines de ces orientations sont congruentes avec le développement d'une ville créative. Elles priorisent notamment des initiatives visant l'obtention de ressources externes, la création d'une atmosphère de créativité et d'entreprenariat, et la coordination des actions publiques et privées afin d'initier et de soutenir des projets en provenance des milieux créatifs. Leur mise en œuvre devrait être déterminante dans un avenir proche.

Birmingham, Leipzig et Poznań comme villes créatives

Pour résumer, Birmingham, Leipzig et Poznań ont subi une restructuration économique et une régénération importantes depuis quinze ans. Même si chaque ville a bénéficié d'avantages historiques et de contextes institutionnels divers, elles ont réussi à négocier ces changements et elles sont devenues aujourd'hui des villes de taille moyenne prospères.

Les industries culturelles, créatives et de la connaissance ont joué un rôle divers dans les processus de restructuration et de régénération de chacune de ces villes. Birmingham, par exemple, est reconnue comme un exemple de restructuration économique et de régénération pour lequel ces industries ont joué un rôle important, notamment sous l'impulsion du gouvernement national. L'importance attachée aux industries créatives et de la connaissance est un phénomène beaucoup plus récent à Leipzig et à Poznań, puisque le concept vient seulement d'émerger dans les discours politiques local et national. Tandis que Leipzig a bénéficié d'un fort dynamisme du secteur des nouveaux médias, Poznań a toujours du retard en ce qui concerne la reconnaissance des secteurs créatifs, peut-être à cause de l'importance des industries de la connaissance au niveau local, renforçant ainsi son image de ville d'affaires. Il est intéressant de noter que même si les responsables politiques locaux mettent en avant l'identité créative de Birmingham, cette dernière est plutôt considérée comme une ville d'affaires au niveau national. De nos jours, ces trois villes bénéficient de certains atouts en termes d'aménités et de facteurs attractifs, et toutes les trois possèdent un secteur culturel important. Ces avantages culturels ne sont cependant pas toujours exploités au maximum, surtout à Poznań. Par ailleurs, même si leurs stratégies économiques et de régénération peuvent être considérées comme un succès, Birmingham et Leipzig luttent toujours contre des phénomènes de chômage et de polarisation sociale.

La comparaison du développement des trois villes a montré que la construction d'une ville créative peut émaner de deux sphères : la sphère réelle et la sphère de régulation.

Le cas de Birmingham illustre une approche « du haut vers le bas » dans laquelle le gouvernement national a joué un rôle prépondérant dans la reconnaissance de l'importance des industries créatives pour le développement économique. Cette priorité nationale, couplée à un processus de décentralisation, a créé un climat propice à la mise en œuvre de programmes de soutien et à une forme d'action collective afin de promouvoir la croissance de ces industries. Ces initiatives ne sont pas exemptes de difficultés car la ville doit changer son image historique de ville d'affaires et de production manufacturière. Toutefois, cette démarche stratégique contribue à l'enrichissement du rôle des industries créatives dans l'économie locale. Les démarches de Leipzig et de Poznań sont quelque peu différentes.

À Leipzig, l'importance stratégique et politique de ces industries est moins prononcée qu'à Birmingham, mais l'héritage culturel de la ville et l'existence d'un pôle médiatique important ont contribué à la création d'une politique sectorielle, entraînant l'introduction d'une certaine gouvernance créative. Dans ce cas, l'approche a donc plutôt émergé du secteur créatif (la sphère réelle) et a été reconnue par la sphère de régulation. Comparé à Birmingham, Poznań, également une ville d'affaires, lutte toujours pour reconnaître le rôle des industries créatives dans son économie locale. Par conséquent, ces industries bénéficient de peu de soutien politique. Néanmoins, il existe un intérêt et une demande croissants pour la production créative de la ville, ce qui entraîne, par conséquent, une prise de conscience accrue de la contribution potentielle de ces industries dans l'économie locale. La croissance continue du secteur pourrait donc résulter en une action politique à long terme.

Conclusion

Durant les dix dernières années, Birmingham et, plus récemment, Leipzig and Poznań, ont tenté, à des degrés différents, de promouvoir leurs industries créatives et ainsi de devenir des villes créatives attirantes. Elles ont bénéficié pour cela de cadres institutionnels et de ressources très différents.

Il est intéressant de noter que les politiques mises en œuvre dans les trois villes tendent à avoir les mêmes bases conceptuelles. Cependant, les dynamiques et les ressources locales varient, mettant en avant l'importance de tenir compte des contextes locaux et de pratiques différenciées lors de l'implantation de politiques de soutien à la ville créative. En effet, les conditions historiques, économiques et culturelles de chaque localité façonnent et influencent l'implantation et le succès des tendances globales, comme le développement des industries créatives, au niveau local.

L'analyse des similitudes et différences de ces trois villes montre que la possibilité de développer des industries créatives diversifiées est relativement limitée dans des villes de taille moyenne. Il semble plus aisé de concentrer les efforts locaux sur un nombre restreint de secteurs créatifs fondés sur les ressources locales existantes (comme le pôle nouveaux médias de Leipzig, par exemple) plutôt que d'essayer d'implanter de nouvelles industries sans lien avec l'économie locale. En effet, la survie de secteurs nouvellement implantés ou secteurs « importés » dépend souvent de la durée des structures de soutien mises en place.

Considérer la ville créative comme un concept associé à un processus uniformisé d'urbanisation globale implique que la pertinence des ressources culturelles, les traditions politiques et la dynamique du marché local ne soient pas prises en compte. Pourtant notre analyse montre l'importance de cette pertinence. Bien que les trois villes étudiées aient développé des initiatives similaires dans certains secteurs créatifs, le succès de leurs approches a en effet été sensiblement variable en fonction de leurs contextes locaux.

Enfin, les trois exemples cités dans cette analyse tendent à démontrer que des villes peuvent développer des identités diverses et qu'une identité de « ville créative » n'est pas toujours compatible avec une identité de « ville d'affaires ». Nous ne pouvons pas exclure, cependant, la possibilité que la présence d'activités culturelles et créatives dynamiques dans une ville d'affaires soit avantageuse pour cette dernière.

CULTURE ET ATTRACTIVITÉ

Bibliographie

Bentele, G., Liebert, T. et Fechner, R., 2006, *Medienstandort Leipzig : Eine Studie zur Leipziger Medienwirtschaft 2005/2006*, Dresden, Sächsische Staatskanzlei Dresden/Amt für Wirtschaftsförderung der Stadt Leipzig.
Bismarck, B. et Koch, A., 2005, *Beyond education. Kunst, Ausbildung, Arbeit und Ökonomie*, Leipzig, Revolver - Archiv für aktuelle Kunst.
Boschma, R. et Kloosterman, R. C., 2005, Further learning from clusters, in Boschma, R. et Kloosterman, R.C. (éd.), *Learning from clusters : A critical assessment from an economic-geographical perspective*, Berlin, Springer.
Brown, J., et al., 2007, *From a city of a thousand trades to a city of a thousand ideas. Birmingham, West Midlands. Pathways to creative and knowledge based regions*, ACRE report 2.3, AMIDSt, University of Amsterdam, Amsterdam
Brown, J., et al., 2008, *Understanding the attractiveness of Birmingham and the West Midlands Region for creative knowledge firms. The managers' view.* ACRE report WP6.3. Amsterdam, AMIDSt.
Coulson, A. et Ferrario, C., 2005, *Local government and economic development : The role of local government. A study of Birmingham, England, based on « Institutional Thickness »*. Paper presented at IRSPM IX, Milan, 6-8 April.
Cunningham, S., 2002, From cultural to creative industries : Theory, industry and policy implications. *Media International Australia incorporating Culture and Policy*, 102, 54-65.
DCMS, 1998, Creative industries mapping document, London, Department for Culture, Media and Sport.
Deeg, R., 2001, Institutional change and the uses and limits of path dependency : the case of German finance, Köln, MPIFG.
Developing the Knowledge Economy: How Cities Help National Programs in Three EU Accession and an ECA Country. Review of Poznań Knowledge Economy Foundation, 2002, World Bank Competitive Funding Scheme, Poznań.
Florida, R., 2002, *The rise of the creative class : And how it's transforming work, leisure, community and everyday life*, New York, Basic Books.

Fuchs, G., 2005, *Rethinking regional innovation and change : path dependency or regional breakthrough ?*, New York, Springer.

Galloway, S. et Dunlop, S., 2007, A critique of definitions of the cultural and creative industries in public policy, *International Journal of Cultural Policy*, 13, 1, S. 17-31.

Glaeser, E. L., Kolko, J. et Saiz, A., 2001, Consumer city, *Journal of Economic Geography*, 1, 1, 27-50.

Hall, P., 2000, Creative cities and economic development, *Urban Studies*, 37, 4, 639-649.

Hall, P, 2004, Creativity, culture, knowledge and the city, *Built Environment*, 30, 3, 256-258.

Hartley, J. (ed.), 2005, *Creative industries*. Blackwell Publishing.

Hospers, G. J., 2003, Creative cities : Breeding places in the knowledge economy, *Knowledge, Technology and Policy*, 16, 3, 143-162.

KEA, 2009, *The creative economy in Europe*. EU Policies and Creative Urban Hubs. KEA European Affairs.

Kooijman D. et Romein A., 2007, *The limited potential of the creative city concept : Policy practices in four Dutch cities*, papier presenté à la conférence « Regions in focus », Lisbonne, avril.

Kong, L. et O'Connor, J. 2009, *Creative economies, creative cities : Asian European Perspectives*, London, Springer Media.

Kotus, J., 2006, Changes in the spatial structure of a large Polish city - The case of Poznań, *Cities*, 23, 5, 364-381.

Kuklinski A. et Orlowski, W. M., 2000, *The knowledge-based economy. The global challenges of the 21st century* (Vol. 4). Komitet Badań Naukowych, Oficyna Wydawnicza Rewasz, Warszawa.

Lambooy, J., 2006, Innovative competitiveness cities as complex adaptive systems : An evolutionary economics approach. In: Kukliński, A., C. Lusiński u. K. Pawłowski (éd.) Warsaw Conference : Towards a new creative and innovative Europe. Nowy Sącz-Warszawa, Wyższa Szkoła Biznesu - National-Louis University, S. 52-60.

Landry, C., 2000, The creative city : A toolkit for urban innovators, London, Earthscan.

Lange, B., 2005, Culturepreneurs in Berlin : Orts- und Raumproduzenten von Szenen, in Färber, A. (éd.) Hotel Berlin.

Formen urbaner Mobilität und Verortung. Münster u.a., Lit Verlag, 53-66.
Mahoney, J., 2000, Path dependence in historical sociology, *Theory and Society*, 29, 4, 507-548.
Martin R. et Sunley, P., 2003, Deconstructing clusters : chaotic concept or political panacea ?, *Journal of Economic Geography*, 3, 5-35.
Musterd, S., *et al.*, 2007, *Accomodating creative knowledge. A literature review from a European perspective*. ACRE report 1. Accommodating Creative Knowledge – Competitiveness of European Metropolitan Regions within the Enlarged Union. AMIDSt, University of Amsterdam, Amsterdam.
O'Connor, J., 2005, Cities, culture and « transitional economies » : developing cultural industries in St. Petersburg, in Hartley, J. (éd.) *Creative industries*, Blackwell Publishing, 244-258.
O'Connor, J., 2008, *The cultural and creative industries : a review of the literature. A report for creative partnerships*, Arts Council of England.
Oxford Research, 2008, *Cluster policy in Europe. A brief summary of cluster policies in 31 European countries*. Europe Innova Cluster Mapping Project.
Parysek, J. J., 2005, Development of Polish towns and cities and factors affecting this process at the turn of the century, *Geographia Polonica*, 78, 1, 99-115.
Parysek, J. J. et Mierzejewska, L., 2006, Poznań, *Cities*, 23, 4, 291-305.
Pierson, P., 2000, Increasing returns, path dependence, and the study of politics, *American Political Science Review*, 94, 2, 251-267.
Porter, M. E., 1998, Clusters and the new economics of competition, Harvard Business Review, 76, 6, 77-90.
Research House UK, 2006, *Scoping study : Support structures for the creative industries in the West Midlands*, Research House, Coventry, UK.
Scott, A. J., 2004, Cultural-products industries and urban economic development : Prospects for growth and market contestation in global context, *Urban Affairs Review*, 39, 4.
Scott, A. J., 2006, Creative cities : Conceptual issues and policy questions, *Journal of Urban Affairs*, 28, 1, 1-17.

Smith, R. et Warfield, K., 2008, The creative city : A matter of values, in Cooke, P. et Lazzeretti, L. (éd.) *Creative cities, cultural clusters and local economic development*, Cheltenham, Edward Elgar, 287-312.

Stadt-Leipzig, 2006, *Leipzig Facts 2006, Leipzig, Dezernat für Wirtschaft und Arbeit*, Secondary Leipzig Facts 2006.

Steets, S., 2008, « Wir sind die Stadt! », Kulturelle Netzwerke und die Konstitution städtischer Räume in Leipzig, Frankfurt am Main, Campus.

Stryjakiewicz, T., 2002, *Paths of industrial transformation in Poland and the role of knowledge-based industries*, in Hayter, R. et Le Heron, R. (éd.), *Knowledge, industry and environment : Institutions and innovation in territorial perspective*, Ashgate, Aldershot, 289-311.

Stryjakiewicz, T., 2005, *Contrasting experiences with business networking in a transition economy : The case of Poland*, in Alvstam, C. G. et Schamp, E. W. (éd.), *Linking industries across the world : Processes of global networking*, Ashgate, Aldershot, 197-219.

Stryjakiewicz T., Kaczmarek T., Męczyński M., Parysek J. J., et Stachowiak, K., 2007, *Poznań faces the future : Pathways to creative and knowledge-based regions*. ACRE report 2.8, AMIDSt, Amsterdam.

Törnqvist, G., 1983, *Creativity and the renewal of regional life*, in Buttimer, A. (éd.) *Creativity and context*, Lund Studies in Geography, Series B: Human Geography, 50, Gleerup, Lund, 91-112.

UNDP/UNCTAD, 2008, *Creative economy*, Report 2008, Geneva-New York, UNDP, UNCTAD.

CULTURE ET ATTRACTIVITÉ

Paroles de praticiens : Xavier Kawa-Topor et l'abbaye de Fontevraud

ENTRETIEN RÉALISÉ PAR BENOÎT MEYRONIN

Vous êtes directeur de cette institution depuis 2006, pouvez-vous présenter ce site remarquable et ce que vous appelez sa « dualité » ?

L'abbaye de Fontevraud constitue un ensemble patrimonial majeur qui s'étend sur 13 hectares ; il s'agit de la plus grande cité monastique de France, située à 15 km de Saumur, en direction de Chinon. C'est un site qui fait partie du Val de Loire, inscrit au patrimoine mondial de l'Unesco. Nous accueillons environ 200 000 « usagers » par an. Ma fonction et celle de mon équipe est donc d'abord une fonction patrimoniale : celle de la valorisation du site et de son passé. Mais Fontevraud c'est aussi – et ce depuis 30 ans – un lieu culturel qui développe un projet d'animation dans un site patrimonial, membre du réseau des Centres Culturels de Rencontre, un label du ministère de la Culture. Nous entretenons, certes, ce patrimoine et sa reconnaissance, mais nous le confrontons aussi au travail des créateurs et intellectuels d'aujourd'hui, qu'ils soient cinéastes d'animation, designers, philosophes, compositeurs...

Qu'est-ce que cela représente en chiffres ?

Nous disposons d'un budget de 3,5 millions € et je gère une équipe de 40 collaborateurs. Du point de vue des ressources humaines, l'équipe n'a pas tellement augmenté, nous avons surtout redéployé nos effectifs. Cinq postes ont toutefois été créés pour mener à bien notre projet.

En termes de fréquentation touristique, nous enregistrons un taux de croissance de l'ordre de 7 à 8%. Concernant le public culturel, celui qui vient pour notre programmation (comme les concerts ou le cinéma), nous avons à peu près triplé nos chiffres de fréquentation, ce qui est pour nous très gratifiant.

CULTURE ET ATTRACTIVITÉ

Vous avez une manière intéressante d'approcher le potentiel du lieu : plutôt que d'essayer de faire du rattrapage sur vos faiblesses, vous travaillez avec elles.

Tout d'abord, l'abbaye est immense et a fait l'objet, au cours des siècles, de restructurations architecturales permanentes qui rendent son plan paradoxalement complexe : clairement, on peut s'y perdre facilement. Alors, plutôt que de chercher à diriger et orienter nos publics, nous avons fait le choix de laisser toute sa place à l'imprévu, de laisser au visiteur la possibilité de prendre les chemins de traverse, d'inventer son propre itinéraire, d'avoir le sentiment d'aller là où personne n'aurait l'idée d'aller et de pousser la porte sur une exposition qu'il n'attendait pas.

Dans cet état d'esprit, nous invitons chaque année un artiste à inventer un guide de visite selon sa perception et ses envies. Le but de ces carnets – mis gratuitement à la disposition du visiteur – est d'inciter le visiteur à regarder par soi-même, à adopter des regards différents sur ce site. En fait, on estime ici qu'il y a autant de visites que de visiteurs.

Ensuite, Fontevraud, de par son implantation, s'ancre dans une géographie complexe, « aux confins » pourrait-on dire. Nous sommes situés à l'extrémité orientale de la région Pays de la Loire, à la frontière immédiate de deux autres régions : Centre et Poitou-Charentes. Fontevraud, c'est donc une ancienne frontière et ce n'est pas du tout anodin, ni dans son histoire, ni dans le projet que nous menons aujourd'hui. De ce fait, le développement de l'abbaye de Fontevraud nécessite – autant qu'il peut accélérer – une dynamique interrégionale.

Malgré cela, l'un de nos problèmes majeurs concerne l'accessibilité du site, alors même que nous sommes à 15 km d'une gare TGV, à Saumur. Nous avons le projet d'organiser notre propre service de bus qui ira chercher notre public, à la gare et ailleurs, avec pour moteur le fait de créer du voyage et pas seulement du déplacement. Nous avons été inspirés par l'expérience du « chat-bus » dans le cadre de notre exposition « Mondes et Merveilles du dessin animé » en 2008. Nous avions alors affrété un bus depuis Paris pour acheminer jusqu'à Fontevraud des passionnés de dessin animé. L'expédition avait été baptisée « chat-bus », en référence au célèbre dessin animé de

Miyazaki *Mon voisin Totoro*, dans lequel l'un des personnages est un mélange de chat et de bus, avec un écho très fort à Lewis Carroll. Le bus a rapidement affiché complet et laissé des souvenirs très forts chez les participants.

Pour finir, Fontevraud n'a cessé d'être un lieu fermé : une abbaye d'abord, puis une prison (durant 150 ans). Cela a marqué l'identité de ce lieu. Dans le même temps, l'abbaye et la prison ont permis à de nombreuses familles de vivre sur ce territoire. Elles en ont été des acteurs économiques particuliers, certes, mais majeurs.

De toutes ces complexités, ces distorsions parfois, nous essayons donc de faire, en effet, des atouts.

Vous insistez souvent sur le travail réalisé, ces dernières années, en vue d'attirer davantage qu'auparavant un public de proximité. Qu'en est-il exactement ?

Outre l'aspect purement architectural de lieu fermé, nous étions aussi vécus comme un lieu replié sur lui-même, derrière son mur d'enceinte, avec des choix artistiques très « excluants ». Pour lutter contre cette image, nous avons cherché à capter et fidéliser le public des Saumurois. Grâce aux expositions que nous avons organisées, ce public vient de plus en plus nombreux, surtout les familles, parfois dans des proportions qui nous échappent.

En ce qui concerne plus spécifiquement le public adolescent et les jeunes adultes, on a décidé d'emblée de s'emparer de champs de la culture qui ne sont pas habituellement pris en compte dans les monuments historiques : le design et, dernièrement, les films d'animation avec notamment l'animation japonaise. C'est une belle réussite je crois, qui nous a permis de toucher en masse cette catégorie que l'on considère souvent comme le « non-public » des monuments historiques.

Enfin, sur le travail « hors site », l'abbaye a exporté des événements dans des lieux très divers, de la salle de cinéma de quartier à Angers à la base sous-marine de Saint-Nazaire, avec des propositions très détonantes, très en percussion avec l'image d'un monument comme le nôtre. À titre d'exemple, nous avons mené un travail avec des cinéastes japonais, comme une rencontre avec Isao Takahata, cofondateur avec Hayao Miyazaki du studio Ghibli.

Dans ce cas, ce réalisateur nous sert de passeur vers ce public de passionnés, c'est lui qui les amène vers nous. Dans un registre un peu différent, nous avons travaillé sur le thème de la Cité idéale – une clef de lecture possible de l'identité de Fontevraud – par des rencontres avec des personnalités comme Paul Virilio à Saint-Nazaire, Yona Friedman à l'école d'architecture de Nantes…

    Cette question renvoie aussi à une forme de géographie culturelle. Fontevraud, en effet, peut être perçue aussi comme un espace central, la confluence de trois villes : Angers, Tours et Poitiers. Étant situés à une heure de ces trois villes, nous avons ainsi à portée de main un bassin de population riche, ouvert, demandeur de culture. Notre pari, c'est donc de constituer un pôle culturel au carrefour de ces villes où se joue quelque chose de singulier.

Pour mener à bien votre projet, le soutien des pouvoirs publics est une nécessité. Parlez-nous des collectivités territoriales qui vous suivent, de la manière dont vous travaillez avec elles.

    L'abbaye est un monument d'État géré par une association reconnue d'utilité publique. Celle-ci est présidée par Jacques Auxiette, président de la région des Pays de la Loire, laquelle apporte près de 90% des subventions publiques. Tout en s'inscrivant dans la continuité, la région a considérablement accru son investissement sur Fontevraud au cours des dernières années, en considérant que le site est le moteur de développement culturel, touristique et économique de cette partie du territoire. Depuis le 1er janvier 2010, l'État et la région se sont entendus avec nous autour d'un schéma directeur qui décline une vision du site autour d'une cité et de sept quartiers. Cette vision prospective souligne l'identité profonde d'un lieu conçu à l'origine comme une « cité idéale ».

    Le schéma directeur est un projet global, qui a pour vocation d'orienter aussi bien les futurs travaux de restauration du site que l'aménagement de nouveaux espaces dédiés à l'activité culturelle, économique, à l'activité hôtelière ou résidentielle. C'est ainsi grâce à la région que nous allons pouvoir revoir totalement la question du chauffage de l'abbaye (un poste de coût important), avec la création d'une chaudière à bois et l'utilisation diversifiée des énergies renouvelables. Enfin, la pépinière de créateurs dans les domaines du design et des métiers d'art est elle aussi portée par la région.

Et la question du tourisme ? Je sais que pour vous c'est important.
En effet, c'est une question centrale pour ce territoire riche en patrimoines. Notre ambition est donc de faire de Fontevraud l'un des moteurs du développement de cette économie touristique et culturelle. Un enjeu particulier à ce niveau concerne le tourisme d'affaire : Fontevraud est devenue *de facto* le centre de congrès du Saumurois. Mais nous souhaitons monter en gamme en créant de nouvelles chambres, des espaces de loisirs et de confort, en faisant travailler de grands designers sur les aménagements intérieurs. Ce projet s'inscrit dans le schéma directeur signé avec la région que j'ai mentionné.

D'où vous vient cette relation particulière au territoire, à ses enjeux de développement ? Est-ce courant parmi vos pairs ?
D'une interrogation permanente sur ce qu'est la politique culturelle. À quoi sert la culture dans notre société sinon à nous aider à réinventer la société elle-même ? Je crois sincèrement qu'il nous faut nous questionner en permanence sur un sujet qui me semble crucial : l'utilité sociale de la culture. On pourrait le dire autrement : comment la culture peut-elle aujourd'hui créer du « vivre ensemble » à l'échelle d'un territoire, un « vivre ensemble » qui ne soit ni éphémère, ni superficiel mais véritablement tisseur de lien social, qui s'inscrive autant dans le territoire – sa réalité sociale, culturelle et économique – que dans la durée ? Dans mon cas, je me sens particulièrement attaché à deux questions : le public, d'une part, et d'autre part, la durée. Je considère que mon travail se situe à mi-chemin entre le domaine des idées, de la création des formes, et le domaine du public. Mais il ne prend son sens qu'avec ce dernier et ma démarche professionnelle me semble caractérisée par cet entêtement du public.

Il y a quelques mois, j'étais en réunion dans un cercle très « culturel » pour lequel la notion de territoire est encore entachée de suspicion – pour certains du moins. Mais je suis optimiste, je crois que les choses sont en train de changer. Ne serait-ce que pour des raisons pragmatiques : les collectivités sont, *de facto*, aux côtés de l'Etat, des partenaires incontournables aujourd'hui pour faire vivre nos sites, pour innover, aller de l'avant…

Partie 3
Le cas des villes petites et moyennes

CULTURE ET ATTRACTIVITÉ

Small is beautiful : stratégies d'attractivité pour les petits territoires

CORINNE BERNEMAN

La majorité des écrits portant sur l'attractivité du territoire se concentre sur les villes et/ou agglomérations de plus de 100 000 habitants. Même si les enjeux pour ces territoires sont plus importants, négliger les petites villes – voire les régions rurales – correspond à ignorer, en France, plus de la moitié de la population et la grande majorité des communes. En effet, les chiffres issus du recensement de 1999 font état de 35 758 communes de moins de 10 000 habitants (dont 35 691 en Métropole) pour 921 communes de plus de 10 000 habitants (« Les collectivités locales en chiffres », 2008). Plus de 30 millions de Français vivent dans des petites communes, lesquelles enregistrent, en outre, une croissance démographique supérieure à la moyenne nationale. Après avoir affiché un taux de croissance annuel moyen de 0,5% entre 1990 et 1999, les communes de moins de 10 000 habitants croissent désormais à une moyenne annuelle de 0,9% et 1,1% pour les communes rurales. La croissance démographique moyenne nationale depuis 1999 se situe à 0,64% (Morel et Redor, 2006). Cette situation n'est pas propre à la France, puisque les États-Unis enregistrent le même phénomène (Carusone et Moscove, 1985).

Si l'on considère aussi la population des villes de taille moyenne (entre 10 000 et 99 999 habitants), le total s'élève à 50 millions. En d'autres mots, à peine 17% de la population française vit dans de grandes villes.

Ces constats nous ont dès lors incités à nous pencher sur les problématiques propres aux petits territoires et à tenter de dégager quelques pistes de réflexion en matière d'attractivité et de culture. Notre propos portera principalement sur la construction d'une identité, d'un positionnement unique de petits territoires fondé sur des activités culturelles. Les textes de nature scientifique sur ce sujet sont peu fréquents et ceux que nous avons répertoriés portent plutôt sur les politiques culturelles (par exemple, Delisle et Gauchée, 2007 ; Augustin et Lefebvre, 2004) ou l'aménagement du territoire (Jamot, 2003). À l'inverse, des articles provenant de médias d'actualité générale évoquent régulièrement des succès dans ce domaine (par exemple, Robert, 2007).

Afin de nourrir la réflexion, plusieurs axes ont été considérés : les stratégies des petites et moyennes entreprises (PME), celles des petites marques ainsi que l'utilisation des concepts de *branding* pour des territoires. En parallèle, des textes publiés par la DATAR[1] sur l'aménagement du territoire français ont été consultés. Nous débuterons donc la discussion en répertoriant les caractéristiques principales des petits territoires. Nous aborderons ensuite les orientations possibles dans la construction d'une identité, voire d'une marque. Finalement, nous illustrerons ces propos à l'aide de quelques exemples, dont la valeur restera indicative. Nous éludons la question de la définition d'une petite ville, qui est sujette à discussion, mais nous concentrerons quoi qu'il en soit nos propos sur les villes de moins de 50 000 habitants.

Caractéristiques des petites villes

La première question qui se pose est de savoir en quoi le déploiement d'une stratégie d'attractivité du territoire diffère lorsqu'il s'agit d'un petit territoire. Quelles sont les caractéristiques qui rendent la démarche plus difficile ou plus simple comparativement à une grande ville ?

Tout d'abord, une petite ville ne forme qu'une entité géographique et économique limitée : la demande en biens et services est plus faible, mais elle n'en est pas moins hétérogène (Carusone et Moscove, 1985). En autres mots, la demande individuelle pour des biens et services d'une petite ville n'est pas différente de celle des grandes villes, mais c'est l'offre qui va déterminer sa consommation effective. Si celle-ci est trop faible dans la commune, il y aura vraisemblablement une fuite vers de plus grandes villes.

---

[1] Délégation à l'aménagement du territoire et à l'actualité régionale.

Ce phénomène est connu sous le terme de « *outshopping* » en anglais et concerne l'achat de produits et services, mais il peut être extrapolé pour les activités culturelles : spectacles, concerts, films seront consommés à l'extérieur de la commune. Pis, si elles sont isolées, les petites communes n'ont pas de pouvoir d'attraction intrinsèque. Ensuite, une petite ville a des ressources financières et humaines limitées (McCartan-Quinn et Carson, 2003). En conséquence, les fonds disponibles sont alloués aux postes les plus urgents, avec un souci extrême des coûts qu'ils représentent. Il est très rare que de petites villes investissent en communication externe, par exemple, empêchant donc la construction d'une notoriété. Pareillement, les ressources humaines restreintes forcent les administrations à se concentrer sur le présent et ne permettent pas de construire une vision à plus long terme. Elles ont donc rarement des objectifs de croissance ambitieux et/ou des plans formalisés. Il est difficile, dans ces conditions, d'identifier et d'exploiter des opportunités. À cela s'ajoute souvent l'absence de formations spécialisées en management, soit parce que les fonds ne leur sont pas alloués, soit parce que de telles formations ne sont pas jugées pertinentes. Dans certains cas, la résistance au changement peut être amplifiée du fait de la petite taille de la commune.

Mais des ressources humaines limitées signifient aussi une plus grande proximité entre administration/élus et population. Les maires et élus de petites villes font partie intégrante de leur communauté et ce, dans une plus grande mesure que dans les grandes villes. Cela leur permet donc une connaissance plus globale et plus approfondie de la réalité de leur territoire et, par conséquent, une réactivité potentielle plus importante. Tout comme un dirigeant de PME, on peut dire que le maire d'une petite ville s'implique directement dans la gestion quotidienne de son territoire et n'hésite pas à prendre des décisions qu'il juge – souvent personnellement – indiquées pour sa commune. Ce management personnalisé et flexible vient donc souvent compenser l'absence d'objectifs et de plans formels. Cette proximité est également à l'origine d'une plus grande convivialité, sentiment d'appartenance et solidarité accrues.

Alors que les ressources financières et humaines sont limitées, il n'est pas rare que de petites villes aient des patrimoines historiques, culturels, naturels, monumentaux, industriels ou encore des traditions de savoir-faire. Dans certains cas ils sont exploités au mieux pour le bénéfice de la population (locale et touristes), dans d'autres cas ils ne demandent qu'à être valorisés. Ces éléments indiquent que les difficultés principales auxquelles font face les petites villes pour améliorer leur attractivité sont leur faible taux de notoriété ainsi que l'absence de vision à long terme et de planification. Par contre, lorsqu'une stratégie est mise en œuvre, les petites villes ont l'avantage d'une plus grande flexibilité et réactivité ainsi qu'une plus forte adhésion de la population.

Orientations stratégiques

La question de la pertinence d'une stratégie d'attractivité pour une petite ville ne devrait pas se poser. Un meilleur pouvoir d'attraction est directement lié à un accroissement des revenus directs et indirects pour la commune. Qu'il s'agisse d'attirer des habitants, des touristes ou des entreprises, une dynamique positive s'installera sur le territoire. Mais cette dynamique ne se manifestera pas forcément de la même manière et pas avec les mêmes effets selon la cible choisie. C'est pour cela qu'une bonne planification, incluant une analyse approfondie de la situation ainsi que la fixation d'objectifs clairs et précis, s'avère indispensable afin de définir l'orientation stratégique. Néanmoins cette phase de planification engendre des coûts dont il est important qu'ils soient rentabilisés, de préférence rapidement et intégralement. Si on considère les options stratégiques des PME, la littérature mentionne généralement trois possibilités : la stratégie de niche, l'imitation et les alliances stratégiques (Lee, Lim et Tan, 1999). La stratégie de niche consiste à se différencier fortement par une offre spécialisée non (ou peu) exploitée par d'autres. Cette spécialisation entraînera naturellement une demande qualifiée et fidèle. En d'autres mots, l'attractivité s'opère par une offre particulièrement originale à une demande très spécifique.

Une stratégie d'imitation consiste à profiter d'une démarche entamée ailleurs et qui connaît un vif succès. La pertinence d'une telle orientation s'avère lorsque l'offre peut être réalisée à moindre coût. La mise en place d'une alliance stratégique consiste à s'associer avec des partenaires complémentaires de façon à constituer une offre plus globale et donc plus attrayante. La notion de réseau, de partage d'expérience, de mise en commun d'infrastructures sont primordiaux. Ces associations peuvent se faire avec l'aide d'établissements publics (ex. des écoles, la poste) ou privés (ex. des commerces). Le choix en faveur d'une de ces orientations sera dicté par des éléments internes et externes, c'est-à-dire en examinant les ressources disponibles dans le territoire, les orientations prises par d'autres villes, la demande potentielle et les tendances et évolutions dans la société en général.

Il s'agira dans un premier temps de tenir compte de sa position géographique. En effet, les orientations stratégiques des petites communes situées en périphérie des agglomérations urbaines seront différentes de celles situées en zone rurale. Les premières peuvent se définir par rapport à l'agglomération urbaine, mais celles qui sont isolées doivent s'inventer pour exister. Ensuite il s'agira, entre autres, de répertorier le patrimoine de la commune et d'évaluer son potentiel de valorisation ; de réaliser une analyse des ressources financières présentes et à venir ; de vérifier la nature et l'ampleur des relations avec des partenaires potentiels, les différents programmes de structuration et de développement mis en place par les collectivités (département, région, État, Europe), etc. Parallèlement au choix de l'orientation stratégique se pose la question de la cible visée. La politique d'attractivité a-t-elle pour objectif d'augmenter la population, de retenir la population, d'attirer des touristes, des entreprises ? Finalement, il faut aborder la notion de positionnement, c'est-à-dire les différents aspects du territoire qui seront mis en valeur et qui serviront à le distinguer des autres, tout en permettant à la population de s'y identifier. En bref, il s'agit de construire une image claire et forte. Pour certains, il n'y a qu'un pas vers un véritable *branding*. Ces trois aspects, l'orientation stratégique, la cible et le positionnement, seront à la base des actions à mettre en œuvre.

Branding

Ce n'est pas par snobisme que nous utilisons le terme en anglais, mais bien parce qu'il est plus évocateur que le terme français équivalent, soit le marquage. Leur origine est identique, soit l'identification de bétail et, plus tard, de produits artisanaux à l'aide d'un signe distinctif. La notion de marque et son corollaire, le *branding*, ont connu leur essor durant les *Trente glorieuses* lorsque les marques, bien plus que les produits, ont retenu l'attention des décideurs marketing. Outre un nom, la marque contient également des symboles, des termes qui identifient un bien ou un service. Dès 1959, Sidney Levy mentionne « Consumers don't buy products, they buy brands », sous-entendant que les consommateurs recherchent des caractéristiques autres que purement utilitaires du produit, de même que la marque peut devenir une extension de sa personnalité ainsi qu'un moyen d'affirmation de soi.

La marque confère par conséquent des éléments affectifs au produit et le charge de symbolisme de sorte qu'une relation s'établit entre le produit marqué et son utilisateur. Pour certains, l'identification à une marque est l'une des caractéristiques de l'individu postmoderne : ce sont des objets et des lieux qui deviennent une forme d'expression de soi, d'individualisation, de positionnement dans la société. L'utilisation de certaines marques se fait même avec des moyens détournés pour mieux marquer cette expression d'individualité. La construction d'une marque, qui correspond au *branding*, est faite à partir des associations que ses utilisateurs en font, c'est-à-dire des éléments à la fois tangibles et psychologiques, dérivés d'expériences ou de perceptions qu'ils en ont. Le domaine du *branding* n'est pas réservé aux grandes marques, bien au contraire. Il suffit de penser aux marques qui s'adressent à des segments très pointus et dont la confidentialité confère la valeur (ex. les marques de haute horlogerie). Peut-on parler de marque dans le cas de villes ou de territoires en général ? Par là nous n'entendons pas seulement le nom de la ville, mais bien ce qu'on en fait. C'est-à-dire comment la ville utilise ses actifs, quelles sont ses priorités, quelle image veut-elle projeter, comment communique-t-elle et ainsi de suite (Chazaud, 1998).

Certains territoires vont jusqu'à déposer leur nom ou un slogan qui leur est propre, le « I ♥ NY » est probablement le plus ancien et celui qui est le plus connu, mais des termes comme « Pays cathare » et « Only Lyon » ont été déposés à l'INPI[2] respectivement par le Conseil général de l'Aude et la Communauté urbaine de Lyon. Dans le domaine territorial, on parle de *geo-branding* pour désigner ces activités et il est principalement documenté dans le domaine du tourisme. Même si les principes du *geo-branding* se comparent à ceux du *branding* de produits et services, les différences principales découlent de la nature inerte du territoire, de la complexité de la prise de décision en milieu public et, de manière générale, des faibles ressources qui sont allouées au développement de l'identité territoriale (Freire, 2005).

Le *branding* est-il indiqué pour des petites villes ? Non seulement nous estimons que la réponse doit être affirmative, mais de plus la démarche devrait procurer des bénéfices plus importants et plus rapidement que pour des grandes villes. En effet, la voie permettant d'aboutir à une identité devrait être simplifiée par rapport à une plus grande ville en raison d'un nombre plus restreint de parties prenantes. On peut également reprendre les termes de Wong et Merrilees (2005) au sujet de l'importance du *branding* pour les PME : ne pas se préoccuper de *branding* dans une PME constitue un danger considérable parce que si ce ne sont pas les responsables qui le font, c'est le public qui extrapolera l'identité, les associations, les différenciations. Ces éléments confortent la nécessité – même pour de petites communes – de créer une relation durable et établie dans l'esprit du public.

Considérations opérationnelles

Une fois les éléments de la stratégie fixés, celle-ci peut se décliner en un plan d'action dont la teneur variera en fonction des ressources propres de la commune, y compris ses ressources d'ordre culturel.

---

[2] Institut national de la propriété industrielle.

Contrairement aux villes plus importantes, les activités culturelles des petits territoires sont essentiellement de deux natures : la mise en valeur d'un patrimoine existant et/ou l'organisation d'événements périodiques, comme des festivals. En effet, la construction d'infrastructures culturelles comme des musées ou des salles de spectacle sont difficilement réalisables par de petites collectivités et/ou ces dernières n'ont pas un bassin de population suffisamment important pour les faire vivre.

Au-delà de cette considération, la mise en œuvre d'une stratégie d'attractivité peut prendre de nombreuses formes. Nous avons choisi d'en présenter quelques-unes à l'aide d'exemples, dont certains n'ont pas nécessairement mené aux résultats escomptés.

Les festivals comme facteur d'attractivité

De nombreux festivals culturels sont organisés en France (et ailleurs dans le monde) afin de dynamiser le territoire. Les festivals peuvent avoir différentes vocations (Grisel, 1993) : artistique, touristique, d'image, mais aussi de cohésion sociale. Ils peuvent être initiés par les collectivités locales, des professionnels du milieu culturel ou encore par des amateurs. Ils ont également pour caractéristique de combler l'absence de programmation culturelle dans des structures conventionnelles durant les mois d'été. Dans de nombreux cas, les festivals ont lieu dans des endroits fortement fréquentés par les touristes à ce moment, dans d'autres c'est le festival qui permet d'attirer des touristes vers le lieu. De nombreux exemples peuvent être cités pour lesquels le festival a permis à la ville, au territoire, de se créer une identité et de s'imposer comme lieu incontournable (voir, par exemple, le rapport Dechartre, 1998 et Robert, 2007).

C'est le cas de la ville d'Aurillac, chef-lieu du département du Cantal dans la région Auvergne, ville de 30 000 habitants. Le Cantal possède une longue tradition agricole de produits renommés pour leur qualité et leur authenticité (par exemple, le fromage cantal, une des rares AOC en France). Aurillac bénéficie également d'une longue tradition dans la fabrication du parapluie et depuis quelques années, après avoir connu une baisse considérable de sa production, les fabricants ont décidé de se regrouper pour créer un label de parapluie, « l'Aurillac », synonyme de qualité et de créativité.

Mais depuis 1986, la ville est aussi assimilée au festival international de théâtre de rue, qui se déroule tous les ans au mois d'août. Ses organisateurs ont volontairement décidé de l'inscrire dans un territoire rural et ont réussi à en faire un événement non seulement unique à l'échelle nationale, mais aussi internationale. Au fil des ans, ce sont aussi bien le nombre de compagnies présentes au festival et le nombre de spectateurs qui ont explosé. Ainsi, le nombre de spectateurs est passé de 2 000 lors de sa première édition en 1986 à 100 000 une douzaine d'années plus tard. Ce public est constitué à la fois de la population locale – qui s'est largement appropriée le festival – et de voyageurs, dont un quart environ de la région. Forcément, les retombées économiques pour toute l'industrie touristique de la région sont particulièrement importantes ainsi que pour les commerçants de l'agglomération. Certains affirment réaliser « l'équivalent de quatre mois de chiffre d'affaires en quatre jours » (« Étonne-moi ! » : 7, 1998).

Pour ce qui concerne la population locale, les vingt éditions ont peu à peu formé « un public friand et connaisseur du théâtre de rue. Ce qu'a bien montré le succès immédiat et grandissant des *Préalables* initiées à partir de 1999, programmations de spectacles hors période du festival dans des villes et villages de l'agglomération aurillacoise, du département et de la région » (site internet du festival).

Depuis la fin des années 1990, les organisateurs du festival avaient pour objectif de renforcer le positionnement d'Aurillac en tant que lieu fort du théâtre de rue en se dotant d'une structure permanente de création. Ce fut chose faite en 2004, avec l'ouverture du PARAPLUIE – Centre international de création artistique, de recherche et de rayonnement pour le théâtre de rue. Il constitue ainsi le premier lieu de fabrique construit de toutes pièces et dédié au théâtre de rue. Le choix du nom de la structure n'est évidemment pas neutre et constitue un formidable écho à la tradition artisanale de la ville.

Une expérience similaire a été vécue à Angoulême avec son festival de la bande-dessinée. Angoulême, en Charente, 42 000 habitants, peut se targuer d'un label « ville d'art et d'histoire », grâce entre autres à son riche patrimoine, mais c'est une ville enclavée, peu attrayante *a priori*. Alors que la ville aurait pu sombrer dans l'oubli voire l'ennui, le festival de la BD créé en 1974 lui a sans conteste donné le « coup de fouet » nécessaire pour asseoir une nouvelle identité. Dès ses premières éditions, l'engouement pour l'événement est total. Très rapidement, il évolue et c'est toute la ville qui s'approprie le « 9ème art » ; la municipalité d'Angoulême prend le pari audacieux de faire d'Angoulême le lieu incontournable de la BD, non seulement pendant la durée de son festival (en janvier, contrairement à la majorité des festivals) mais aussi tout au long de l'année. Le festival demeure un événement culturel grand public, mais il est aussi celui des professionnels, un atout que ne néglige pas la ville.

Parallèlement, avec le développement du multimédia, des jeux vidéo, ce sont des entreprises directement ou indirectement liées à la production d'images qui sont attirées vers Angoulême. Il ne faut pas négliger non plus la forte médiatisation, tant à l'échelle nationale qu'internationale, de l'événement, autant de manières de positionner, littéralement et psychologiquement, Angoulême dans l'esprit du public. Les activités culturelles connexes au festival sont la création de murs peints par des artistes de la BD, donnant ainsi lieu à un circuit dont l'office de tourisme fait la promotion. Mais c'est aussi la création, en 2008, de la Cité internationale de la bande-dessinée et de l'image, regroupant différentes institutions créées au fil des ans en marge du festival : maison des auteurs, comme lieu de création, la bibliothèque et la librairie, comme lieux de documentation, l'École nationale du jeu et des médias interactifs numérique, comme lieu de formation, le musée, comme lieu de conservation. Ce dernier a rouvert ses portes le 20 juin 2009 en investissant les chais se trouvant de l'autre côté de la Charente. Ce détail n'est pas anodin, puisqu'il va permettre de revitaliser un autre quartier de la ville.

Ces deux exemples montrent à quel point un festival peut dynamiser le territoire ; cependant, le succès de ce type d'opération n'est pas automatique.

En effet, l'implication de la municipalité – sans nécessairement être organisateur de l'événement – dans le soutien et la diffusion de l'événement constitue un facteur fondamental. À cela s'ajoute la volonté de construire une nouvelle identité de la ville autour de l'événement en attirant, entre autres, des acteurs économiques qui viennent renforcer ce positionnement. Ces nouveaux acteurs vont à leur tour permettre à l'événement de sortir du secteur purement artistique et touristique et, par conséquent, lui donner une véritable assise économique.

Si Aurillac et Angoulême ont réussi à se (re)positionner à l'échelle internationale grâce à des activités culturelles initiées par un festival, d'autres petits territoires ont également réussi à transformer un festival en outil de positionnement et d'identité territoriale, mais à l'échelle locale. C'est le cas de nombreuses villes de banlieue des grandes métropoles. On peut citer deux exemples de banlieues lyonnaises : « Jazz à Vaulx », à Vaulx-en-Velin, accueille des musiciens internationaux et a l'ambition de devenir « banlieue du monde » pendant la durée du festival. Une manière de se démarquer de la métropole et surtout de s'éloigner de l'image de banlieue violente. Le festival « Fêtes escales » à Vénissieux a pour objet de créer des animations « pour les vacanciers urbains », en d'autres mots pour les jeunes et moins jeunes qui n'ont pas l'occasion de partir en vacances. Une manière de tisser des liens sociaux dans le périmètre de la ville et de créer un sentiment d'appartenance. Il existe également de nombreux exemples de festivals dans les banlieues parisiennes, dont les objectifs vont dans le même sens. Cette valorisation de l'image de la banlieue permet donc au pire de limiter l'émigration de sa population, mais également au mieux d'en attirer une nouvelle.

CULTURE ET ATTRACTIVITÉ

Valorisation du patrimoine historique

Une autre piste d'attractivité du territoire passe par la valorisation d'un patrimoine historique : monuments, châteaux ou lieux de mémoire. De nombreux exemples pourraient être cités afin de montrer dans quelle mesure la valorisation du patrimoine a réussi à augmenter l'attractivité de son territoire, mais aussi à valoriser son image. Parmi ces nombreux exemples, nous renvoyons le lecteur à l'article de Laëtitia Cochet sur l'opération de valorisation du château de Sedan, dont l'originalité provient d'un partenariat efficace entre collectivités territoriales et acteurs privés. Cette opération a permis non seulement d'attirer des touristes sur son territoire, mais également des entreprises. Un autre exemple digne d'intérêt est celui de la commune de Cateau-Cambrésis, avec une population de 7 700 âmes, située dans le Nord, et qui a vu naître le peintre Henri Matisse (Guilleminot, 2009). Le musée qui comprend 170 toiles du maître attire 70 000 visiteurs par an, touristes et spécialistes venus du monde entier, mais également 2 000 habitants de Cateau. Il y a bien sûr tous les autres exemples du même ordre, Giverny, Pont-Aven…, qui « surfent » sur le même type de vague.

Mais il y a autant d'exemples d'opérations dont les résultats ne sont pas probants ou encore des villes dont le patrimoine est important mais qui ne réussissent pas à en faire un élément d'attractivité. C'est le cas de la ville de Vienne en Isère, avec une population de 30 000 habitants. Bien qu'elle soit labellisée « ville d'art et d'histoire », membre du réseau AVEC (Alliance de Villes Européennes de Culture), qu'elle ait été parmi les cinq premières villes à obtenir le label Qualicities, attestant d'une gestion respectueuse de l'environnement, Vienne est loin d'atteindre son potentiel d'attractivité. En effet, outre une situation privilégiée sur le Rhône, en bordure de l'autoroute A7 – l'autoroute du Soleil – la ville dispose d'un patrimoine archéologique, monumental et statuaire important, plusieurs musées et un passé historique particulièrement riche. Si sa notoriété est toutefois importante (principalement à l'échelle régionale), elle est surtout due à son festival de jazz, qui a lieu au cours de la première quinzaine de juillet depuis 1981.

Celui-ci a d'ailleurs lieu dans l'un des fleurons de son patrimoine, le théâtre antique romain, permettant une jauge de 7 000 places. De haut calibre artistique, le festival attire près de 200 000 spectateurs par an, mais principalement de la région (Lyon, Saint-Étienne, Grenoble, Valence). Même si ses retombées économiques sont fortes pour la ville, elles sont certainement en-dessous d'un potentiel d'attractivité touristique important. Seulement, la ville ne dispose que d'infrastructures d'hébergement limitées et n'a pas eu la volonté et/ou les moyens de les développer. Par conséquent, le public du festival ne passe que rarement plus de la soirée dans la ville. En outre, le festival reste un événement purement culturel dans lequel l'implication de la ville se limite à des financements et à la mise à disposition de services de base. En somme, la ville de Vienne souffre d'une absence de positionnement clair et d'un manque flagrant de communication.

Le cinéma et la littérature

La mise en valeur d'un territoire dans une œuvre de fiction a également montré à quel point les effets se font ressentir tant sur le plan de l'image que sur celui de l'attractivité. Bien que les territoires aient compris depuis longtemps que leur apparition au cinéma (même factice) leur apportait une plus forte notoriété, ce n'est qu'après la sortie du film *Le seigneur des anneaux* en 2001 que le sujet a réellement fait parler de lui. En effet, les fans les plus absolus du sujet se sont rendus en masse dans la région de Waikato en Nouvelle-Zélande pour y visiter les lieux de tournage du film. Même si la Nouvelle-Zélande est un pays à forte vocation touristique, les chiffres enregistrés au cours des années suivant la sortie du film ont été sans précédent : augmentation de 10% des touristes venant du Royaume-Uni seulement, des retombées économiques se chiffrant à 35 millions de dollars US (Hudson et Ritchie, 2006).

Après la sortie du film *Les choristes*, de Christophe Barratier, en 2004, le château de Ravel dans le Puy-de-Dôme a également connu un vif succès, avec un triplement du nombre de visiteurs. Parallèlement, c'était un engouement pour le chant choral en France.

Mais parmi les films récents qui ont donné lieu aux retombées les plus importantes, il faut bien sûr citer le film de Dany Boon, sorti en 2008, *Bienvenue chez les Ch'tis*, tourné dans la ville de Bergues et dans d'autres localités de la région Nord – Pas-de-Calais ainsi qu'en région Provence Alpes Côte d'Azur. Le succès sans précédent du film, en salles – en France et à l'étranger –, par la vente de DVD et lors de sa retransmission sur la chaîne payante, a eu des conséquences sur le tourisme à Bergues, mais aussi dans la région Nord – Pas-de-Calais. Le secteur de la restauration et de l'hébergement ont affiché complet (soit une croissance de 40 à 80% de leur chiffre d'affaires), les demandes d'information des différents offices de tourisme ont enregistré des augmentations impressionnantes de demandes et les « Ch'ti Tours » ont été un véritable succès populaire.

Pour ce qui concerne la littérature, on peut citer les ballades et autres animations organisées dans les villes citées dans des œuvres littéraires. La ville de Vérone, par exemple, organise une déambulation dans ses rues au rythme des paroles de Roméo et Juliette, telles que écrites par Shakespeare. Depuis le succès de la trilogie *Millenium* de Stieg Larssen, ses adeptes peuvent réaliser le « Millenium Tour » organisé en Suède, en particulier par l'île de Södermalm au sud du pays, loin des sentiers battus par les touristes.

Néanmoins, à quelques rares exceptions près, force est de constater que cet engouement pour un lieu dans un film ou un livre n'est qu'éphémère, en particulier dans de petites villes. Le défi de ces lieux est donc de pérenniser ce « quart d'heure de célébrité » en imaginant d'autres activités à plus long terme.

Les savoir-faire traditionnels

De nombreux territoires français ont réussi à se positionner favorablement en utilisant un savoir-faire local.

Il peut s'agir d'artisanat, de métiers d'art, de gastronomie, de viticulture, etc. Parmi ceux qui sont régulièrement cités dans des publications, on retrouve Laguiole, dont les savoir-faire en matière de coutellerie ont été mis en évidence, amplifiés par les œuvres de Philippe Starck pour ce qui concerne la boutique de coutellerie. Mais Laguiole, et l'Aubrac en général, est aussi connu pour sa gastronomie et ses bovins. Cette combinaison fait donc l'attrait de l'endroit. En matière de coutellerie, il faut également citer la ville de Thiers, dont la production représente 70% de la production nationale. Plus encore que Laguiole, Thiers se veut la capitale de la coutellerie et, pour ce faire, mise sur une promotion du couteau, entre autres grâce à son festival du couteau d'art (en mai), mais aussi par un portail internet. Pour bien ancrer ce positionnement, le logo officiel de la ville représente des couteaux.

Les grandes régions viticoles ont également su orienter leurs activités de façon à attirer des touristes et ainsi dynamiser leur territoire. Parmi les exemples les plus frappants on peut citer Saint-Émilion, qui a également réussi à restaurer sa cité médiévale, désormais inscrite au Patrimoine mondial de l'UNESCO. Toute la région du Beaujolais, mais en particulier la ville de Beaujeu, organise dorénavant des festivités pour marquer le Beaujolais Nouveau, tradition qui a essaimé un peu partout dans le monde. Même si les fêtes du Beaujolais Nouveau attirent des touristes, c'est surtout en termes de notoriété et d'image que la ville et le territoire en ont bénéficié.

Exploitation de réseaux

Tout comme les PME, les petits territoires ont intérêt à se constituer sous la forme de réseaux afin de mutualiser leurs ressources, de mettre en évidence leurs complémentarités et ainsi d'augmenter leur attractivité (Gilmore, Carson et Grant, 2001). Les deux chapitres qui suivent sur les pôles de métiers d'art constituent de bons exemples de mutualisation d'efforts, mais de façon générale le rapport de Virassamy (2002) sur les « pôles d'économie du patrimoine » montre à quel point le patrimoine artistique peut être valorisé et constituer un véritable levier économique pour de petits territoires.

Finalement, on peut aussi citer le réseau des sites Vauban, récemment inscrits au Patrimoine mondial de l'UNESCO. Initié par le maire de Besançon, dont l'objectif initial était de faire inscrire la citadelle de Besançon au Patrimoine mondial, l'idée de constituer un réseau de localités dans lesquelles existe une construction réalisée par Vauban a rapidement fait son chemin. Il ne fait aucun doute qu'une candidature isolée de l'une ou l'autre municipalité à l'inscription au Patrimoine mondial de l'UNESCO n'aurait pas nécessairement connu la même issue.

Conclusion

Pour conclure ce chapitre, nous indiquerons certains éléments clés de la réussite d'une stratégie d'attractivité pour un petit territoire. L'élément le plus important est la volonté de l'administration d'investir en temps, ressources et argent pour penser et mettre en œuvre une stratégie cohérente. Même si cela n'est pas nécessaire en soi, faire appel à des intervenants extérieurs peut se révéler un atout non négligeable dans la conduite du projet. En deuxième lieu, la stratégie doit rester cohérente avec les ressources du territoire, c'est-à-dire tant pour le choix du positionnement que pour l'ampleur de l'opération. Une mise en garde particulière doit être faite en cas de flux touristiques importants : les structures d'hébergement et de restauration doivent être à la hauteur des attentes tant du point de vue quantitatif que qualitatif. Troisièmement, plus que dans toute autre situation, il faut impliquer la population dans la réflexion, la conception et la mise en œuvre de la stratégie, et ce pour plusieurs raisons. D'une part, parce qu'impliquer la population est l'un des éléments qui permet de construire une identité territoriale. D'autre part, parce que les efforts financiers consentis par les collectivités le sont implicitement par la population. Ne pas tenir compte des aspirations de cette dernière constitue donc un double déni de son existence. Enfin, la nature même des petites villes, donc faiblement peuplées, implique généralement une certaine cohésion sociale et un attachement au territoire qu'il ne faut pas négliger.

Un cas intéressant est rapporté par Dieudonné et Prigent (2003) concernant la ville de Douarnenez en Bretagne, dont les efforts pour faire revivre une petite ville en se fondant sur le savoir-faire en matière de construction de bateaux a connu un échec malheureux. Les causes de cet échec sont attribuées d'une part, aux coûts trop élevés de l'opération et d'autre part, à l'absence d'implication de la population au moment de sa mise en œuvre.

L'utilisation du tourisme culturel comme source de revenus potentiels et de dynamisation du territoire doit certainement être faite avec prudence. Même si l'histoire qui peut être racontée serait en mesure d'attirer des touristes, cela ne suffit pas à en faire un succès. Les infrastructures d'accès, d'hébergement et d'accueil vont devoir être évaluées en même temps que la planification d'activités culturelles. Dans ce domaine, la coordination avec les autres collectivités (villes voisines, Conseil général, Conseil régional, État), mais aussi avec des commerçants, hôteliers, restaurateurs, gestionnaires de terrains de camping, etc., devra faire l'objet du cœur de la stratégie de développement de la ville. Les opportunités de travailler en réseau (avec d'autres villes, par exemple) doivent ainsi être considérées avec la plus grande attention.

Bibliographie

Augustin, J-P. et Lefebvre, A., 2004, *Perspectives territoriales pour la culture*, Pessac, Maison des Sciences de l'Homme d'Aquitaine.
Carusone, P.S. et. Moscove, B.J., 1985, Special Marketing Problems of Smaller-City Retailing, *Journal of the Academy of Marketing Science*, 13, 3, 198-211.
Chazaud, P., 1998, Le territoire et la marque face aux enjeux de la destination touristique, *Cahier Espaces*, 59, 88-98.
Dechartre, P., 1998, Evénements culturels et développement local, Rapport du Conseil économique.
Delisle, H. et Gauchée, M., 2007, *Culture rurale, cultures urbaines ?*, Paris, Le Cherche Midi.

Dieudonné, P. et Prigent, L., 2003, Le patrimoine : affirmation d'identité et développement économique, in *L'avenir des petites villes* (Ch. Jamot, éd.), Clermont-Ferrand, Presses universitaires Blaise Pascal, 125-140.

Ministère de la Culture et de la Communication, 1998, Etonne-moi ! L'impact économique des festivals, *Lettre d'information*, 33.

Freire, J., 2005, Geo-branding, are we talking nonsense ? A theoretical reflection on brands applied to places, *Place Branding*, 1, 4, 347-362.

Gilmore, A., Carson, D. et Grant, K., 2001, SME marketing in practice, *Marketing Intelligence & Planning*, 19, 1, 6-11.

Grisel, A., 1993, Festivals, création, tourisme et image, *Cahiers Espaces*, 31.

Guilleminot, A., 2009, Dossier : le palmarès des villes les plus artistiques, *Arts Magazine*, 32, 50-66.

Jamot, C., 2003, *L'avenir des petites villes*, Clermont-Ferrand, Presses Universitaires Blaise Pascal.

Lee, K.S., Lim, G.H. et Tan, S.J., 1999, Dealing with resource disadvantage : Generic strategies for SMEs, *Small Business Economics*, 12, 4, 299-311.

Ministère de l'Intérieur, de l'Outre-mer et des Collectivités territoriales, 2008, Les collectivités locales en chiffres.

Levy, S.J., 1959, Symbols for Sale, *Harvard Business Review*, 117-124.

Mccartan-Quinn, D. et Carson, D., 2003, Issues which impact upon marketing in the small firm, *Small Business Economics*, 21, 201-213.

Morel, B. et Redor, P., 2006, Enquêtes annuelles de recensement 2004 et 2005. La croissance démographique s'étend toujours plus loin des villes, *INSEE Première*, 1058.

Robert, M., 27 juillet 2007, Les festivals d'arts de la rue servent la notoriété des villes moyennes, *Les Echos*.

Virassamy, C., 2002, *Les pôles d'économie du patrimoine*, Paris, La Documentation Française.

Wong, H.Y. et Merrilees, B., 2005, A brand orientation typology for SMEs : A case research approach, *Journal of Product and Brand Management*, 14, 3, 155-162.

CULTURE ET ATTRACTIVITÉ

Un partenariat privé/public pour sauver et valoriser le château de Sedan

LAËTITIA COCHET

En 2004, à Sedan, un hôtel-restaurant 3 étoiles s'est ouvert dans le château classé Monument Historique, encore en grande partie en ruine deux ans plus tôt. Cet article présente le projet, exemplaire à plus d'un titre, ainsi que son contexte, et aborde quelques points méthodologiques et éthiques qui lui sont liés.

La ville et son site fortifié

Sedan est la deuxième ville du département des Ardennes avec 21 000 habitants. Elle est l'une des villes les plus pauvres de France. Son taux de chômage est nettement supérieur à la moyenne nationale et son nombre d'allocataires du R.M.I. y atteint un chiffre record. Dans son histoire récente, Sedan a subi deux traumatismes importants : un traumatisme physique, avec la destruction du tiers de la ville pendant la Seconde Guerre mondiale, et un autre moral, avec la perte de ses activités industrielles, et donc de ses emplois. Mais la ville et ses environs décident de réagir et se tournent vers d'autres secteurs, dont le tourisme[1]. Le château de Sedan, dont l'histoire débute en 1424, est l'un des deux plus grands châteaux féodaux d'Europe[2]. Ce monument est un condensé de l'histoire de l'architecture militaire entre les XVe et XIXe siècles, car le site s'est continuellement adapté à l'évolution des techniques de siège. Les lieux sont utilisés par l'armée jusqu'en 1962, année où, en ruine, ils sont cédés à la ville pour un franc symbolique. Le départ du 1er régiment de Hussards Parachutistes pour Tarbes frappe alors durement l'économie locale. À cette époque aucune indemnité de compensation n'est versée et la destruction complète du site

---

[1] Contrat urbain de cohésion sociale de la ville de Sedan 2007-2009, p. 7.
[2] L'autre étant le château de Malbork (*Marienburg*) en Pologne.

fortifié ne se joue qu'à une voix lors d'un conseil municipal, tant son état de conservation compromet alors sa transmission aux générations futures.

Contexte de protection et de valorisation

Outre les 20 hectares du château, Sedan possède un secteur sauvegardé d'une superficie de 30 hectares, créé le 22 septembre 1992. Un plan de sauvegarde et de mise en valeur a été publié le 8 juillet 1999. La ville mène depuis de nombreuses années une politique suivie en faveur du développement urbain. C'est en 1975 qu'est notamment lancée une procédure d'Opération Programmée d'Amélioration de l'Habitat (O.P.A.H.)[3]. En 1995, le musée d'histoire locale installé dans le château est remplacé par l'*Historium*, qui est un parcours d'interprétation. Des scénettes historiques, campées par des mannequins et animées de dispositifs lumineux et sonores, permettent de visiter un peu plus du tiers des bâtiments. Le concept, alors très nouveau pour la France, remplace avantageusement les visites organisées par des bénévoles. Le nombre de visiteurs double en deux ans, passant de 15 000 à 30 000, affirmant le positionnement du château sur le marché touristique. En 2000, Sedan reçoit le label « Ville d'Art et d'Histoire ». Un service du Patrimoine est créé, ainsi qu'un atelier du Patrimoine, en partenariat avec l'Éducation nationale. En janvier 2008, la maison du tourisme du Pays sedanais quitte le château pour s'installer en face du monument. C'est bien une nouvelle dynamique qui s'est installée, relançant l'intérêt des Sedanais pour un patrimoine qu'ils avaient ignoré et négligé jusqu'alors. En 2006, le château de Sedan, avec ses 68 000 visiteurs, représente 50 % des visiteurs de monuments des Ardennes[4].

---

[3] Une O.P.A.H. a pour objet la requalification générale d'un quartier par la remise sur le marché de logements réhabilités, ainsi que le maintien des services de voisinage et du cadre urbain.

[4] Les visiteurs de musées sont, en 2006, respectivement 76 000 pour le musée de l'Ardenne à Charleville-Mézières et 22 500 pour le musée de la Forêt à Renwez.

CULTURE ET ATTRACTIVITÉ

Un projet économiquement porteur

Une collectivité de la taille et dans la situation économique de Sedan ne pouvait pourvoir seule à l'entretien d'un château comme le sien. Depuis l'acquisition par la ville, le château ne faisait l'objet que de travaux – financés par les services des Monuments Historiques (M.H.) –, visant à limiter sa dégradation (mise hors d'eau, restauration de charpente et de couverture, tôlage et réparations provisoires). Seul un projet suffisamment solide et porteur pouvait mobiliser davantage de moyens financiers de la part des services M.H. C'était le cas d'un projet hôtelier car si l'occupation permanente du site contribuait à assurer sa conservation, une telle activité commerciale laissait également espérer un développement touristique et donc une dynamisation de l'économie de la ville. Le Grand Prix d'Ingénierie Touristique décerné en 2005 par O.D.I.T. France à cette opération reconnaît une réhabilitation réussie du monument et marque l'encouragement des professionnels du tourisme pour ce type de démarche. L'aménagement hôtelier concerne trois bâtiments, représentant plus de la moitié de la surface bâtie qui restait à restaurer en 2002, année où débutent les travaux. L'ampleur du projet imposait toutefois de limiter la part des financements publics. Sedan a donc mis en place un partenariat public-privé, mais dont la forme lui permettait de conserver la maîtrise totale de son action.

Une relation « gagnant-gagnant »

Si l'idée du projet a émergé en 1987, il aura finalement fallu près de 15 ans pour qu'elle se concrétise. C'est l'alliance d'une collectivité territoriale, témoignant d'une volonté forte, avec un opérateur sérieux, qui a permis au projet hôtelier de Sedan

---

Dans le département, une dizaine de châteaux sont ouverts à la visite et la majorité d'entre eux ne reçoit pas plus de 5 000 visiteurs.

d'aboutir.

Dans ce type de partenariat, la collectivité s'investit dans le projet en fonction des retombées escomptées et de leurs conséquences. Le contrat qui régit le partenariat est orienté en fonction du degré souhaité de maîtrise de l'activité privée. Les projets créés doivent certes intéresser le secteur privé, mais ils doivent surtout servir la politique d'intérêt général.

À Sedan, la ville s'est chargée des travaux de restauration du monument et l'exploitant hôtelier, la société France Patrimoine, des travaux d'aménagement intérieur. Dans le cadre d'une relation « gagnant-gagnant », l'opérateur privé doit soigner sa stratégie pour atteindre ses objectifs de rentabilité. L'exploitation d'une activité commerciale dans un tel monument est en effet contraignante et coûteuse : ces coûts sont généralement supérieurs de 10 à 30 % à ceux de l'exploitation d'un bâtiment neuf. À Sedan, le coût d'installation d'une chambre prête à l'emploi ne correspond aux normes de l'hôtellerie 3 étoiles de province que parce que des subventions ont permis la restauration du clos couvert.

La collectivité a tout intérêt à ce que l'opérateur privé remplisse ses objectifs. À Sedan, un bail de 30 ans assure à l'hôtelier une durée d'exploitation suffisante pour espérer asseoir la rentabilité de son activité. L'opérateur privé a, de son côté, mis en place un montage financier et juridique qui limite ses investissements. Toutefois, les réflexions récurrentes sur le plafonnement des niches fiscales, liées aux financements des travaux sur les bâtiments M.H., laissent planer un risque sur ce type de montage. Enfin, le ciblage des clientèles vise à limiter les effets de saisonnalité.

Les clientèles

En 2005 et 2006, avec une durée moyenne de séjour de 1,44 jour, la Champagne-Ardenne est une destination de court séjour. L'importance du tourisme d'affaires présente certes l'inconvénient de tirer ce chiffre vers le bas, mais elle présente également l'avantage de gommer sur l'année les effets de saisonnalité engendrés par la clientèle du tourisme d'agrément.

CULTURE ET ATTRACTIVITÉ

Les clientèles de l'hôtel 3 étoiles du château de Sedan se partagent entre tourisme d'affaires à 70 % et tourisme d'agrément à 30 %. Cette dernière est constituée d'individuels à la recherche d'un hébergement de caractère. La clientèle professionnelle semble, quant à elle, choisir ce site pour sa capacité à donner une forte valeur ajoutée à ses manifestations. La clientèle de séminaires effectue d'ailleurs systématiquement une visite guidée de l'*Historium*, dont la durée, entre trois-quarts d'heure et une heure et demie, s'adapte aux contraintes d'emploi du temps. Pendant les périodes creuses, l'hôtel propose un forfait incluant la visite. La ville, exploitante de l'*Historium*, et l'hôtelier collaborent ainsi étroitement dans l'intérêt général.

Dans la région, la demande reste supérieure à l'offre : les capacités d'accueil en hébergement haut de gamme et en restauration de prestige sont sous-dimensionnées. Certains établissements, dont l'hôtel du château de Sedan, refusent des clients en période de forte activité. En 2006, le taux d'occupation moyen des hôtels de cette gamme était de 55 % dans l'ensemble de la région, contre 60 % pour l'hôtel du château de Sedan. Notons également que la part des étrangers dans la clientèle de tourisme d'affaires y est plus importante qu'au niveau régional : 44 % – au lieu de 38 % – se répartissant essentiellement entre les Belges (à 60 %), les Hollandais, les Britanniques et les Allemands.

Adhésion locale au projet

La réorientation d'une partie de l'activité de la ville vers le secteur du tourisme a constitué un enjeu capital pour Sedan. Plus largement, les habitants de la région ont adhéré massivement à cette option : en 2005, 95 % d'entre eux sont favorables au développement du tourisme, 75 % considèrent que le tourisme est une source de développement économique de première importance et 64 % estiment que l'activité touristique améliore leur qualité de vie[5].

---

[5] Schéma Régional pour l'Aménagement, le Développement et l'Organisation

CULTURE ET ATTRACTIVITÉ

Au niveau local, les habitants de Sedan ont apporté un grand soutien au projet hôtelier du château. Le plan de financement prévoyait initialement qu'une partie des travaux intérieurs de l'hôtel serait financée sur fonds propres, apportés par quelques investisseurs privés régionaux. L'adhésion au projet fut telle que 274 personnes, pour la plupart des autochtones, se sont finalement manifestées. L'enthousiasme s'étant répandu parmi toutes les catégories de la population, des souscriptions démarrant à 1 000 euros furent lancées, les plus élevées se montant à 50 000 euros.

Retombées économiques

Le château de Sedan a contribué et contribue encore à enrichir la ville, en facilitant notamment la rénovation des quartiers alentours. Sa valorisation a favorisé l'apparition de nouveaux flux, participant au rééquilibrage de l'offre touristique dans la région et à l'élargissement des richesses économiques *via* la création d'emplois directs[6] et indirects[7]. Un an après l'ouverture de l'*Historium*[8], en 1996, les retombées économiques locales de la fréquentation du château avaient été évaluées à 10 millions de francs[9] (1,52 million d'euros), un montant équivalent à celui des investissements qui ont permis son aménagement. L'évolution positive du nombre de visiteurs du parcours d'interprétation en 2004 est sans aucun doute liée à l'ouverture de l'hôtel, événement alors largement médiatisé.

Ces retombées positives se noient toutefois dans un contexte difficile et ne parviennent pas encore à enrayer la courbe démographique. La population sedanaise décline toujours[10]. En

---

Touristique 2006-2010 (S.R.A.D.O.T.) de Champagne-Ardenne, p. 15 et 16 (disponible sur le site Internet de la Région).

[6] *Historium* et hôtel-restaurant du château ont tous deux contribué à créer 56 emplois à temps plein depuis 1995.

[7] Les dépenses effectuées à l'extérieur des sites visités sont supérieures aux dépenses sur le site (Patin V., *Tourisme et patrimoine*, La Documentation française, Paris, 2005, p. 157).

[8] Qui a atteint l'autonomie financière 4 ans après son ouverture.

[9] Selon une étude du ministère de l'Agriculture.

[10] Chiffres-clés de l'INSEE résultant des enquêtes annuelles de recensement de

2006, la Champagne-Ardenne est la seule région de France à perdre des habitants[11], les Ardennes, avec la Haute-Marne connaissant un solde négatif. Par ailleurs, les politiques de stimulation économique et de cohésion sociale sont nombreuses en provenance de la Région et du Département : il n'est pas possible d'isoler leurs effets et donc d'identifier les seules retombées de l'activité hôtelière.

Extensions du projet

L'*Historium* a vieilli et nécessite de nouveaux investissements. Or, il est important de maintenir l'attractivité du château, en menant notamment des actions pour conquérir de nouvelles clientèles. En 2006, Sedan proposait un programme varié d'animations se déroulant au château ou à proximité pour soutenir l'attractivité du site[12]. Parmi elles, le festival médiéval – dont le budget est à l'équilibre – est aujourd'hui la première animation touristique de la région Champagne-Ardenne. La première édition, en 1996, accueillait 10 000 visiteurs payants. En 2007, pour la 12e édition, ce sont 35 000 personnes qui y assistaient. Le festival anime la ville toute entière car il s'étend jusque dans les rues du centre ancien et la forêt d'Ardenne.

La ville de Sedan souhaiterait maintenant allonger la durée du séjour sur la commune. Pour ce faire, il est prévu d'aménager un centre de remise en forme par l'eau dans les dernières parties du château, non occupées et encore en ruine. Ce concept haut de gamme se présente comme une offre complémentaire à l'hôtel-restaurant du château, à même de retenir les touristes en ville plus longtemps qu'une seule nuit. Ce projet permettra d'achever la restauration du château dans sa totalité à l'horizon de l'année 2012. Le montage juridique et financier sera probablement semblable à celui de l'hôtel-restaurant : la restauration du clos couvert à la

---

2004 à 2006.
[11] Évolution annuelle de - 0,05 % entre 1999 et 2006.
[12] « Arts et savoir-faire », week-end Aventure, festival « Urbi et Orbi », tournois de chevalerie.

charge de la collectivité et les aménagements intérieurs à celle de l'opérateur.

Pour une gestion plus efficace des intérêts touristiques du château et une meilleure visibilité des actions, il est également prévu que les partenaires privés s'associent à la ville et à la Région, ainsi qu'aux investisseurs institutionnels, dans le cadre d'une Société d'économie mixte.

Dans la continuité de la réussite sedanaise, le Schéma Régional pour l'Aménagement, le Développement et l'Organisation Touristique de Champagne-Ardenne pour la période 2006-2010 développe une stratégie d'alliance public-privé. « Le développement touristique [n'est pas] possible par le seul engagement des collectivités (…) [il n'est] possible que par un partenariat équilibré entre les collectivités et les opérateurs privés (…) investisseurs et/ou exploitants. »[13] Pour motiver ces intervenants privés, le rôle des politiques est notamment de prendre des mesures clarifiant la stratégie touristique publique, comme par exemple l'harmonisation des politiques d'aides et d'accompagnement publics dans le cadre de démarches partenariales. Toute la région n'est pas concernée et une partie de la stratégie consiste également à « identifier les territoires ayant un véritable potentiel et rassemblant l'essentiel des ressources stratégiques [pour] y concentrer les efforts »[14].

La reconversion du patrimoine

S'il est incontestable que le meilleur moyen de conserver le patrimoine est de l'utiliser, c'est la nature de l'utilisation qui est problématique. Certains estiment que seul un usage à vocation culturelle est approprié ; un autre, plus est à vocation touristique, ne faisant que dénaturer les lieux. Pourtant, l'état de conservation de certains sites, comme celui du château de Sedan en 2002, les place en dehors de toute polémique, tant il est urgent de faire

---

[13] S.R.A.D.O.T., *op.cit.*, p. 64.
[14] *Ibid.*, p. 62.

quelque chose. Les mondes de la culture et du tourisme s'interrogent chacun à leur manière sur la destination de ces monuments qui « encombrent ». En 1993, l'I.C.O.M.O.S. tentait de définir « le nouveau rôle des châteaux et châteaux forts dans la vie de la société »[15]. Plus récemment, en 2007, O.D.I.T. France consacrait un séminaire à la valorisation touristique du patrimoine militaire et fortifié.

Les intérêts de la collectivité et de l'exploitant privé se rejoignent finalement. Le monument doit certes contribuer à les servir, mais pas au détriment de son identité, la valorisation historique devant primer sur la logique économique. Un monument ne doit en effet pas se réduire à un appât pour touriste en quête d'exotisme historique. Les aménagements nécessités par l'exploitation doivent également respecter les caractéristiques du site, même si certaines situations doivent être abordées avec pragmatisme et peuvent justifier quelques concessions à la déontologie.

La raison et les sentiments

Sedan s'est donc appuyé sur la valorisation de son patrimoine culturel pour redynamiser l'économie locale. Un partenariat public-privé adapté a servi la collectivité, en permettant notamment la restauration du château, mais a également satisfait l'opérateur privé puisque l'exploitation est bénéficiaire.

Le château de Sedan a bel et bien été sauvé grâce au tourisme. Le discours touristique est pourtant souvent jugé négativement, superficiel, voire déformant, par le monde culturel dont la position est plus exigeante, mais également souvent élitiste. L'expérience sedanaise montre qu'il est possible de dépasser l'opposition récurrente entre patrimoine culturel et développement touristique.

---

[15] Symposium I.C.O.M.O.S. C.S.S.R, « Le nouveau rôle des châteaux et châteaux forts dans la vie de la société », Praha, 1983.

« Le tourisme entretient et vivifie le patrimoine »[16]

Reste qu'il n'est pas toujours simple de monter des projets qui intéressent les partenaires privés. Combien de forteresses ou de châteaux médiévaux sont en ruine et dans lesquels ne pourra jamais être installé ni restaurant, ni hôtel, soit parce qu'il serait trop coûteux de les restaurer, soit parce que leur emplacement bannit tout espoir de rentabilité ? Pour ceux-là il reste, à un tout autre niveau, l'appel sur un mode affectif à la contribution des personnes privées, attachées à leur patrimoine, un attachement qui semble une valeur universelle.

Bibliographie

Amalvi, C., 1996, *Le goût du Moyen-Âge*, Paris, Plon.
Cochet, L., 2008, *Enjeux et stratégies des partenariats public-privé pour la reconversion des bâtiments historiques. Étude de cas : le château de Sedan*, mémoire professionnel, Master 2 Tourisme, spécialité valorisation touristique des sites culturels, Université Paris 1 Panthéon-Sorbonne (IREST).
Dablain, J., 2004, Les Sedanais investissent leur château, *Espaces Tourisme & Loisirs*, 215, 13-15.
Dablain J., 1997, Pourquoi et comment interpréter un monument touristique ?, *Espaces Tourisme & Loisirs*, Hors Série *Interprétation du patrimoine*, 148-151.
Davezies, L., 2008, *La République et ses territoires. La circulation invisible des richesses*, Paris, Seuil.
Glorieux, R., 1998, Mieux protéger les monuments en y créant un hébergement, *Espaces Tourisme & Loisirs*, 154, 110-114.
Grevin Développement – Harmattan, 2003, Redynamisation touristique du Château Fort de Sedan, étude.

---

[16] Lazzarotti O. et Violier P. (dir.), *Tourisme et patrimoine. Un moment du monde*, Éditions Presses de l'université d'Angers, juin 2007, quatrième de couverture.

Lazzarotti, O. et Violier, P. (coord.), 2007, *Tourisme et patrimoine. Un moment du monde*, Angers, Editions Presses de L'Université d'Angers.
Leenhardt-Salvan, M. (coord.), 2005, Musées et tourisme, *Les Cahiers Espaces*, 87.
Mesqui, J., 1995, *Les châteaux forts. De la guerre à la paix*, Paris, Gallimard.
Patin, V., 2005, *Tourisme et patrimoine*, Paris, La Documentation française.
Sartelet, A., 1991, *La principauté de Sedan*, Charleville-Mézières, Editions Terres Ardennaises.
Schéma Régional pour l'Aménagement, le Développement et l'Organisation Touristique 2006 - 2010 de Champagne-Ardenne.

Les pôles métiers d'art : entre culture, tourisme et coopération interentreprises

JEAN-MICHEL KOSIANSKI

Les métiers d'art, point de rencontre de l'économie et de la culture

Situé au croisement de l'économie et de la culture, le secteur des métiers d'art concerne un ensemble de métiers, détenteurs de savoir-faire le plus souvent séculaires et assimilables à un patrimoine vivant ou immatériel. À ce titre, il se situe au point de rencontre de l'artisanat et de l'art et doit *a priori* pouvoir être appréhendé sous une double dimension : économique et culturelle. Pourtant, il n'existe que peu d'études documentées sur la contribution économique des métiers d'art (Ménard et Montambeault, 2003). La raison principale est que les métiers d'art constituent un secteur difficile à cerner car il n'en existe pas de définition officielle, pas même de définition satisfaisante en raison de l'impossibilité de fixer des critères permettant de résoudre l'ambigüité de ce secteur (Dehaye, 1976).

En décembre 2003 a cependant été publiée par arrêté, pour la première fois, une liste officielle comprenant 238 métiers qui permet de circonscrire le secteur des métiers d'art. Ces derniers y sont classés en 19 domaines, définis selon le matériau ou l'activité et comprend trois grands ensembles de métiers : les métiers de la création, permettant la conception ou la réalisation d'objets d'art originaux ; les métiers de la tradition, visant la réalisation, à partir de modèles et techniques hérités du passé, d'objets d'art traditionnels ; les métiers de la restauration / conservation, qui s'exercent sur le patrimoine immobilier ou mobilier.

Les métiers d'art peuvent être appréhendés au moyen de deux critères essentiels : un savoir-faire manuel d'excellence, appliqué à un matériau et issu de pratiques traditionnelles dont la maîtrise exige en général un long temps d'apprentissage ; un objet utilitaire (éventuellement une prestation) à fort contenu esthétique, unique ou produit en petite série.

Outre l'insaisissable définition du métier d'art, on retrouve aussi une diversité dans les statuts juridiques et les formes d'organisation des entreprises. Les professionnels des métiers d'art peuvent en effet être artisans (inscrits au répertoire des métiers), artistes auteurs (affiliés à la Maison des artistes) ou travailleurs indépendants (ressortissants de l'URSSAF). Ils peuvent également exercer leur métier en tant que salariés d'entreprises artisanales ou industrielles, dont les industries du luxe ; certains sont même fonctionnaires (les agents du Mobilier national notamment).

D'après le ministère chargé de l'Artisanat, il existait 38 100 entreprises de métiers d'art en France, dont 99% de TPE (très petites entreprises). Elles emploient 102 700 personnes et réalisent un chiffre d'affaires de 7,8 milliards d'euros.

Les métiers d'art constituent un secteur fragile, à la problématique multiple. S'en tenant à la seule expression économique de celle-ci, un rapport de la Société d'Encouragement aux Métiers d'Art et Union Européenne de l'Artisanat et des PME publié en 2000, alerte la Commission européenne dans les termes suivants : « *On observe la disparition de détenteurs de savoir-faire et le maintien de certains métiers d'art rares apparaît comme menacé : image anachronique du travail manuel à l'orée du 21ème siècle, débouchés économiques fragiles, coût de la main-d'œuvre, délocalisation de certaines productions (…), insuffisance des dispositifs de recherche et d'innovation technologique, autant de facteurs qui viennent fragiliser la conservation des savoirs.* » Mais plus encore les caractéristiques mêmes de l'offre constituent des causes de difficultés structurelles : atomisation, isolement et difficulté des entreprises à se regrouper ; insuffisante organisation de l'offre ; absence en France d'un réseau de diffusion, voire d'un marché bien identifié pour les métiers d'art.

Comme l'indique une étude du Conseil des Métiers d'Art du Québec et Cap'Export de 2001 : « *Les métiers d'art en France n'ont toujours pas trouvé de place légitime entre les marchés et foires directes aux particuliers, qui enferment la production artisanale dans une double nécessité de producteurs et de diffuseurs, et la petite centaine de galeries et boutiques, qui n'acceptent que marginalement d'intégrer dans leur diffusion le travail des artisans d'art.* »

À ces difficultés s'ajoutent celles vécues par les professionnels à concilier toutes les dimensions de leur activité : conception, production, promotion, commercialisation et administration, tout en devant faire face à une demande insuffisante, qui a pour cause principale une méconnaissance des métiers d'art par le grand public. Cette méconnaissance provoque également une faible attractivité des métiers d'art auprès des jeunes : des ateliers (en particulier dans les métiers de la restauration et de la tradition) recherchent des techniciens qualifiés ou des repreneurs, qu'ils ne trouvent pas. Des savoir-faire deviennent rares et d'autres sont menacés de disparition.

C'est en réponse à ces problèmes qu'est apparu dans les années 1990 le concept de « pôle de métiers d'art », fondé sur la concentration et la valorisation des entreprises des métiers d'art. La démarche de constitution des pôles relève généralement d'une initiative des collectivités locales en vue d'améliorer l'attractivité du territoire et lie à la fois des aspects économiques, culturels, touristiques et identitaires mais également de coopération interentreprises. Cependant, les stratégies des pôles métiers d'art apparaissent souvent peu lisibles ; l'empirisme et le tâtonnement prévalent dans la plupart des démarches (Kosianski, 2004). Cet article a donc pour objectif de suggérer une représentation des pôles métiers d'art sous l'angle des réseaux de coopération interentreprises et en particulier, les notions de districts industriels et culturels ainsi que de milieux innovateurs.

Dans un premier temps, nous mettons en évidence le lien entre la valorisation des métiers d'art et l'attractivité du territoire pour ensuite définir les réseaux de coopération interentreprises appropriés à ce secteur et plus particulièrement aux pôles métiers d'art. Dans un troisième temps, nous présenterons plus en détail le système de production local (SPL) Prometerre du Pays d'Aubagne.

Métiers d'art et attractivité du territoire

La place de la culture dans les territoires, question centrale en géographie, le devient aussi en économie territoriale (Pecqueur, 2004 ; Benko, 2007). Pour Santagata (2008), la culture et le territoire constituent un binôme indivisible et originaire (originel) : un territoire est un lieu social et un lieu pour la production d'activités économiques, lesquelles sont influencées par la tradition, c'est-à-dire la culture du territoire. Selon lui, le lien entre culture et territoire est particulièrement prégnant pour les industries créatives, que sont l'artisanat d'art, le design, la mode, l'architecture ou encore la gastronomie. Le territoire crée des externalités positives pour ces activités. En particulier, Santagata évoque un « *effet de la production de culture sur le développement d'une chaîne de la valeur ancrée au territoire et nourrie de sa tradition* ». Pour Greffe (2006), l'effet de la culture sur le développement du territoire passe par la création d'un milieu attractif tant pour les habitants que pour les visiteurs, tout en servant de levier dans la création d'objets à la fois esthétiques et utilitaires.

Parallèlement, il existe un lien fort entre les savoir-faire des métiers d'art et l'identité d'un territoire. En effet, pour s'en rendre compte, il convient de consulter la convention pour la sauvegarde du patrimoine culturel immatériel adoptée le 17 octobre 2003 par l'UNESCO, dans laquelle ils figurent sous l'intitulé « savoir-faire liés à l'artisanat traditionnel ». Par conséquent, cette forme de patrimoine participe, au même titre que le patrimoine matériel, au sentiment d'identité et de continuité des communautés et des groupes. De plus, pour Adam *et al.* (2000), les savoir-faire sont fortement ancrés dans leur territoire, à tel point qu'ils en sont une expression de leur identité sociale et professionnelle. Finalement, à propos du lien entre métiers d'art, attractivité et économie, Levêque et Virassamy (2005) indiquent pour leur part que les métiers d'art sont une ressource économique en raison des différentes valeurs qu'ils peuvent incarner, et sont à ce titre des facteurs d'attractivité du territoire.

Les pôles métiers d'art et le développement local

Les « pôles métiers d'art » sont des démarches empiriques de développement local apparues dans les années 1990. Elles concernent des territoires plus ou moins étendus (du village au Pays et du quartier à l'agglomération) où les savoir-faire et les productions des entreprises de métiers d'art sont valorisés, souvent à l'initiative d'une collectivité locale soucieuse d'accroître son attractivité touristique ou de revitaliser tout ou partie de son territoire. À partir de l'observation d'un assez grand nombre de cas, nous avons proposé dans un précédent article (Kosianski, 2004) la définition suivante des pôles métiers d'art : des concentrations d'entreprises de métiers d'art qui entretiennent des relations entre elles et avec le territoire. Valorisation et concentration des entreprises de métiers d'art caractérisent donc un pôle métiers d'art.

La concentration peut être ancienne, fruit de l'histoire du territoire : c'est la présence d'un savoir-faire traditionnel qui fonde alors la démarche de développement local. Mais, dans une majorité de cas, la volonté de valorisation est préalable à la présence même des savoir-faire : le pôle est alors le résultat d'une démarche volontariste d'acteurs publics locaux désireux de favoriser l'installation ainsi que la polarisation d'entreprises de métiers d'art sur leur territoire. Assez souvent, conformément à l'analyse développée par Xavier Greffe à propos des districts culturels (évoquée ci-après), les pôles métiers d'art cherchent à bénéficier d'un label, voire d'une appellation contrôlée, qui pourra agir comme un droit de propriété intellectuelle.

L'une des toutes premières initiatives de développement local fondées sur les métiers d'art est l'Archipel des Métiers d'Art, qui a concerné à partir de 1991, une vingtaine de villes du Languedoc-Roussillon. On y a trouvé des volontés fortes et conjointes de l'État et de collectivités territoriales qui ont permis l'éclosion d'un réseau de pôles métiers d'art portés par des communes, puis par leurs intercommunalités. Dans son analyse, Houssard (1997) insiste sur le caractère innovant du développement local en favorisant l'installation et le regroupement de métiers d'art par spécialisation, mais également sur des sites ayant un intérêt touristique ou culturel. Cette initiative a permis la création d'un réseau pertinent en termes d'attractivité territoriale. Pour les pôles, l'objectif était de favoriser le développement économique de la région grâce à des produits à forte valeur ajoutée, qui ont permis de renforcer l'identité du territoire ainsi que de générer une fréquentation touristique, souvent haut de gamme. L'analyse de Houssard (1997) a également mis en exergue le lien étroit entre développement local, réseau, économie, culture, tourisme, identité et attractivité. Adam *et al.* (2000) quant à eux, mettent en évidence les cinq enjeux de la valorisation des savoir-faire pour un territoire : maintien du tissu économique et social, attractivité vis-à-vis de l'extérieur, reconnaissance du potentiel auprès des habitants, renforcement de l'identité et mise en réseau d'acteurs.

Plus généralement, un pôle métiers d'art se caractérise par *« la réunion, sur un espace à forte identité, d'une concentration d'entreprises ayant un savoir-faire spécifique (qui) peut augmenter progressivement, à travers un vécu collectif, des pratiques de coopérations informelles et une culture territoriale et professionnelle spécifique, qui facilitent la mise en place d'un mode de coopération formel et la formation d'une démarche en réseau »* (Houssard, 1997). Les pôles métiers d'art relèveraient donc de réseaux de solidarité territoriale, à l'intérieur desquels l'existence de relations interentreprises denses, alliées à des relations avec le territoire, créent les conditions de la diffusion de l'innovation et de la capacité de la communauté à s'adapter et à réguler. L'hypothèse d'une proximité entre pôle métiers d'art et district industriel peut donc être formulée. Cette hypothèse peut être confortée par deux arguments au moins : d'une part, des analyses cherchant à expliquer le succès des districts industriels italiens mettent en avant des caractéristiques et des contextes proches de ceux des métiers d'art ; d'autre part, il est possible de mobiliser le concept de « district culturel » (récent et directement issu du district industriel) pour représenter les pôles métiers d'art.

Les pôles métiers d'art et le tourisme culturel

Les pôles métiers d'art se matérialisent la plupart du temps par l'aménagement d'espaces à vocation culturelle et touristique pour valoriser des savoir-faire. On peut voir ainsi la création de musées, d'ateliers-musées, de maisons des métiers d'art… ; la réalisation d'actions et d'instruments collectifs de promotion et de communication : site Internet, plaquette, signalétique, salon… ; et la mise à disposition d'immobilier pour la production et/ou pour la commercialisation : ateliers-relais, boutique collective... Hormis quelques exceptions notables, les choix privilégient donc d'abord la valorisation culturelle et touristique des savoir-faire, ensuite celle de l'immobilier d'entreprise et beaucoup plus rarement la mise en réseau et/ou l'accompagnement des ateliers.

Une étude réalisée en 2004 par l'association *Ville et Métiers d'art* indique que la valorisation touristique (par la mise en place d'une signalétique facilitant la découverte des ateliers, l'édition de dépliants, guides, sites Internet, etc.) vient au second rang de l'offre d'expériences, derrière l'information et la promotion des métiers d'art (organisation d'expositions temporaires, de foires, de salons...) et devant le développement des métiers d'art dans la ville, dont l'immobilier d'entreprise tout particulièrement. De leur côté, Levêque et Virassamy (2005) indiquent que la moitié des actions territoriales en faveur des métiers d'art s'appuient sur un volet touristique. Par ailleurs, il est frappant de constater que les villes détentrices du label *Ville et Métiers d'Art* sont très souvent également labellisées *Un des Plus Beaux Détours de France* et *Ville ou Pays d'Art et d'Histoire*.

La priorité donnée au tourisme culturel peut enfin être perçue à partir de la prise en compte de l'existence d'un équipement dédié à la valorisation des savoir-faire dans de nombreux pôles dont l'histoire est liée à un métier d'art : *Centre international d'art verrier* à Meisenthal, *Cité de l'or* à Saint-Amand-Montrond, *Espace faïence* à Malicorne, *Maison de la faïence* à Desvres, *Maison des couteliers* à Thiers, *Sylvea* (ex-*Conservatoire des métiers du bois*) à Revel, etc.

Dans les pôles de constitution récente, la présence d'un lieu vitrine, souvent appelé « Maison des métiers d'art », est caractéristique des expériences les plus avancées (Kosianski, 2004). De plus, ces lieux ont pour vocation de mettre en avant les savoir-faire des entreprises de métiers d'art du territoire et ainsi créer de l'attractivité, affirmer une identité et mobiliser les acteurs locaux en faveur du projet de développement local. Conformément à l'analyse de Pecqueur (2000), ces équipements permettent en effet de mieux rendre compte de l'action à la population tout en favorisant des relations entre partenaires économiques locaux. On trouve donc ici la confirmation que le lien entre métiers d'art et tourisme culturel n'est pas exclusif : les préoccupations de développement local, de réseau, d'identité, d'attractivité, d'économie sont indissociables de la préoccupation de tourisme culturel.

Vers des réseaux de coopération interentreprises

Le développement local correspond à une nouvelle culture économique qui renonce à la séparation nette entre l'économique et le social. Si la concurrence reste la règle, elle s'aménage et admet des solidarités entre entreprises. En particulier sont prises en compte les solidarités territoriales, qui permettent de mieux s'adapter collectivement aux contraintes mondiales. Dans cette approche, les relations tissées entre acteurs économiques et sociaux avant l'échange sur le marché sont particulièrement importantes (Pecqueur, 2000).

La coopération interentreprises revêt différentes formes : système productif local (SPL), district industriel, *cluster*, milieu innovateur… Ces diverses dénominations ont en commun une concentration de PME sur un territoire géographiquement limité ; spécialisées dans un secteur d'activité, autour d'un produit ou d'un métier ; entretenant simultanément des relations de concurrence et de coopération ; pouvant s'appuyer sur une structure d'animation associant les autres acteurs du territoire. Le district industriel valorise en outre la prise en compte (expresse et consciente) d'une logique sociale communautaire à côté de la logique économique.

Parmi les différentes formes de coopérations interentreprises, deux semblent particulièrement appropriées pour une tentative de conceptualisation des pôles métiers d'art : le district et le milieu.

Pôles métiers d'art et districts industriels et culturels

On doit la notion de district industriel à Alfred Marshall qui, en 1919 dans « *Trade and Industry* », décrit et analyse des concentrations industrielles en Europe. Il met en évidence les avantages dont bénéficient ces lieux où se concentrent diverses compétences autour d'une production dominante et déduira de cette analyse la théorie des effets externes. Aujourd'hui, les districts industriels semblent ressurgir du fait de leur capacité à expliquer les liens entre les caractéristiques humaines d'un lieu et son activité de production (Pecqueur, 2000). On doit notamment ce regain d'intérêt aux travaux de Becattini sur la « troisième Italie », pour qui le district est *« une entité socio-territoriale caractérisée par la présence active d'une communauté de personnes et d'une population d'entreprises dans un espace géographique et historique donné. Dans le district (...) il tend à y avoir une osmose parfaite entre communauté locale et entreprises »* (Becattini, 1992).

Dans un district, la coopération est permise par le partage d'un système de valeurs lui-même issu d'expériences industrielles communes mais également de relations interpersonnelles. La coopération peut donc être appréhendée comme le produit d'un ensemble de processus de socialisation continus et complexes. Un mouvement d'aller-retour incessant entre l'individuel et le collectif favorise l'établissement d'une relation étroite entre coopération et sentiment d'appartenance à une même communauté. Toutefois, la confiance qui fonde la coopération interentreprises provient de l'enracinement des relations économiques durables dans la vie économique, sociale et légale au sens plus large (Benko et Lipietz, 1992). En effet, l'analyse du modèle des districts italiens révèle le rôle ancien, et de plus en plus important, d'instances intermédiaires chargées de la régulation sociale du système local et d'apporter des réponses techniques aux besoins des entreprises. Ces interfaces peuvent être des associations, des coopératives, des organisations professionnelles… Le rôle de catalyseur des institutions intermédiaires est également soulevé par la DATAR (2004) qui note leur implication sur un large spectre de problématiques, de la plus élémentaire à la plus élaborée. Les institutions intermédiaires sont également vues comme une réponse locale au maintien de la compétitivité à l'échelle nationale, voire internationale.

En parallèle au concept de district industriel, celui de district culturel suggéré par Santagata (2000) et Greffe (2004) est également pertinent dans la représentation des pôles métiers d'art. Pour Greffe (2004), le district culturel est un mode d'organisation spatial permettant d'assumer les contraintes d'une économie globale où de nouveaux produits mettent fin aux produits existants. Or toujours selon Greffe (2004), les métiers d'art ne font pas exception puisque les biens produits par ce secteur sont souvent une réponse à des variations de goûts dans la population ou encore en corollaire à des améliorations des savoir-faire.

Dans la typologie présentée par Greffe (2004), trois des quatre catégories de districts culturels semblent concerner directement les métiers d'art[1] :
- le district qui de par sa reconnaissance légale ou quasi légale est moteur de croissance, comme la cristallerie de Lorraine ou la porcelaine de Limoges par exemple ;
- le district qui a été mis en place par les collectivités territoriales afin d'éviter le déclin d'un territoire ou la disparition d'une activité traditionnelle, comme le pôle de l'image d'Angoulême et le district de la mode à Marseille ;
- le district patrimonial : une ressource « héritée » (un monument, des collections, un festival, etc.) crée « une ambiance favorable » à l'agglomération d'activités culturelles variées.

La première catégorie renvoie aux pôles métiers d'art issus de l'histoire économique d'un territoire où la concentration d'entreprises est ancienne et où les savoir-faire sont devenus indissociables de l'identité, de la culture et de la vie économique. La troisième catégorie évoque les démarches de développement local visant à favoriser la polarisation de professionnels des métiers d'art dans des lieux à fort potentiel de tourisme culturel. La catégorie intermédiaire couvre les deux types de pôles métiers d'art : il correspond à des territoires dont l'identité présente un lien historique (plus ou moins ancien) avec un savoir-faire et où les métiers privilégiés par l'action de développement local peuvent avoir un rapport indirect avec le savoir-faire éteint.

---

[1] Le seul type de district ne concernant pas les métiers d'art est le district audiovisuel (dont le prototype est Hollywood).

CULTURE ET ATTRACTIVITÉ

Pôles métiers d'art et milieux innovateurs

Une autre forme de coopération interentreprises qui nous semble une bonne grille de lecture pour les pôles métiers d'art concerne le milieu innovateur. Des travaux de recherche réalisés au cours des vingt dernières années ont permis d'envisager un cadre conceptuel pour mieux comprendre le rôle des dynamiques locales dans l'évolution des économies et de la société (Colletis-Wahl *et al.*, 2006). Dans ces travaux, l'innovation est envisagée dans une conception territoriale et collective ; elle ne serait pas le fruit d'entrepreneurs isolés (d'essence schumpetérienne), mais d'un milieu entrepreneur, ce qui pousse Pecqueur (2004) à mettre en évidence le caractère endogène de l'innovation, résultant d'une mise en réseau des compétences par une construction sociale.

À ce titre, le milieu diffère de la filière localisée (impliquée par les notions de districts industriels) en ce sens qu'il n'est pas nécessairement spécialisé et qu'il fait référence à la fois au milieu « contexte » et au milieu « acteur » : le contexte est l'ensemble des expériences, des systèmes de valeurs, modes de vie et culture des entreprises, qui peut entraîner une dynamique entrepreneuriale, alors que le sujet agit en faveur du développement (Matteaccoli et Tabariés, 2006).

En tant qu'ensemble territorialisé, Maillat (1998), indique que le milieu innovateur a deux rôles : premièrement, développer de manière autonome des ressources spécifiques et différenciées ; deuxièmement, percevoir, identifier et formuler des projets pour adapter et renouveler le système de production localisé. En conséquence, c'est la valorisation des ressources du territoire à partir de projets *ad hoc* qui permet le développement. Dans ce contexte, deux types de ressources sont évoquées : les ressources territoriales (Pecqueur, 2004) et les ressources patrimoniales, que sont les ressources naturelles et culturelles. L'innovation consiste alors, pour les territoires dotés de ressources patrimoniales – latentes ou révélées – à transformer leur organisation socioéconomique pour se développer à partir de ce type de ressources. L'innovation y est plutôt de type conceptuel et organisationnel et il est fait le constat que la coopération entre acteurs y est facilitée par le caractère de bien public qu'a généralement la ressource patrimoniale.

Matteaccioli et Tabariès (2006) indiquent que l'étude de ce type de ressources permet de distinguer trois façons pour un système local de production d'utiliser une ressource :
- dans une approche *géographique*, la ressource n'est qu'une externalité, un facteur de localisation pour les entreprises. Dans cette approche, il n'y a généralement pas émergence d'un phénomène de milieu ;
- dans une approche *cognitive*, la ressource est un atout endogène développé par le milieu, qui cherche à créer une culture de la ressource pour permettre son exploitation durable, par sa préservation et sa requalification au fur et à mesure de l'apparition de nouveaux besoins ;
- dans une approche *éthique*, la ressource acquiert une valeur politique : défendue par la population, des associations ou des collectivités locales, elle sert à procurer des valeurs d'usage pour les habitants, à fournir des externalités pour de nouvelles activités économiques ou en tant qu'opportunité initiale, elle peut servir à construire des compétences et savoir-faire, voire un milieu.

Il nous semble que les démarches à l'œuvre dans les pôles métiers d'art correspondent à cette typologie, selon la volonté plus ou moins affirmée de la collectivité initiatrice du projet de l'inscrire dans un processus de développement local.

Au-delà, de la même façon que la prise en compte du district culturel nous a confortés dans l'hypothèse d'une proximité entre pôle métiers d'art et district industriel, l'énoncé par Kebir et Maillat (2004) du « milieu coordonnateur » rapproche les pôles métiers d'art des milieux innovateurs. En effet, à partir d'exemples empiriques, Kebir et Maillat observent que l'activation des ressources culturelles et naturelles ne s'effectue pas nécessairement dans le cadre d'un milieu innovateur tel que défini : la dimension patrimoniale peut amener la ressource à être révélée et mise en œuvre par un milieu élargi dans lequel se confrontent des intérêts marchands et non marchands. Ils parlent de « milieu de type nouveau » qu'ils qualifient de coordonnateur puisqu'il s'agit de mettre en relation les différentes ressources. Ils évoquent aussi les notions de « milieu innovateur de deuxième génération », révélé par Peyrache-Gadeau et de « milieu hétérodoxe », dû à Camagni. Par ailleurs, Kebir et Maillat (2004) indiquent que le milieu coordinateur, à l'instar du milieu innovateur classique, présente un ancrage territorial et un collectif d'acteurs formant un réseau et une problématique d'innovation. Le milieu coordinateur se différencie par contre du milieu innovateur de par un processus de coordination faisant appel à une organisation plus proche de celle de l'action publique que de la gouvernance territoriale où les acteurs publics – collectivités publiques et société civile – qui n'ont pas en vue l'intérêt marchand, exercent un rôle prééminent. Pour illustrer ces propos, nous présentons quelques éléments de l'historique et du développement d'un pôle métiers d'arts du Pays d'Aubagne.

Le Pays d'Aubagne et le SPL Prometerre

Le Pays d'Aubagne est l'un des territoires ayant à ce jour le mieux formalisé le concept de plateforme ou d'environnement de services pour entreprises de métiers d'art. Son exemple est intéressant à étudier à deux titres au moins : la démarche de développement local y a d'abord visé à réactiver une identité et une attractivité grâce à un programme de développement culturel et économique de la filière céramique locale, comme préalable à la définition d'un système productif local. Le système productif local du Pays d'Aubagne repose sur la prise de conscience que les entreprises de la filière céramique partagent des intérêts avec le territoire et donc avec les acteurs publics.

Aubagne, 43 000 habitants, est la ville centre d'une communauté d'agglomération de 75 000 habitants. Elle est située à l'est des Bouches-du-Rhône, au cœur d'un bassin de population de plus d'un million d'habitants. Aubagne fut dès l'antiquité un lieu d'extraction et de transformation de l'argile. Au XIXe siècle, cette activité atteint son apogée et 80 % de la population est liée à l'activité d'extraction et de transformation de la terre. Entre les deux guerres mondiales, cette mono-industrie soumise à la concurrence étrangère traverse une grave crise économique et sociale. Dès lors, seules quelques fabriques artisanales maintiendront à Aubagne une production de céramiques utilitaires, à côté des santonniers. L'industrie a disparu complètement. Au milieu des années 1980, sensibilisés par de premières initiatives de développement local autour des métiers de la terre, les élus et les professionnels d'Aubagne ont souhaité réfléchir ensemble aux perspectives de développement offertes à leur territoire par l'argile.

Tous avaient conscience qu'il y avait chez les habitants des souvenirs et une sensibilité qui pouvaient être réveillés pour favoriser une relance économique et culturelle de la commune. Ce réveil s'est opéré avec l'organisation d'un marché de potiers, Argilla, dont la première édition a eu lieu en 1991. C'est grâce à ce marché que l'attachement de la population à son territoire a pu être vérifié, mais également le pouvoir d'attraction par rapport à d'autres publics (Ruffier-Lanche, 2005). Initiateurs et acteurs de cette manifestation parlent aujourd'hui avec ferveur et émotion des larmes des habitants les plus âgés, de leur empressement à visiter les stands, à échanger avec les exposants et entre eux. Cette adhésion collective a favorisé la mise en œuvre d'un programme de développement local à visées économiques et culturelles concernant d'une part, les professionnels (céramistes et santonniers), principalement par l'appui à la recherche de nouveaux marchés et à la définition de nouveaux modèles et gammes (à travers des collaborations avec des créateurs plasticiens notamment) et, d'autre part, les habitants, par la conduite d'actions de sensibilisation et d'initiation en milieux scolaire et associatif ainsi que par la constitution progressive d'une collection archéologique.

Le programme est piloté par des agents de la collectivité locale (la commune, puis la communauté d'agglomération), installés dans un lieu symboliquement implanté dans un ancien atelier de fabrication de santons : les *Ateliers Thérèse Neveu*. Argilla est aujourd'hui reconnu comme le principal événement européen lié à la céramique : il accueille 180 céramistes et est fréquenté par 70 000 visiteurs, dont l'origine est à 75% régionale et à plus de 50% locale (moins de 20 km d'Aubagne). L'objectif des élus et des professionnels est atteint : les Marseillais (proches) et les touristes, attirés par l'image d'Aubagne et de ses produits d'argile, (re)viennent pour visiter les ateliers et acquérir céramiques et santons. L'identité a été réactivée et favorise un nouvel essor du Pays d'Aubagne : aujourd'hui, plus de 45 entreprises liées à la filière céramique (dont la moitié ont moins de 10 ans) emploient 200 salariés environ et l'argile constitue la deuxième demande d'informations touristiques, après Pagnol.

L'identité étant consolidée et réactivée, la collectivité locale et les entreprises se concentrent dorénavant sur les moyens à mettre en œuvre pour accompagner les entreprises dans leurs efforts de modernisation et de compétitivité. Le SPL Prometerre a été créé en janvier 2006 à l'initiative de la communauté d'agglomération du Pays d'Aubagne et de plusieurs entreprises de céramique désireuses de s'adapter à l'évolution du marché de la céramique domestique, caractérisé principalement par une offre devenue mondiale, avec une forte concurrence des produits d'importation ; une concentration des circuits de distribution, avec une diminution de la part des boutiques indépendantes, débouchés traditionnels des PME du Pays d'Aubagne. Le rôle du SPL est d'offrir un accès mutualisé à de l'expertise, du conseil et de la formation ; par conséquent, les entreprises et les produits répondent à des critères de qualité plus élevés sur l'ensemble des marchés (Ruffier-Lanche, 2005).

À force d'échanges plus ou moins formels rendus possibles par un sentiment d'appartenance à une même communauté partageant les mêmes intérêts, entreprises et élus ont progressivement développé un diagnostic commun aux entreprises de céramique du Pays d'Aubagne. Leur force est essentiellement leur identité, qui donne du sens à leur production ; mais c'est aussi leur petite taille, qui leur permet d'être réactives aux nouvelles demandes, de produire des petites séries et d'occuper des marchés de niche. Inversement, leur faiblesse est l'insuffisance des moyens que chacune, isolément, peut investir pour son développement. Le SPL Prometerre se veut donc être une réponse aux difficultés des PME de la filière argile du Pays d'Aubagne, qui expriment les enjeux de leur démarche collective dans les termes suivants : « *Dans un environnement économique mondialisé, l'exercice de nos métiers et le développement de nos entreprises nécessitent de plus en plus de compétences internes à l'atelier : formation, information, diversité dans de nouveaux savoir-faire… ; de complémentarité entre l'activité des entreprises et celle développée par les collectivités territoriales. La pérennité de nos activités passe par la modernisation et l'adaptation de plus en plus rapide de nos produits, des modes de production, de commercialisation, de communication, de management et gestion. »* (Prometerre, *Charte d'engagements mutuels de Prometerre et de ses adhérents*, 2006).

Pour répondre à ces enjeux, les entreprises explicitent leur stratégie comme suit : « La démarche de notre association tend à considérer que la réussite individuelle passe par la réussite collective et vice-versa. Dans le respect de l'indépendance de nos entreprises individuelles, les principes essentiels qui guident notre travail s'articulent autour de la mutualisation de moyens, de compétences, des savoir-faire et des intérêts que la filière partage avec le territoire. » Plus précisément, le SPL Prometerre affiche cinq objectifs : consolider et développer chaque entreprise, dynamiser la création de qualité, renforcer et valoriser l'ancrage territorial des entreprises par la mise en valeur de leurs caractéristiques culturelles, patrimoniales et touristiques, augmenter l'attractivité du territoire pour et par l'implantation de nouvelles entreprises, maintenir et développer le nombre d'emplois de la filière par la croissance économique et la qualification des personnels.

Pour les atteindre, le SPL a mis en place trois ensembles d'actions :
- accompagner/pérenniser : réaliser des prestations d'accompagnement individuel ou collectif à partir d'un diagnostic partagé, mobiliser des consultants en fonction des problématiques identifiées et des projets collectifs, suivre et coordonner la mise en place des préconisations retenues ;
- capitaliser/mutualiser : créer un centre de ressources documentaires, répartir les charges des investissements immatériels et matériels entre entreprises partageant une même problématique ou un même projet, maximiser les

forces individuelles de chaque entreprise par une mutualisation des moyens, mettre en place un observatoire économique ;
- associer : développer des synergies entre l'entreprenariat privé et la volonté des pouvoirs publics, réussir la création d'une image de marque créatrice de richesses économiques, culturelles et touristiques, créer de l'attractivité favorisant l'implantation de nouvelles entreprises.

Au regard de ce qui précède, le SPL Prometerre paraît présenter tous les éléments constitutifs d'un district industriel, y compris la prise en compte d'une logique sociale communautaire, exprimée explicitement à travers les objectifs d'ancrage territorial et d'attractivité du territoire.

Conclusion

L'observation des expériences les plus anciennes de pôles métiers d'art, initiées au début des années 1990, apprend que les démarches durables (et donc *a priori* pertinentes) sont celles qui ont réussi à rencontrer l'attente d'un ensemble d'entreprises désireuses de mutualiser leurs besoins et difficultés. Cette observation permet d'émettre l'hypothèse que l'avenir des pôles métiers d'art passera par un développement de l'accompagnement de proximité et de l'aide directe aux entreprises. Cet accompagnement économique pourrait s'organiser autour de plateformes locales de services, comme semble le révéler l'examen des réflexions en cours dans quelques-uns des pôles métiers d'art les mieux structurés. Ces plateformes de services seront destinées à apporter aux professionnels des métiers d'art un accompagnement individualisé, portant sur l'amont (veille économique, design, innovation, propriété intellectuelle, conseil en gestion, etc.) et l'aval de la production (promotion et commercialisation). L'idée centrale est que le développement des entreprises de métiers d'art doit passer par la constitution d'un environnement de services permettant aux professionnels de se concentrer sur leur savoir-faire.

Tout se passerait donc comme si les pôles métiers d'art, mis en œuvre à l'origine pour répondre à un besoin générique du territoire (identité, attractivité, revitalisation…) avaient aujourd'hui à intégrer des objectifs davantage économiques, visant explicitement et directement les entreprises.

L'application aux pôles métiers d'art des instruments d'analyse méso économiques que sont les districts (culturels ou industriels) et les milieux (innovateurs ou coordinateurs) permet de percevoir les métiers d'art à la fois comme un produit (un *output*) et comme une ressource (un *input*) pour un territoire et, plus généralement, pour l'économie. Par cette lecture, on s'inscrit pleinement à l'intérieur de récents développements de l'économie de la culture, comme l'a souligné Greffe (2006) en évoquant notamment le rôle de la culture comme source de consommation intermédiaire dans la production de biens non culturels. Des idées que l'on retrouve également chez Pecqueur (2004), pour qui la culture et la cognition deviennent des facteurs de production dans un contexte territorial. L'auteur met en évidence les apports possibles de la culture au développement territorial : en premier lieu, la culture peut être un élément constitutif des territoires de par son omniprésence dans la (re)composition des territoires. Il mentionne ensuite la culture comme produit spécifique du territoire, citant les exemples du spectacle du Puy du Fou et du festival des Vieilles Charrues ; le produit est créé à partir de références culturelles spécifiques au territoire et les moyens mobilisés comprennent une forte mobilisation des acteurs locaux, une organisation territoriale spécifique est mise en place pour conserver cet ancrage territorial. Il envisage enfin la culture comme une ressource : le patrimoine matériel est sélectionné pour répondre à des usages utiles à la construction et au développement des territoires, il évolue donc du statut d'« objet donné par héritage » à celui de « bien commun » pour constituer un stock d'opportunités pour le territoire. Par conséquent, la culture peut aujourd'hui être perçue dans l'analyse économique à la fois comme ressource pour structurer le territoire, mais aussi pour favoriser la création d'autres activités à caractère plus économique.

Bibliographie

Adam, S., Chevallier, D., Gaucher, S. et Grandclaudon, C. (coord.), 2000, *Savoir-faire artisanaux et industriels*, Paris, Les Editions du CNFPT, collection Territoires ruraux.
Becattini, G., 1992, Le district industriel : milieu créatif, *Espaces et Sociétés*, 66, 146-163.
Benko, G. et Lipietz, A. (coord.), 1992, *Les régions qui gagnent. Districts et réseaux : les nouveaux paradigmes de la géographie économique*, Paris, PUF, collection Economie en Liberté.
Benko, G., 2007, Territoires et sciences sociales, in *Régimes territoriaux et développement économique*, Itçaina, X., Palard, J. et Segas, S. (coord.), Rennes, Presses Universitaires de Rennes, collection Espace et Territoires, 105-112.
Colletis-Wahl, K. et al., 2006, L'économie territoriale. Une approche générale pour mieux comprendre et faire face à la globalisation, papier de recherche, 01/2006-F, Neuchâtel, GRET.
Conseil des métiers d'art du Québec et Cap'export, 2001, *Métiers d'art canadiens : analyse du marché français*, étude réalisée pour la Direction de la promotion des arts et des industries culturelles du ministère des Affaires étrangères et du Commerce international, Montréal, Canada.
Dehaye, P., 1976, *Les difficultés des métiers d'art*, rapport au Président de la République, Paris, La Documentation Française.
Greffe, X., 2004, Le rôle de la culture dans le développement local, in Saez G. (coord.), *Institutions et vie culturelles*, Paris, La Documentation française, collection Les notices, 60-64.
Greffe, X., 2006, *La mobilisation des actifs culturels de la France : de l'attractivité culturelle du territoire... à la nation culturellement créative*, rapport de synthèse sur l'attractivité culturelle remis au ministère de la Culture et de la Communication, document de travail du DEPS, 1270, mai.
Houssard, Y., 1997, L'archipel des métiers d'art : une initiative de développement local en réseau sur l'arc méditerranéen, *Revue d'Economie Méridionale*, 46, 3, 271-295.
Kebir, L. et Maillat, D., 2004, Ressources naturelles et culturelles : quels modes d'organisation ?, communication présentée au XIème

colloque de l'ASRDLF *Convergence et disparités régionales au sein de l'espace européen*, Bruxelles, 1-3 septembre.

Kosianski, J.-M., 2004, Les pôles métiers d'art : des démarches empiriques de développement local relevant des réseaux de solidarité territoriale à finalité productive, *Revue d'Economie Régionale et Urbaine*, 3, 391-414.

Levêque, J. et Virassamy, C., 2005, Métiers d'art et tourisme. Des attirances réciproques, *Espaces*, 231, 22-30.

Maillat, D., 1998, From the industrial district to the innovative milieu : contribution to an analysis of territorialised productive organisations, *Recherches Economiques de Louvain*, 64, 111-129.

Matteaccioli, A. et Tabaries, M., 2006, Historique du GREMI - Les apports du GREMI à l'analyse territoriale de l'innovation, in *Milieux innovateurs. Théorie et politiques*, Camagni, R. et Maillat, D. (coord.), 3-19.

Ménard, M. et Montambeault, F., 2003, Les métiers d'art au Québec. Esquisse d'un portrait économique, Montréal, SODEC.

Pecqueur, B., 2000, *Le développement local*, Paris, Syros, collection Alternatives économiques.

Pecqueur, B., 2004, Vers une géographie économique et culturelle autour de la notion de territoire, *Géographie et Cultures*, numéro spécial, 22-37.

Ruffier-Lanche, A., 2005, Un territoire, le pays d'Aubagne, *Espaces*, 232, 38-42.

Santagata, W., 2000, *Cultural districts for sustainable economic growth*, papier présenté au colloque international d'économie de la culture, Université de Minneapolis.

Santagata, W., 2008, Dimensions spatiales de la créativité, papier présenté aux 3èmes journées d'économie de la culture, *Nouvelles frontières de l'économie de la culture*, Paris, 2-3 octobre.

Société d'encouragement aux métiers d'art et Union Européenne de l'artisanat et des PME, 2000, *Promouvoir la création et le développement d'emplois durables dans le secteur des métiers d'art*, rapport à la Direction Générales Entreprises, Commission Européenne, Paris.

Acteurs et créateurs d'un « pôle de métiers d'art » : le cas d'Ornans

MICHELLE BERGADAÀ ET FLORENCE CLARAC

L'aménagement du territoire est, depuis les années 1950, une préoccupation constante des pouvoirs publics français qui souhaitent, au travers du développement des villes et des campagnes, conjuguer le développement économique, assurer la sauvegarde du patrimoine culturel tout en équilibrant la répartition sociale des richesses.

En France certains lieux d'exception sur le plan géographique et patrimonial ont été naturellement investis par les artistes et les artisans des métiers d'art. Tel est le cas, par exemple, de Saint-Paul-de-Vence ou Vallauris, dans le sud de la France. D'autres lieux, avec un passé traditionnel de fabrications artisanales, accueillent les artisans de métiers spécifiques : Thiers avec la coutellerie, Gien et Moustiers-Sainte-Marie avec la faïence, Nancy avec le cristal et le verre, etc. De tels savoir-faire représentent une vitrine pour la ville, mais ils participent en outre à sa qualification comme ville d'art et de culture rayonnant sur un territoire. Une troisième catégorie de villes, petites ou moyennes, ne bénéficiant pas de la même aura touristique ou des mêmes ancrages de fabrications traditionnelles, doivent construire pierre à pierre leur attractivité à travers les métiers d'art. Pour celles-là, le développement d'un « pôle métiers d'art » constitue l'un des facteurs d'attractivité qui peut contribuer à leur qualification de station touristique et/ou de territoire d'expression et de valorisation des savoir-faire de l'artisanat d'art.

À partir du cas du « pôle métiers d'art » d'Ornans, nous avons conduit une recherche par observation participante durant deux ans afin d'induire les facteurs de succès et de développement durable d'un projet de ce type. Nous nous sommes donc situés au cœur des interactions de différents acteurs, acteurs que nous identifions ici comme étant les artisans des métiers d'art et la filière métiers d'art, les élus de la ville d'Ornans, les acteurs locaux (commerçants, artisans et associations) et enfin l'État et les collectivités territoriales. Nous avons observé et analysé les liens et les jeux sociaux et économiques qui sont mis en œuvre lors de différentes manifestations. Nous avons analysé les discours officiels, mais aussi les entretiens que nous avons menés.

Dans cet article, nous présenterons les principales caractéristiques des interactions – ou liens – qui unissent ces acteurs, et nous présenterons les principaux leviers et freins à l'avènement d'un « pôle métiers d'art » fort et durable. La prééminence du facteur humain et des sensibilités qui s'expriment dans le domaine des métiers d'art n'autorise pas un énoncé de « recettes » ou d'un mode d'emploi de la réussite, mais des orientations de mise en compréhension des différents acteurs. Cependant, nous discuterons après la présentation des observations des principales voies d'actions qui peuvent être envisagées. Nous concluons en montrant l'intérêt, pour le territoire, de fonder sa reconnaissance sur un « pôle métiers d'art ».

Le pôle métiers d'art d'Ornans

Le projet de création d'un « pôle métiers d'art » à Ornans est né de la mise en relation des hommes et d'un lieu propice à accueillir un espace de création. Ornans est une ville de 4 500 habitants située dans le Doubs, en Franche-Comté, à 25 km de la capitale régionale Besançon et 35 km de Pontarlier – Haut Doubs, portes de la Suisse. Ses origines remontent au XIIe siècle et son patrimoine architectural est bien conservé avec un grand nombre de bâtiments des XVIe, XVIIe et XVIIIe siècles. C'est un site de charme, au creux d'une vallée, entouré de falaises calcaires. On la dénomme la « petite Venise comtoise », car la ville est baignée par une rivière, la Loue. Ornans est auréolée de l'image et de la peinture de Gustave Courbet qui y est né ; on y trouve le musée Courbet, la maison natale du peintre. C'est une ville d'art, une ville « écrin » : la vie culturelle y est intense et les artistes peintres, sculpteurs, photographes aiment venir y exposer. Finalement, l'industrie lui apporte une part conséquente de richesse avec quelques fleurons comme Alsthom et la fabrication de moteurs de TGV, une entreprise d'emballages alimentaires leader en Europe, une entreprise de visserie, etc.

Mais un cadre propice ne suffit pas. Il faut des hommes pour l'animer, comme l'a relevé Pisani (1956). Ces hommes sont ici un élu, le maire de la ville, et un artisan des métiers d'art, ébéniste. Ils ont en commun la même sensibilité pour le lieu, l'esprit d'entreprise et le goût de l'action collective. Ils ont, par ailleurs, chacun de la considération pour le travail de l'autre. C'est parce que leur lien se crée sur ces bases fondamentales qu'ils peuvent exprimer une volonté forte dans l'idée de faire d'Ornans une ville « métiers d'art ». Cependant, les intérêts propres à chacun sont également clairement exprimés. Ainsi, le maire recherche une diversification économique et l'accroissement de la fréquentation touristique devant soutenir le commerce local. Quant à l'artisan, qui installe un atelier, il cherche à donner un nouvel élan à son activité en l'adossant au développement et à la promotion de l'ensemble de la filière métiers d'art. Le projet est ainsi né de manière spontanée il y a douze ans, porté par deux volontés individuelles qui s'expriment fortement.

Dans un deuxième temps, une réflexion s'engage, réflexion à laquelle d'autres acteurs se joignent. Les élus nourrissent des échanges avec les professionnels et le groupement régional professionnel des artisans des métiers d'art qui aboutit à l'organisation de colloques et d'expositions, de visites de villes « métiers d'art » (en 2002, 2003 et 2004). Des actions fortes s'engagent avec la création d'ateliers, en rénovant le patrimoine bâti que possède la ville ou sur des locaux qu'elle prend à bail emphytéotique, et avec la mise en place d'événements de promotion et de valorisation des métiers et des productions. Le point d'orgue de cette action collective se situe en 2005 : la ville est retenue sur son projet « métiers d'art » en réponse à un appel à projet de la DIACT (DATAR/Caisse des Dépôts et Consignations) pour les « villes moyennes et petites structurant leur territoire ». Elle a alors bénéficié d'un appui financier en ingénierie de développement et, dès 2006, la professionnalisation du secteur s'est manifestée par le recrutement d'un chargé de mission « métiers d'art », chef de projet pour le développement et l'animation à Ornans.

CULTURE ET ATTRACTIVITÉ

L'ancrage d'un « pôle de métiers d'art » dans son territoire

Kosianski (2003 ; 2005), dans une perspective économique, définit le processus de développement local d'un « pôle métiers d'art » par l'adhésion d'un ensemble d'acteurs constitués de politiques, de professionnels et de la population. L'objectif est bien de réunir ces acteurs et de leur donner une même mission. Procédant de notre côté, par induction, nous avons tout d'abord établi les trois racines sur lesquelles se construira le pôle, soit la tradition et la qualité, l'esprit communautaire et les déterminants du lieu, avant d'observer comment ses principaux acteurs se situent.

Pour durer, un « pôle métiers d'art » doit d'abord s'inscrire dans la tradition et la qualité. Concernant la particularité des métiers d'art, Baqué (2007) fait état d'une longue liste de propositions visant à les valoriser menées par les politiques et les décideurs, propositions qui seraient *in fine* sans grands effets. Selon lui, les métiers d'art doivent impérativement être revalorisés, mais il fixe comme condition à cette revalorisation qu'elle ne repose pas seulement sur quelques figures locales iconiques, mais qu'il y ait surtout la volonté de mettre en exergue le « bel ouvrage » au travers de solutions modernes de gestion et de communication. Ce facteur d'exigence de qualité doit prendre en compte les éléments distinctifs d'un professionnel des métiers d'art en termes de réalisations et d'aspirations (Dehaye, 1976). En l'absence de définition au niveau national, nous avons proposé (cf. annexe) une définition du « professionnel de métier d'art » (Clarac, 2007). C'est le respect de ces critères de qualité et de tradition, tels que définis par les artisans eux-mêmes, qui permettront au pôle de se développer en accueillant de nouveaux artisans d'art.

Car les artisans ont de tout temps vécu en communautés et ne sont pas qu'une somme de métiers ou d'individus. Les communautés d'autrefois se partageaient un même territoire géographique sur lequel leurs participants devaient cohabiter sereinement et qu'ils devaient protéger d'invasions externes. Une communauté aujourd'hui est constituée de personnes qui se partagent un territoire d'idées, des valeurs, une cause. Van Gennep

(1909) a montré que tout individu se rattachait à une communauté en trois étapes. La première est celle où l'individu est isolé du groupe qu'il va rejoindre, la seconde est l'étape où va s'effectuer l'entrée dans le groupe et la troisième est celle de l'agrégation où le membre fait partie du groupe dont il adopte le comportement et la culture. Selon Bourdieu (1982), les rites qui marquent chaque étape servent de ligne de démarcation entre ceux qui font légitimement partie d'une communauté et ceux qui se situent dans le flou de la société en général. Il est un type de rites extrêmement important, car rayonnant d'une personne ou d'une organisation à l'ensemble de la communauté : le « rite de passage » (Erny, 1994). Ce passage de l'extérieur vers l'intérieur de la communauté s'organise autour d'une dialectique de la disparition-apparition. Par exemple, l'entrée dans une communauté est marquée d'une forme de cérémonie qui va du parrainage à la présentation ou à la remise de codes d'accès, parfois à l'attribution d'un surnom (ou d'un nouveau nom) au nouveau membre. Les communautés des artisans de métiers d'art que nous observons ont leurs propres fêtes, ou cérémonies, qui rattachent l'individu à sa communauté. Toutes ont valeur de protection du territoire, car elles cimentent l'esprit collectif et le rattachement individuel.

Le lieu, le territoire géographique, est un autre élément bien particulier, car il est appréhendé au travers de nos cinq sens. Avec le temps, et en trouvant nos points de repère dans cet espace, un lieu nous devient familier. Pour Casey (1993) la perception d'absence d'un « lieu familier » provoque une sensation de bizarrerie et d'étrangeté, voire de panique. Fisher (1997) montre que l'appropriation du lieu naît de la familiarité et que tout espace est restructuré individuellement, car l'individu redispose les éléments qui le concernent pour former un décor strictement personnel dont les éléments se stabilisent lorsque l'appropriation s'affirme. Or, la relation avec le lieu ne s'impose pas brusquement. Au contraire, elle résulte du cumul d'expériences de l'individu à l'espace physique et elle relève ainsi de la représentation mentale qu'il développe peu à peu. Selon Lakoff et Johnson (1985), un rituel régulier organise le fondement des systèmes métaphoriques culturels de notre lien avec l'espace. C'est en accomplissant de tels rituels que nous donnons une structure compréhensive à nos activités. Ainsi, les travaux de socio-psychologie menés par Fischer (1997) ont montré que la relation homme-espace n'est jamais une simple conduite passive, mais une relation imaginaire de la part de l'individu. C'est par cette relation imaginaire que l'espace va acquérir un certain sens. Les lieux ne sont donc jamais de simples points géographiques, mais ils ont un rôle identitaire majeur, tout en ayant des vertus pas seulement dues à leur situation (Casey, 1993). Dans le cas d'Ornans, tous ces éléments sont réunis. Les artisans, comme les élus ou les commerçants y sont attachés, partageant une appropriation affective du territoire.

Description de l'étude

Rappelons tout d'abord que nos recherches se distinguent de celles qui sont conduites habituellement dans le champ des pôles de métiers d'art (ex. Kosianski, 2003 ; 2005) ou plus largement dans celui du tourisme (ex. Nifle, 2005 ; Gayet, 2008), car nous n'avons pas une approche de type économique. Nos recherches sont enracinées dans le paradigme de l'« interactionnisme symbolique » de George H. Mead (1863-1931), qui a pour principe philosophique de proposer l'émergence de la pensée et de la perception de soi dans les processus sociaux. Chercheur américain pragmatique, il est ici en opposition avec l'optique des chercheurs structuralistes. Brumer (1969) va ensuite développer une sociologie fondée sur trois principes fondateurs. Tout d'abord, l'homme agit envers les objets de son environnement (physique ou non) selon le sens que ces objets ont pour lui. Deuxièmement, ce sens dérive des interactions sociales, c'est-à-dire des communications qu'il a engagées avec les autres individus. Ces communications peuvent s'exprimer sous forme de langage ou de symboles significatifs. Troisièmement, ces significations se modifient par un processus interprétatif permanent. Donc l'homme réinvente sa vision du monde et des choses qui l'entourent. Ainsi, pour comprendre le fonctionnement d'un pôle d'artisan de métier d'art, nous avons commencé par chercher les racines profondes de ces métiers et de leur territoire, optant pour le paradigme interprétatif (Denzin, 1989).

Nous avons effectué une première étude enracinée dans les faits (Bergadaà et Clarac, 2007) ainsi qu'une recherche naturelle (Bergadaà, 2008), qui ont permis de comprendre les motivations profondes des artisans de métiers d'art. Parallèlement, nous avons réalisé une observation participante qui a débuté en 2007 par une mission d'animation d'une Opération Collective de Modernisation de l'Artisanat, du Commerce et des Services de Pays et de développement des métiers d'art à Ornans et dans le Pays Loue-Lison. Celui-ci, constitué de trois communautés de communes (77 communes rurales ou semi-rurales), accueille environ 25 artisans des métiers d'art ; le pôle d'Ornans compte une dizaine d'ateliers à ce jour. Nous présentons les résultats de cette observation conduite de manière traditionnelle (Desjeux et Taponie, 2000 ; Arnould et Wallendorf, 1994). Elle a consisté à vivre avec les personnes étudiées afin de pouvoir observer et partager avec elles les multiples aspects de leur quotidien. Notre recherche s'est aussi nourrie d'interviews auprès des différents types d'acteurs identifiés ainsi que de notes issues tant du quotidien sur le terrain que des entretiens, réunions et manifestations publiques organisées par la ville. Cependant, contrairement à la méthode d'observation participante de nature synchronique, nous tenons compte ici du paramètre temps sur l'évolution des acteurs. En effet, développer une identité métiers d'art pour un territoire s'inscrit tout d'abord dans le temps, par une assise stratégique accompagnée d'un plan de développement budgétaire dûment phasé. Ainsi, au moment de notre observation participante, les premières actions fortes engagées à Ornans ont moins de cinq ans.

Nous avons identifié quatre groupes d'acteurs contribuant directement au « pôle métiers d'art ». Nous plaçons en premier lieu la communauté des artisans de métiers d'art sans qui il n'y aurait tout simplement pas de pôle. En face, on trouve leur principal partenaire, soit les élus locaux. En effet, si ces derniers n'ont pas la volonté d'inscrire le développement du pôle dans leurs priorités électorales, ce dernier aura de grandes difficultés à se développer. Enfin, deux autres groupes d'acteurs sont plus indirectement impliqués, mais sans eux il n'y aurait pas non plus de manifestations publiques importantes, ni de réalisations : ce sont les acteurs de la vie économique et associative locale, ainsi que l'État et les collectivités territoriales partenaires dans l'espace régional ou national.

Le rôle des acteurs face au projet de pôle « métiers d'art »

Les artisans des métiers d'art d'Ornans et la filière métiers d'art

Ornans comptait, en 2008, 11 entreprises de métiers d'art, de type unipersonnel pour la majorité d'entre elles. Les savoir-faire sont variés avec des métiers ancrés dans la tradition comme le vitrail, la taille de pierre, la coutellerie, l'ébénisterie… Si aucun objectif n'est à ce jour fixé quant au nombre d'artisans qui serait optimal et dans les orientations de soutien de la ville, la qualité des artisans ayant un projet d'installation est privilégiée devant la quantité. Cette attitude étant aussi fondée sur la rareté actuelle des offres de location et des terrains sur le strict secteur de la ville. Nous avons identifié trois facteurs fondamentaux qui créent l'attractivité du pôle et qui en génèrent l'identité pour les artisans d'Ornans : le lieu, la communauté et la reconnaissance sociale des métiers et des savoir-faire.

Premier facteur d'attraction : le lieu

L'attrait du lieu, par son environnement naturel, se retrouve comme facteur essentiel chez tous les artisans des métiers d'art. Tous professent un amour de la nature et ils sont sensibles au souffle de Gustave Courbet, le personnage emblématique de la ville, chantre de la nature à travers le mouvement du « Réalisme » et dont l'engagement dans le mouvement utopiste leur plaît également. Ils y font souvent référence ou s'appuient même directement sur l'œuvre de Courbet dans certaines de leurs réalisations. Cet environnement leur rappelle bien sûr la matière première qu'ils aiment, qu'ils travaillent passionnément et qu'ils considèrent comme un don de la nature (Bergadaà et Clarac, 2007). C'est ainsi qu'ils entrent quasiment en symbiose avec le lieu, touchés par cet environnement naturel où ils puisent leur sérénité, et qu'ils souhaitent y installer leur atelier, leur « chez eux ». Bien sûr, plus ils ressentent que le lieu est protégé, avec l'accompagnement d'une politique locale de préservation de l'environnement, plus ils s'y sentent bien. Eux-mêmes ont conscience d'apporter leur contribution à la préservation de l'environnement. Par exemple, le tailleur de pierre installant son atelier à Ornans saisit l'opportunité d'habiter en bord de rivière dans l'une des maisons les plus caractéristiques du charme de la ville. Dans son rapport privilégié à l'eau, son premier acte de création artistique, une fois l'atelier construit, a été de réaliser une fontaine (qui représente 200 à 300 heures de travail) en hommage à la nature qui l'environne, avec une sculpture représentative de la vallée, de ses falaises, de l'eau qui y circule.

Au plan culturel, le site a un passé historique qui correspond bien à des artisans de métiers de la préservation, de la conservation et de la restauration. Tous sont sensibles aux actions locales de préservation du patrimoine architectural de la ville. Le respect manifesté par la collectivité pour son patrimoine rend ainsi crédible l'intérêt qu'elle peut manifester aux artisans de savoir-faire liés au patrimoine. Au-delà, l'environnement artistique constitue un attrait supplémentaire pour les artisans des métiers d'art. Ils ont eux-mêmes une culture d'histoire de l'art nécessaire à l'exercice de leur métier et ils éprouvent le besoin permanent d'enrichir leurs connaissances et leur créativité. Les événements artistiques qui se tiennent à Ornans et l'idée de bouillonnement culturel qui y est associé leur conviennent donc parfaitement. Une politique culturelle soutenue qui privilégie des manifestations, à leurs yeux de qualité (salon du livre d'art, salon d'art contemporain, expositions), constitue une preuve forte du positionnement de la ville autour de l'art et la culture, et par extension autour des métiers d'art. Rassurés par la qualité de tels événements, les artisans s'attachent à la synergie créée avec le goût d'y être associés, individuellement ou comme collectif. Nous avons particulièrement observé cette dimension lors d'un salon d'art contemporain franco-suisse auquel certains artisans des métiers d'art ont été associés pour présenter des créations contemporaines.

L'événement a mis en évidence leurs deux niveaux d'intérêt : d'une part, en termes de stimuli dans la créativité et, d'autre part, en termes d'image. Les artisans métiers d'art, dont les réalisations sont souvent présentées comme appartenant au passé, montrent ainsi leur capacité à s'inscrire dans la mouvance des créations du temps présent. C'est à partir de ce type d'actions ancré dans l'excellence des savoir-faire locaux que les artisans prennent leur place dans le paysage culturel et esthétique de la ville.

Deuxième facteur d'attraction : la communauté
Les artisans des métiers d'art ont le sentiment d'appartenir à une « famille », dans un partage de valeurs liées au travail et à une quête permanente du « faire encore mieux ». Entrepreneurs individuels pour la plupart d'entre eux, l'action collective leur apparaît comme un soutien et une force face aux difficultés de commercialisation, de maintien ou de survie de leurs activités. Tout comme les communautés d'antan, la communauté des artisans de métiers d'art que nous observons est conçue pour durer, pour affronter les risques environnementaux grâce à une collaboration établie entre les membres. Leurs relations sont d'ailleurs fréquentes, afin de consolider ces liens dans le temps. La communauté des artisans de métiers d'art que nous observons a ses propres fêtes, ou cérémonies, qui rattachent l'individu à sa communauté. Toutes ont valeur de protection du territoire, car elles cimentent l'esprit collectif et le rattachement individuel. Ainsi, l'artisan n'est pas admis automatiquement dans la communauté des artisans des métiers d'arts d'Ornans. Quand il arrive dans la ville, il lui faut se faire reconnaître, rencontrer les autres artisans. Vient le moment de consécration important : l'inauguration de son atelier qui fait de lui un artisan de la ville à part entière. Une fois l'inauguration faite, l'adoption définitivement prononcée, l'artisan de métier d'Art sera membre de cette communauté. C'est à ce titre qu'il se présentera dans les manifestations publiques que nous avons étudiées dans nos recherches ethnographiques (Bergadaà et Clarac, 2009). Autre exemple, celui de fêter une distinction professionnelle : l'artisan qui a reçu un prix métiers d'art marquera

l'événement en recevant dans son atelier les artisans les plus proches.

Les artisans sont convaincus que la qualité de leurs réalisations, dans son exemplarité, fait progresser les plus jeunes et les moins expérimentés, et qu'elle crée de la notoriété pour l'ensemble du groupe. C'est pourquoi les artisans se mettent mutuellement à l'épreuve de la qualité. Observant et discutant des réalisations des uns et des autres, pleinement rassurés, ils ont à cœur de s'entraider commercialement. Et comme les savoir-faire sont diversifiés, sans concurrence directe, la synergie de métiers complémentaires joue pleinement. Ce travail de réseau est reconnu par les artisans comme constituant un facteur d'attractivité pour le pôle. C'est pourquoi chaque événement ou exposition devient un moment extrêmement sensible durant lequel sont appréciés les sens de l'intérêt général, de l'équité et la capacité de chacun à s'investir dans des actions communes. Une fois la qualité de ces liens « professionnels » bien installée, elle génère d'elle-même des relations amicales et des liens communautaires importants (Bergadaà et Clarac, 2009). Ainsi, l'organisation d'une manifestation sera préparée autour d'un dîner dans un esprit de fête. En marge même de la manifestation s'installent d'autres connivences en groupe plus réduit : visites de brocantes entre fabriquant de luminaires et tailleur de pierre, cueillettes de champignons entre le même tailleur de pierre et le coutelier, etc., et ce, dans une suite logique puisqu'ils partagent le même lien avec leur environnement.

Troisième facteur d'attraction : la reconnaissance sociale de leur métier
Si les marques de la reconnaissance sociale sont multiples et diffuses, nous pouvons également souligner quelques aspects particulièrement négatifs et qui constituent de véritables « déviances », au regard des artisans. Or, ce sont ces épiphénomènes qui les marquent, parfois les blessent. Il s'agit par exemple de ne pas les mêler à des « non-professionnels » : ceux qui bien qu'ayant des talents affirmés dans le domaine d'un métier d'art n'exercent ces talents qu'à temps partiel ou qui ont un métier parallèle ; pire, ceux qui sont des amateurs éclairés de loisirs

créatifs. Pour les artisans, toutes les créativités doivent pouvoir s'exprimer, à condition qu'il n'y ait pas de confusion possible entre les genres. Ils vivraient cette confusion comme une marque de mépris. Au-delà des aspects purement financiers de soutien ou d'éventuelles commandes publiques, les élus et acteurs locaux se devraient, pour les rassurer, de transmettre aux artisans des métiers d'art un message de considération pour leur rôle économique et social de passeurs de savoir-faire. Plus largement, il s'agit d'exprimer une compréhension pour la cause « métiers d'art », telle que l'entendent les artisans à travers leurs préoccupations de survie et de transmission de leurs métiers.

Les artisans des métiers d'art expriment également une extrême sensibilité face à la reconnaissance du grand public et notamment face aux touristes. Nous avons, dans une étude antérieure (Bergadaà, 2008), mis en exergue le lien très fort qui se tissait entre l'artisan et « l'amateur éclairé », qu'il soit client ou non. Mais au-delà de ces passionnés, il est important que le grand public soit éduqué pour approcher les métiers d'art. Les artisans racontent avec humour les situations auxquelles ils sont confrontés avec certaines catégories de touristes par exemple, ce qui donne lieu à des échanges « acides » : Client : *« Quel beau métier vous faites. Vous en vivez ? »* Artisan : *« Non, j'en jouis ! »* Un autre raconte ce dialogue. Client : *« Quel beau métier vous faites. Vous en vivez ? »* Artisan : *« Pourquoi, vous me trouvez mort ? »* Et la question se répète pour tous les artisans. Dans un contexte de respect de ce qu'ils sont et de leur travail, les artisans n'ont, *a contrario*, aucun frein à s'engager dans les actions de développement du territoire, à ouvrir leurs ateliers, à participer aux événements locaux, à susciter l'adhésion des autres membres du « clan », artisans du Pays et de la région. Cet aspect est particulièrement important dans les relations établies avec le groupement professionnel métiers d'art de Franche-Comté, car celui-ci interagit en apportant sa caution à travers une charte qualité dont il s'est doté. Ses actions doivent se coordonner en terme collectif avec le pôle en contribuant à asseoir son rayonnement régional.

CULTURE ET ATTRACTIVITÉ

Les élus et la politique de la ville

Nous avons vu que l'impulsion du projet a été donnée par le maire qui, dans sa mission de porteur de projets pour le développement de sa ville, s'est tourné intuitivement vers les métiers d'art. Il admire les artisans pour ce qu'ils sont capables de réaliser et pour leur capacité de travail. Il ressent le caractère authentique de la relation qu'il est possible de tisser avec les artisans et leur attachement au lieu. Son discours est tout autant du domaine du sensible que de celui des arguments économiques. Il dit d'un artisan d'art : *« C'est quelqu'un qui est pour moi un vrai développeur, qui a beaucoup de talent, à la fois dans ce qu'il crée et dans ce qu'il peut inventer. »* Autrement dit, au départ « amateur éclairé » des produits des métiers d'art, le maire a la capacité de partager, dans ses contacts de développeur, une expérience d'authenticité avec les artisans dans d'excellentes conditions de communication. Cependant, la vision d'un homme ne suffit pas. Dans le partage des réflexions et l'évolution du projet, l'idéal est que le conseil municipal et les élus soient majoritairement convaincus des retombées économiques et touristiques induites par l'installation des ateliers métiers d'art. Mais comment leur donner une qualité de compréhension et de dialogue avec les artisans semblable à celle du maire ? En effet, si ce socle de reconnaissance n'est pas suffisamment fort, l'identité du pôle ne prendra pas corps auprès des élus locaux, et ce même si des actions sont conduites et si des investissements sont réalisés. Un travail sur l'identité même du territoire et des valeurs qu'il véhicule débute à peine dans notre cas. La stratégie de développement du territoire doit s'enraciner dans ce que Gayet (2008) appelle la « recherche de l'ADN » du territoire. Et cet ADN est d'abord l'interdépendance de facteurs d'attractivité reconnus des artisans. De tels éléments communs mis en exergue permettront de construire un socle fort pour l'évolution du projet.

Par exemple, le recrutement d'artisans de qualité est une de ces composantes de l'ADN. C'est la compétence des décideurs politiques à attirer des gens de qualité qui les crédibilise aux yeux des artisans installés. Ainsi, le maire et les élus ont peu à peu fait évoluer leur volonté d'installation d'ateliers d'une perspective de court terme vers une vision de long terme. Ils étaient au départ davantage enclins à assurer la dynamique commerciale de centre ville en favorisant les occupations de locaux non loués pour éviter les emplacements morts. Ils ont peu à peu mis en place des critères de recrutement portant sur la solidité de l'artisan et de son métier, la qualité des réalisations, sa volonté d'installation durable (hors de l'idée installations temporaires ou estivales, plutôt synonyme d'opportunités touristiques). Ces deux critères, qualité et stabilité, servent alors pleinement la communication positive des artisans sur leur groupe, le pôle et la ville.

Au-delà des investissements, des actions de communication ou de promotion événementielle, le soutien direct au travail est, au regard des artisans, une marque forte de la détermination politique et de conscience qu'ont les élus de défendre le développement de l'activité « métiers d'art ». C'est pourquoi la cohérence politique passe par la « commande publique ». Hors les procédures d'appels d'offres, et de manière systématique, les artisans des métiers d'art sont sollicités pour répondre aux besoins locaux, tant en restauration qu'en création. Le chantier confié devient pour eux idéal, car il s'agit de faire pour *leur* ville, de donner le meilleur de leurs prestations pour embellir ou restaurer le lieu choisi. Parallèlement, la conscience d'un devoir de la part des élus d'être apporteurs d'affaires pour les artisans constitue un exemple incitatif pour tous les habitants. Ainsi, le soutien des services traduit l'engagement de la collectivité : service culturel dans l'événementiel et la communication, aide ou facilitation des services techniques, participation de la bibliothèque avec la mise en avant d'ouvrages sur les métiers d'art…

Les artisans participent à la promotion de la ville. Reconnus, ils fabriquent, se déplacent pour la mise en place d'un stand de promotion extérieure de la ville, dans un plein engagement sur l'action collective, ou se rendent disponibles pour des accueils dans les ateliers, des journées « portes ouvertes » et des manifestations diverses. Mais les artisans sont avant tout sensibles à l'intérêt porté à leur métier et à leur savoir-faire. Il y a pour eux un risque de rupture entre discours politique et reconnaissance si un échange authentique n'existe pas avec les élus. Inversement, les élus peuvent être déçus dans la confiance donnée si l'artisan choisi ne remplit pas son contrat au regard de la collectivité. Il peut s'agir d'un artisan qui n'anime pas comme convenu son atelier (présence, horaires d'ouverture, participation aux manifestations estivales…), qu'il y ait ou non engagement contractuel à travers un bail de location ou une charte d'engagements du pôle. Un cas individuel de ce type engendre une image négative pour le groupe d'élus et crée, automatiquement, des facteurs de frilosité dans la mise en œuvre d'actions ultérieures.

Les acteurs locaux : commerçants, artisans, associations

Dans l'esprit du maire, la promotion des métiers d'art relève de la responsabilité de tous. Cela signifie les considérer, les valoriser et les défendre. Mais il ressort de nos observations une extrême complexité à instituer des collaborations et des alliances entre les acteurs locaux (artisans et commerçants) et le pôle. En fait, les commerçants et les artisans vivent dans une logique économique prééminente. La ville est perçue, au quotidien, comme un espace commercial, un lieu d'opportunités, et les mutations des commerces peuvent y contribuer. Focalisés sur leurs clients et sur la rentabilité de leur activité, ces acteurs ont une faible connaissance de qui sont les artisans des métiers d'art et de ce qu'ils réalisent. Leur perception est, dans l'ensemble, assez négative. En effet, il est (sous-)entendu pour eux que l'existence du pôle des métiers d'art correspond à autant de soutien en matière de financement qui échappe au commerce local. Ainsi les retombées économiques de l'installation des artisans des métiers d'art sont peu ou mal envisagées.

Concernant la transparence dans les aides accordées au secteur de l'économie locale dans son ensemble, la situation a été favorisée par la mission d'animation menée conjointement sur les métiers d'art et sur le commerce et l'artisanat à travers une Opération collective de modernisation de l'artisanat, du commerce et des services de Pays (OCMACS) et ce, pendant deux ans. Il est bien évidemment plus facile de défendre le soutien aux métiers d'art quand, en parallèle, on discute des aides et subventions consentis aux investissements des commerçants et artisans et à leurs propres animations commerciales. L'événementiel représente également un support intéressant d'actions communes avec notamment le relais-vitrine et communication chez les commerçants. Par exemple, lors d'une exposition sur l'horloge comtoise et les métiers d'art associés (« Si l'Horloge m'était comtoise », 2006), la ville a vécu à l'heure de l'horloge comtoise pendant un mois et demi grâce notamment à l'animation des vitrines. Ceci fait preuve d'une reconnaissance de la créativité et de la capacité de mobilisation des commerçants pour collaborer aux événements métiers d'art et à créer avec eux des animations de stimulation commerciale.

Contrairement aux acteurs du commerce, les acteurs du milieu associatif ont un fort sentiment d'appartenance au territoire et aux valeurs qu'il véhicule du fait qu'ils sont issus de la population locale, donc du « sérail ». Le secteur associatif de la mouvance culturelle est très actif dans l'animation touristique et la valorisation du patrimoine, ce qui devrait en faire un partenaire privilégié pour le pôle métiers d'art. À titre d'exemple, Ornans possède une association de bénévoles qui crée des animations estivales à visée touristique dont une manifestation à connotation « métiers d'art », « les Journées art et artisanat ». Elles ont lieu depuis 32 ans le premier week-end d'août, dans un lieu dédié, réunissent entre 80 et 100 exposants des métiers d'art et de bouche et accueillent environ 20 000 personnes. L'organisation ouvre largement les bras aux artisans des métiers d'art locaux et régionaux, qui de leur côté ont pu montrer par le passé de la méfiance vis-à-vis de l'organisation arguant du manque de qualité du référencement des participants auxquels ils ne souhaitaient pas être identifiés. Or nous constatons aujourd'hui qu'avec sélection plus rigoureuse des participants et de leurs savoir-faire, les artisans locaux sont revenus exposer. Par ailleurs l'association organisatrice des « Journées art et artisanat » assure dans sa communication une forte promotion du pôle, les artisans locaux « tirant vers le haut » l'ensemble de la manifestation. Le pôle métiers d'art d'Ornans a aussi en charge de délivrer un prix de l'esthétique, ce qui est une marque supplémentaire de reconnaissance. L'association applique la même vigilance sur la qualité des exposants accueillis pour son marché de Noël en favorisant l'implantation des artisans locaux. Le secteur associatif se révèle donc un partenaire privilégié, étant une véritable courroie de transmission, puisqu'il œuvre au service de la vie locale, en prise directe avec la population. Les liens à mettre en œuvre avec ce secteur sont donc primordiaux et ils devraient être renforcés en arguant de la visibilité mutuelle des acteurs. Par exemple, les artisans pourraient être sollicités en matière de création de trophées sportifs dans le cadre de concours, de prix, gratifications et cadeaux personnalisées.

Les collectivités territoriales et l'État

L'ancrage territorial du « pôle métiers d'art » s'entend à l'échelle de la ville à l'échelle de la région dans ses contours administratifs et géographiques, à l'échelle de la nation quand intervient la reconnaissance de l'État. Ce schéma croise directement celui des aides et financements, les différentes collectivités étant en mesure (ou non) d'apporter leur contribution au développement territorial selon les différentes entrées que constituent les fonds et les crédits. C'est pourquoi la vision politique et économique de la collectivité locale du premier cercle est ici à partager avec les élus des structures de l'intercommunalité et du Pays. Le pôle se développe s'il s'encastre parfaitement dans son territoire par une approche transversale. Cette reconnaissance prend deux aspects : un aspect financier et un aspect pratique de rayonnement.

Concernant l'aspect financier, l'État intervient par l'intermédiaire de la Délégation Interministérielle à l'Aménagement et à la Compétitivité des Territoires (DIACT) sur un soutien en ingénierie de projet. Il appuie également la politique de développement du pôle dans le cadre d'une OCMAS Pays (appui de fonds spécifiques/FISAC[1]). Au sein des comités de pilotage, ses représentants (les élus, les chambres consulaires) se prononcent sur les choix et les évaluations des actions métiers d'art. La

---

[1] Fonds d'intervention pour les services, l'artisanat et le commerce.

composante « métiers d'art » répond également aux objectifs de développement économique et touristique fixée par les instances locales. En effet, Ornans, sous l'égide de sa communauté de communes, a pour projet sa labellisation par l'État en qualité de station touristique de moyenne montagne. Tout blocage dans le processus d'évolution des projets « métiers d'art », tout changement dans les mandats sont autant de freins et de réactions en chaîne pour les actions pôle, avec le risque de les décrédibiliser. L'objectif est aussi par ailleurs de faire rayonner le pôle sur l'ensemble du territoire, de stimuler l'activité des ateliers et de vivifier la filière avec une route des métiers d'art structurée. En pratique, les installations sont définies au plus près des besoins exprimés par les artisans en termes de locaux et d'espace, en termes de communication avec l'aide des municipalités.

Au plan départemental et régional, la recherche des financements complémentaires et croisés demande des compétences spécifiques et indispensables pour la ville. Une ingénierie forte, soutenue par la cohérence et la transversalité du projet, est d'autant plus nécessaire que dans le système français les enveloppes financières sont multiples et variées dans leurs modalités et critères d'attribution. Outre ce phénomène, le projet s'intègre (ou ne s'intègre pas) dans les choix stratégiques du département ou de la région. Par exemple, la région de Franche-Comté soutient historiquement les métiers d'art à travers des actions que porte l'association professionnelle régionale des métiers d'art, déjà partenaire privilégié du pôle. En outre, la commune peut être conduite à saisir des opportunités de financement (notamment en investissement) sans être ultérieurement en capacité d'assurer les dépenses de fonctionnement dans les délais impartis. Nous avons constaté qu'il est parfois difficile, pour la ville, d'apporter au financeur public le résultat concret de ses actions dans les délais escomptés pour des raisons d'étalement des budgets et de décisions au niveau locaux. Nous entrons là dans un domaine de politique de risques calculés quant à l'image du projet. Conscients de ce risque, les élus doivent élaborer une communication adaptée spécifiquement à chacun des acteurs ou groupe d'acteurs.

Quant à l'État, son rôle est souverain puisqu'il permet, à travers son soutien financier, d'assurer la « supra-reconnaissance » du projet et sa cohérence dans la politique générale d'aménagement et d'attractivité du territoire. Le fait d'être lauréate d'un appel à projets structurant pour les villes petites et moyennes avec la mise en place d'un « pôle métiers d'art » est une garantie d'enraciner durablement l'axe de développement élaboré. L'aval de l'État, qui ouvre sur des possibilités de soutien complémentaire, s'il ne garantit pas à lui seul l'avenir, constitue néanmoins un atout essentiel dans la construction du pôle et la constance de son développement.

Quels enseignements tirer de cette expérience ?

La stratégie d'un tel projet holiste doit, à notre avis, se construire d'abord sur l'identité du territoire, dans une vision qui tienne compte de l'ensemble des valeurs des hommes et du lieu. Dans ce point de vue, nous nous rapprochons de la pensée anthropologique que Nifle (2005) met en œuvre pour analyser l'attractivité des territoires à partir du « sens et des cohérences humaines ». L'auteur dit : *« L'identité d'un territoire, celle qui va le rendre attractif, différencié, et qui va mobiliser ses habitants, est à la fois rétrospective et introspective pour son enracinement, mais aussi prospective pour les promesses sans lesquelles elle ne serait que nostalgie ou sans projet »* (Nifle, 2005 : 52). La stratégie de ce projet doit s'inspirer tant des travaux de la nouvelle sociologie économique que des travaux de recherche en sciences du territoire et prendre en compte l'ensemble des acteurs avec une parfaite identification de leurs rôles et de leurs objectifs.

Nous trouvons à l'origine de tous les projets de cette nature des hommes qui se sentent investis d'un travail de mission et qui vont véritablement « porter » le projet (Pisani, 1956). Mais les acteurs ne vivent pas toujours sereinement leurs différences et les comportements que nous avons observés, tant ils sont guidés à la fois par le désir de coopérer avec les autres et celui de gagner par rapport à eux (Crozier et Friedberg, 1977). C'est le cas, notamment, des commerçants qui craignent de perdre des soutiens financiers dès que la mairie finance une manifestation culturelle. Et c'est aussi celui des élus qui veulent satisfaire tous les acteurs à la fois. De ce fait, les liens qui peuvent ou doivent se tisser entre les différents acteurs du cadre territorial et qui sont le reflet des freins ou des succès du projet sont souvent ambigus. Or, pour créer une communauté d'intérêt autour du développement d'un tel pôle, une stratégie collaborative volontariste (Loup, 2003) doit être menée avec les artisans pour installer l'action durablement. Pour qu'une telle politique volontariste puisse être conduite, il est indispensable que les relations des acteurs concernés reposent également sur un processus de reconnaissance mutuelle de leurs objectifs, de leurs compétences et de leurs identités. Le principe de cet « individualisme coopératif » suscite des alliances et des collaborations qui ont pour fondement premier la reconnaissance du savoir-faire par les pairs artisans (Jaouen et Loup, 2005 ; Loup, 2003) et par les personnes chargées de relations publiques et de l'organisation des manifestations collectives. Chaque manifestation, salon, communication, est d'ailleurs l'occasion de mesurer la distance ou la proximité entre les positions économiques, politiques et les enjeux personnels.

La complexité des liens et des relations qui se tissent et qui s'éprouvent entre les quatre types d'acteurs intervenant tant dans le champ économique et financier que sur le plan humain, et ce dans le cadre de la politique globale de développement du territoire, nous conduit à déduire que l'ancrage territorial d'un projet du type du « pôle métiers d'art » d'Ornans doit être géré et structuré avec le *leitmotiv* de la constance et de la cohérence. Nous proposons donc d'inscrire cette identité d'abord dans le sens profond que les artisans de métiers d'art attribuent à leur relation à l'espace et à la nature. Parce qu'ils sont dans une logique d'identification à leur environnement, en pleine conscience des réalités factuelles et sensibles, ils sont dans un rapport de « médiance » avec les lieux (Berque, 1990). C'est ce même lieu qui les ancre solidement dans le territoire et qui procure au groupe qu'ils forment une partie de son assise. Cependant, il faut aussi considérer les artisans de manière plus globale et les associer d'une autre manière au territoire. Dans leur quête de reconnaissance sociale, il s'agit de révéler ce qui les touche, les valeurs qu'ils défendent et de faire découvrir leurs métiers à la population, à partir du noyau dur d'animation que représente le secteur associatif du territoire. Par exemple, sur sollicitation, les artisans du pôle manifestent leur volonté d'enraciner leurs activités dans la vie sociale du territoire par une participation à des manifestations qui ne sont pas directement liées aux métiers d'art. Ils deviennent ainsi eux-mêmes acteurs du système associatif dans l'espace culturel. Par exemple, ils participent à des lectures publiques dans le cadre de l'événement « Lire en Fête » sur des textes poétiques (octobre 2008). À cette occasion ils ont eu à faire des choix de textes, à les dire. Or ceci leur demande un effort très particulier puisque dans ces conditions, outre le fait de s'exposer publiquement, ils doivent sortir de leur lieu intime qu'est l'atelier (Bergadaà et Clarac, 2007).

Il est essentiel d'aborder la question de la valorisation de ces métiers au travers d'un pôle en considérant très tôt les principaux acteurs avec une perspective davantage holiste que dialectique. Par exemple, associer d'emblée le commerçant évite ensuite de nombreux freins de celui-ci, puisque, nous l'avons vu, ils adoptent naturellement une vue concurrentielle des actions en faveur des artisans de métiers d'art. Il convient, dans ces conditions, de réaliser d'abord un important travail d'information auprès des artisans et des commerçants. Ce travail doit être effectué par les élus eux-mêmes et/ou par un animateur économique. Sur les retombées directes, l'effet artisan en tant que client est pourtant notable. Les artisans des métiers d'art consomment de préférence sur place ; ils considèrent comme une part de leur responsabilité de contribuer à faire vivre le commerce local. Des actions sont à développer, au bénéfice du commerçant, pour aider à la mise en valeur et à l'enracinement du pôle dans l'économie locale. À force d'échanges et de liens suscités, on constate la mise en place d'un certain nombre de collaborations spontanées. L'exemple significatif en est l'animation des lieux commerciaux : mise à disposition d'une vitrine de prêt-à-porter en centre ville, les vêtements étant mis en scène autour des fauteuils d'une tapissière dont l'atelier est excentré, le décor d'une boulangerie, les tabliers du personnel réalisés par une peintre sur tissus…

Sur un projet d'importance comme celui de la création d'un « pôle métiers d'art », la volonté politique, en matière de dépenses d'investissement et de fonctionnement, doit s'exprimer sur la durée. Dans la succession des différents mandats, la fidélité des élus aux choix antérieurs en est un facteur-clé. Une force de conviction, des efforts de communication et une traçabilité des choix d'orientation sont indispensables pour assurer la cohérence des décisions de la collectivité. C'est pourquoi l'organisation même du conseil municipal, à travers ses commissions, à travers un choix d'interlocuteurs privilégiés ou dédiés, doit prévoir une communication appropriée, de préférence apolitique. Les élus peuvent porter haut et fort leurs opinions et leurs idées, mais au-delà, leurs liens ont pour fondement la manifestation d'intérêt pour le métier. Sur cet aspect, les discours du maire sont éloquents : *« Un développement modéré, un développement de qualité. » « Au-delà du développement économique, la reconnaissance du travail des artisans des métiers d'art. » « Ornans, ville d'art… On ne peut pas séparer les métiers d'art de la commune. » « Chacun, à sa place, doit promouvoir les métiers d'art. »*

Bibliographie

Arnould, E. J. et Wallendorf, M., 1994, Ethnography : Interpretation building and marketing strategy formulation, *Journal of Marketing Research*, 31, 484-504.

Baqué, P., 2000, Comment valoriser l'excellence dans les métiers d'art, in *Art et Société renforcer les liens sociaux*, note N°7, La Documentation française, Paris.

Bergadaà, M., 2008, L'artisanat d'un métier d'art : l'expérience de l'authenticité et sa réalisation dans les lieux de rencontre entre artisan et amateur éclairé, *Recherche et Applications en Marketing*, 23, 3, 5-26.

Bergadaà, M. et Clarac, F., 2007, La promotion des métiers d'art sur la base de l'organisation spatio-temporelle de leurs acteurs : le cas des artisans en Franche-Comté, *9th International Conference on Arts & Cultural Management*, Valence (Espagne), 8-11 juillet.

Bergadaà, M. et Clarac, F., 2009, Les expositions publiques : un dilemme pour les artisans d'un métier d'art, *10th International*

Conference on *Arts & Cultural Management,* Dallas (USA), 28 juin-1ᵉʳ juillet.

Bergadaà, M. et Lorey, T., 2010, L'authenticité de la rencontre amateurs-vignerons : l'exemple de la Route des Vins de Jurançon, *9th International Marketing Trends Conference,* Venise (Italie), 21-23.

Berque, A., 2000, *Médiance. De milieux en paysages,* Berlin, Paris.

Blumer, H., 1969, *Symbolic Interactionism: Perspective and Method,* Englewood Cliffs, NJ: Prentice-Hall.

Bourdieu, P., 1982, Les rites comme actes d'institution, *Actes de la recherche en sciences sociales,* 43, 58-63

Casey, E. S., 1993, *Getting back into place: toward a renewed understanding of the place-word,* Bloomington & Indianapolis, Indiana University Press.

Clarac, F., 2007, Le professionnel d'un Métier d'Art, *Ville d'Ornans.*

Crozier, E. et Friedberg, E., 1977, *L'acteur et le système,* Paris, Seuil.

Dehaye, P., 1976, *Les difficultés des métiers d'art, rapport au Président de la République,* Paris, La documentation Française.

Denzin, N., 1989, *Interpretive Interactionism,* Thousand Oaks, Sage Publication.

Desjeux, D. et Taponie, S., 2000, *Le sens de l'autre. Stratégies, réseaux et cultures en situation interculturelle,* Paris, L'Harmattan.

Erny, P., 1994, La notion de rite de passage, in Goguel d'Allondans T. (dir.), *Rites de passage : d'ailleurs, ici, pour ailleurs.* Ramonville-Saint-Agne, Éditions Érès, 21-29.

Fischer, G. N., 1997, *Psychologie de l'environnement social,* Paris, Dunod.

Gayet, J., 2008, Le nouveau marketing touristique, *Revue Espaces,* 262.

Greffe, X., 1999, *La gestion du patrimoine culturel,* Paris, Éditions Anthropos.

Gundolf, K., Jaouen, A. et Loup, S., 2005, Le management des collectifs de TPE : une approche dynamique, *XIV Conférence internationale de Management stratégique,* Pays de Loire, Angers.

Jaouen, A. et Loup, S., 2005, Alliance stratégique et artisanat d'art : entre survie et quête de légitimité, *AIMS and AIREPME Workshop « Les TPE artisanales en devenir »,* 19 mai, Montpellier.

Kosianski, J. M., 2003, Les pôles métiers d'art : un modèle de développement économique local conditionné par l'existence de services collectifs locaux issus d'un partenariat entreprises-collectivités, *XIII conférence internationale du RESER, Services et développement régional – Ateliers de la FUCAM*, 9 et 10 octobre.

Kosianski, J. M., 2005, Créer un pôle de métiers d'art, ce n'est pas si facile…, *Revue Espaces*, 231.

Lakoff, G. et Johnson, M., 1985, *Les métaphores dans la vie quotidienne*, trad. Michel de Fornel, M. et Lecercle, J.-J., Paris, Les Éditions de Minuit.

Le Goff, D., 2005, Les ateliers d'art ont besoin de vendre…, *Revue Espaces*, 232.

Loup, S., 2003, Les petites entreprises des métiers d'art, *Revue française de gestion*, 23, 3, 195-209.

Nifle, R., 2005, Le tourisme des valeurs. La connaissance profonde du territoire, *Revue Espaces*, 231, 2005.

Pecqueur, B., 2004, *Économie de proximité*, Paris, Hermès Science Publication.

Pisani, E., 1956, Administration de gestion, administration de mission, *Revue française de sciences politiques*, 2, 315-330.

Van Gennep, A., 1981, *Les rites de passage : étude systématique*, Paris, E. Nourry.

Virassamy, C., 2002, Les pôles d'économie du patrimoine, *La documentation française – DATAR*.

Virassamy, C. et Levêque, J., 2005, Sema, Métiers d'art et tourisme, des attirances réciproques, *Revue Espaces*, 231, 2005.

Annexe – Le professionnel d'un Métier d'Art (Clarac, 2007)

* Le Professionnel d'un Métier d'Art exerce un métier inscrit dans la liste officielle des métiers d'art parue au Journal Officiel du 27 décembre 2003.
* Les métiers d'art, métiers de conservation, de restauration, de création, s'expriment au travers d'interventions et de fabrications de pièces uniques ou de petites séries au caractère utilitaire et/ou décoratif.
* En s'appuyant sur la connaissance des savoir-faire anciens, en se référant au patrimoine historique et populaire ces réalisations prolongent les traditions; elles peuvent également s'inscrire dans le contemporain par l'un ou les aspects suivants :
    - par l'usage de processus conceptuels nouveaux
    - par l'esthétisme de leurs lignes
    - par l'apport d'innovations technologiques,

  La conception intellectuelle et l'intervention manuelle sont les critères jumeaux d'appréciation des productions des ateliers.
* Le professionnel d'un métier d'art a acquis une formation diplômante et/ou a connu un parcours qualifiant, il témoigne de ses compétences par la qualité de ses productions et de ses références.
* Il exerce son métier à titre principal.
* Différents statuts juridiques, fiscaux et sociaux permettent aux personnes physiques ou morales l'exercice d'un métier d'art. C'est ainsi que sont reconnus Professionnels des Métiers d'Art :
    - Les artisans indépendants ou les personnes morales inscrits au Répertoire des Métiers de la Chambre de Métiers et de l'Artisanat,
    - Les artistes inscrits à la Maison des Artistes,
    - Les professions libérales déclarant leur activité professionnelle auprès des administrations fiscales et sociales.
* Le titre d'Artisan d'Art est employé couramment. Celui d'Artisan d'un Métier d'Art se rapproche de la terminologie d'usage mais

peut de plus réunir « ceux des métiers d'art », quels que soient les différents statuts adoptés.
* Quel que soit son statut dans l'entreprise (dirigeant, collaborateur, compagnon…) le professionnel d'un métier d'art exprime des passions pour la matière qu'il transforme, les processus de fabrication qu'il met en œuvre et les objets qu'il crée ou restaure.
* Il maîtrise les différents aspects de son métier (historique, créatif, technique…) et garde une volonté de progrès et de formation tout au long de sa vie professionnelle.
* Le goût du partage de ses connaissances et expériences le caractérise.
* Au cœur de ses réalisations, il y a le respect : respect de la matière et de l'ouvrage, respect des hommes, chevilles ouvrières passées et futures du métier, respect des clients et des espaces de ses interventions.
* Pérenniser ce métier dont il est fier est un souci majeur. Pour répondre à cette préoccupation, il milite pour l'excellence du travail, gage de la permanence de la culture, du maintien et de la croissance des marchés et souhaite s'engager dans la transmission professionnelle de son savoir-faire.

Paroles de praticiens : Emmanuel Ducasse et le festival de théâtre d'Arlempdes

ENTRETIEN RÉALISÉ PAR CORINNE BERNEMAN

Où se trouve Arlempdes ?

Arlempdes est une commune de la Haute-Loire, sur les gorges de la Loire avec, officiellement, 200 habitants, mais en pratique il n'y a qu'une dizaine de résidants permanents. La majorité des maisons sont des résidences secondaires. Arlempdes fait partie d'une communauté de communes, Cayres-Pradelles, et est à environ une demi-heure de route du Puy-en-Velay et une heure et demi de Saint-Étienne.

Comment est née l'idée d'un festival de théâtre au château d'Arlempdes ?

Ce festival répond à un double intérêt personnel. Tout d'abord, après avoir lu « la Reine morte » de Montherlant à l'âge de 13 ans, je suis passionné de théâtre et j'en fais à titre de comédien et de metteur en scène. Mais il faut dire au passage que j'ai une formation de juriste et que c'est ce métier qui me fait vivre. Ensuite, j'ai découvert le château d'Arlempdes par un membre de ma famille qui est le président de l'Association pour la sauvegarde et l'animation du château d'Arlempdes. Celui-ci a la particularité d'être le premier des châteaux de la Loire (même s'il se trouve loin de ceux qui ont une forte notoriété), c'est-à-dire un des postes construits sous le règne de Louis IX pour servir de relais sur le chemin des croisades. Il date du XIIe siècle et est malheureusement en ruines.

Ma première visite du site au début des années 1990 a été une véritable révélation et j'ai su immédiatement que je voulais y organiser un spectacle. À l'époque, je dirigeais une compagnie de théâtre à Paris ; nous avons alors décidé de tenter le coup et nous avons monté une pièce, « Jeanne et les juges » de Thierry Maulnier, une pièce retraçant le procès allégorique de Jeanne d'Arc. Sujet fort à propos, puisque le château prend réellement son importance en 1430, l'année de l'arrestation de la pucelle d'Orléans. Cette pièce a donc été présentée à l'été 1995 devant un public d'une trentaine de personnes, des amis et de la famille, bien sûr, mais aussi des curieux des environs. Il faut aussi savoir que le seul moyen d'accès au château est un sentier long de 200 mètres qui ceinture l'ancienne forteresse et conduit à la première porte d'accès au site, donc pour le public, mais aussi les professionnels et... le matériel : décors, projecteurs, chaises, sonorisation, etc.

Avec un peu de recul, je dois dire que le succès du festival relève un peu du miracle : nous n'avions qu'un budget limité, des ressources humaines en nombre insuffisant en plus des difficultés techniques propres aux spectacles en plein air auxquelles s'ajoute cette difficulté d'accès propre à Arlempdes.

Mais voilà, la magie a vraiment opéré : nous avions des professionnels et des bénévoles hautement motivés, le public est revenu tous les ans et depuis que nous avons invité d'autres compagnies à se présenter, elles en redemandent ! Les gens veulent participer au festival parce qu'il y règne une ambiance, une atmosphère chaleureuse, telle celle d'une réunion de famille pour une occasion joyeuse. Nous avions donc plusieurs centaines de spectateurs dès sa quatrième édition.

Comment a-t-il été accepté dans la région ?

Je dirais qu'en général le festival a vraiment été bien accepté. Il faut comprendre que nous nous trouvons en région rurale, où ce ne sont pas seulement les habitants qui sont rares, mais aussi et surtout l'activité culturelle. Nous avons noté que peu de temps après la création du festival, les propriétaires des maisons du village ont commencé à rénover leurs maisons, sans nécessairement se concerter entre eux. C'était à tel point flagrant qu'Arlempdes a été classé dans la liste des 142 plus beaux villages de France ; ça insuffle donc un sentiment de fierté auprès de la population. Bien sûr, il ne fait pas l'unanimité, certaines personnes se plaignent du va-et-vient dû à la tenue du festival, mais c'est un sentiment assez marginal.

Y a-t-il eu des difficultés particulières ?

Notre difficulté principale a été financière. Les collectivités locales, en particulier la communauté de communes, ont tout de suite été séduits par notre offre. La commune de Cayre-Pradelles nous a modestement aidés à financer l'événement dès les premières années, alors que ça a pris un peu plus de temps pour les autres. J'ai donc dû passer beaucoup de temps à convaincre administrations et élus du bienfondé de mon événement, au détriment d'autres activités bien sûr.

Ensuite, il faut aussi mentionner les difficultés liées au lieu : Arlempdes est un endroit peu central (c'est même un euphémisme), joignable par une route cantonale, alors que le site même des représentations – comme je l'ai mentionné – n'est pas accessible facilement. De plus, comme les spectacles se font à ciel ouvert, nous ne démarrons pas avant 21 heures et ne terminons pas avant 23 heures, sans compter le vin chaud servi après le spectacle. Tout cela fait que ce serait plus simple si les spectateurs pouvaient loger sur place, or il n'y a que peu de chambres disponibles dans un rayon de 10 km. Mais les gens ne se plaignent pas ; il y a un certain nombre de gîtes sympathiques, dont certains récents, dans la région.

Quel intérêt d'avoir un festival de théâtre dans une communauté de 200 habitants ?

C'est une bonne question ! Pour le village en soi, je pense qu'il s'agit surtout d'une question de notoriété et d'image. Le festival a de nombreuses retombées médiatiques, souvent à l'échelle nationale, et il fait aussi rayonner la population, le territoire. Ceci dit, il ne faut pas non plus négliger l'aspect culturel. Bien que nous ne soyons pas une entreprise de service public, j'ai tout de même le sentiment que ce que nous faisons s'inscrit dans cette logique. Je m'explique. Nous avons mis sur pied depuis quelques années un atelier de théâtre qui se déroule sur une quinzaine de jours avant l'ouverture du festival. Des jeunes de tous âges y participent, encadrés par un professionnel, et présentent un spectacle au moment de l'ouverture du festival. Nous avons également commencé à organiser des spectacles itinérants dans la région pendant l'année de façon à combler un certain désert culturel dans cette zone rurale. Pour répondre à votre question, l'intérêt est dans la dynamique : nous sommes partis d'un « rêve de fous » et finalement, nous arrivons à essaimer progressivement, dans l'espace et dans le temps, une connaissance et, pourquoi pas, un amour pour le théâtre.

Comment financez-vous l'activité ?

Nous bénéficions donc de subventions publiques : la communauté de communes, le département et la région, mais nous avons aussi quelques entreprises qui nous accompagnent, qu'il s'agisse de financement pur et dur ou de mise à disposition de services, comme une entreprise de transport pour la location de véhicules, ou les médias, en l'occurrence France Bleu Pays d'Auvergne. Pour ce qui est du ministère de la Culture, la DRAC Auvergne subventionne les activités reliées à la diffusion des spectacles dans d'autres communes. Finalement, il y a la billetterie, mais ce n'est pas notre poste de recettes le plus important.

Pour ce qui est des coûts, nous arrivons encore à organiser l'activité avec un nombre limité de salariés : une ! Heureusement, nous pouvons compter sur des bénévoles pendant la durée du festival pour l'accueil du public, des artistes, un peu de technique, etc.

L'HARMATTAN, ITALIA
Via Degli Artisti 15 ; 10124 Torino

L'HARMATTAN HONGRIE
Könyvesbolt ; Kossuth L. u. 14-16
1053 Budapest

L'HARMATTAN BURKINA FASO
Rue 15.167 Route du Pô Patte d'oie
12 BP 226
Ouagadougou 12
(00226) 76 59 79 86

ESPACE L'HARMATTAN KINSHASA
Faculté des Sciences Sociales,
Politiques et Administratives
BP243, KIN XI ; Université de Kinshasa

L'HARMATTAN GUINÉE
Almamya Rue KA 028
En face du restaurant le cèdre
OKB agency BP 3470 Conakry
(00224) 60 20 85 08
harmattanguinee@yahoo.fr

L'HARMATTAN CÔTE D'IVOIRE
M. Etien N'dah Ahmon
Résidence Karl / cité des arts
Abidjan-Cocody 03 BP 1588 Abidjan 03
(00225) 05 77 87 31

L'HARMATTAN MAURITANIE
Espace El Kettab du livre francophone
N° 472 avenue Palais des Congrès
BP 316 Nouakchott
(00222) 63 25 980

L'HARMATTAN CAMEROUN
BP 11486
(00237) 458 67 00
(00237) 976 61 66

Achevé d'imprimer par Corlet Numérique - 14110 Condé-sur-Noireau
N° d'Imprimeur : 723796 - Mai 2017 - Imprimé en France